新探索 新实践 新研究

上海高校档案管理论文集

主编 汤 涛

上海三联书店

编 委 会

主 任：沈 敏

主 编：汤 涛

副主编：（按姓氏笔画为序）

王惠文 张 凯 林 强 郑 维

胡 琨 黄岸青 黄仁彦 喻世红

目　录

档案管理

档案编研

档案文化传播

档案馆功能与职能

智慧档案馆

档案管理

浅谈档案利用与隐私保护

华东师范大学档案馆　吴　雯

摘　要: 开放和开发利用档案信息资源,是当前档案工作的一项重要任务。档案中有大量隐私内容,要在加快档案开放、利用的同时做好隐私的保护工作,需要法律法规的完善、档案信息安全技术的改进以及档案从业、一般民众隐私保护意识的提高。

关键词: 档案开放　利用　隐私　隐私保护　法律

开放①和开发利用档案信息资源,是当前档案工作的一项重要任务,档案只有向大众开放,才能实现其真正价值。但是,档案资料中包含了大量的隐私内容,在开放过程中,极易造成隐私泄露,侵犯隐私人的隐私权;同时,互联网等高科技的飞速发展,无疑又成了隐私泄露及外传的虎翼。如何在尽量发挥档案价值的同时,保护好档案中隐私权人的隐私,是目前档案部门面临的重要问题。

1　我国关于隐私权的现状

隐私权制度的确立和发展是人格权制度发展到一定阶段的必然产

---

① 笔者认为,开放,不仅包括思维方式的开放(或解放),尚包括实体方面即档案的开放,以及在今天网络普及环境下电子信息的开放,但思维的开放往往内化于后二者,是以,出于行文关系,本文主要从后二者,即档案实体开放利用以及网络环境下电子资源易于传播两种情况下探讨档案利用与隐私保护的两难之境.

物,也是人类文明进步的重要标志。20 世纪 70 年代后,基于个人信息权面临的日趋严重的威胁,一些国家纷纷制订了个人资料保护法或隐私权法,并建立起较为完备的权利保护制度。

一般说来,所谓隐私权,是指公民享有的私人生活安宁与私人信息依法受到法律保护,并不被他人非法侵扰、知悉、搜集、利用和公开等的一种人格权,公民享有不公开自己的隐私,以及不受他人侵犯的权利。隐私涉及社会的方方面面,与公民隐私权有关的档案种类、内容非常繁多;随着互联网时代网络技术的飞速发展及其对社会生活的弗以远届、无孔不入的影响,公民隐私面临着种种侵扰威胁。同时,现代社会对他人隐私、私人信息的需求日益迫切,这样,侵犯公民隐私的种种行为与公民个人对自己隐私进行保护之间的利益冲突与矛盾愈演愈烈,渐有不可调和之势。如何有效保障公民隐私不受非法侵犯,已经成为整个国家、社会及公民个人需要面对进而联合对抗的复杂课题。

隐私与隐私权问题是一个十分庞杂并将进一步复杂下去的问题,限于能力与篇幅所限,本文拟只就与档案开放利用领域有关的隐私问题进行一些初步探讨。

1.1　我国关于隐私权的法律规定

国外关于隐私权的立法已经比较完备,但我国 1986 年公布的《中华人民共和国民法通则》关于隐私权及其客体隐私,尚没有一个明确、统一、权威的定义,更无专门法律予以规范。国家相关法律中虽有相关的一鳞半爪的规定,但毕竟不属于明确、划一的规定。我国法律中,一般将隐私权附属于人格权,零星散见于各部现行法律中,如《中华人民共和国宪法》规定:公民的人格尊严不受侵犯、住宅不受侵犯、公民通信自由和通信秘密受宪法保护。《中华人民共和国民法通则》第 100、101、102 条、《最高人民法院关于贯彻执行〈中华人民共和国民法通则〉若干问题的意见》第 139、140 条及《最高人民法院关于审理名誉权案件若干问题的解答》中对于公民隐私权的保护均有所规定。此外刑事诉讼法、民事诉讼法、行政诉讼法以及银行、邮电、会计、律师等法律中也都有保护公民隐私权的规定。

其中,《最高人民法院关于贯彻执行〈中华人民共和国民法通则〉若干问题的意见》第 140 条及《最高人民法院关于审理名誉权案件若干问题的解答》规定更详,也已专门提出了"隐私"一词。值得庆贺的是,伴随着社会发展的实际需要及民众意识的迫切要求,我国也将隐私权直接列入国家基本法中。2019 年 12 月 16 日公布的《中华人民共和国民法典(草案)》之中,即在第四编,专门设立《隐私权》专章(第六章),对隐私权从定义、内容、使用范围、保密义务及泄密责任等诸方面进行了全方位规定。

1.2 我国档案法律规定中关于隐私权的内容

隐私权在之前的上位法如宪法等的缺失,直接导致了档案法规中关于隐私内容的付诸阙如。值得庆幸的是,《中华人民共和国档案法》中虽没有关于保护隐私权的专门条款,但是在该法的第 21 条、第 22 条中暗含了隐私权问题,如第 21 条规定:"向档案馆移交、捐赠、寄存档案的单位和个人,对其档案享有优先利用权,并可对其档案中不宜向社会开放的部分提出限制利用的意见,档案馆应当维护他们的合法权益";第 22 条规定:"集体所有的和个人所有的档案,档案的所有者有权公布,但必须遵守国家有关规定,不得损害国家安全和利益,不得侵犯他人的合法权益。"《中华人民共和国档案法实施办法》、《各级国家档案馆开放档案办法》对涉及个人隐私的档案隐私权问题亦均无详细规定,只《实施办法》第 25 条"各级国家档案馆对寄存档案的公布和利用,应当征得档案所有者同意"隐约体现保护档案所有人隐私权的精神,但对于档案所涉及到的其他人的隐私保护问题,尚属空白。

综观我国的现行法律,可以发现关于隐私权问题,我国法律存在着如下问题:1.原则性强,抽象模糊,操作不易;2.分散性强,各种规范之间不统一,导致法律冲突时有发生;3.法律规范的层次较低,执行的权威性不够;4.缺乏透明度,很多为内部规定,公众获取相关规定的渠道不畅通等。正是由于上述原因,我国法律对于现实中形形色色、层出不穷的侵害隐私权的行为来说,呈现出一种无所适从、无能为力状态。

总之,社会诸像都在呼吁国家尽快建立完备的关于保护隐私权的专门法律。档案部门也在翘首企盼着档案法律中关于隐私权保护的法律规定。

2 互联网时代档案信息的开放

2.1 档案的开放与利用服务

档案利用是档案工作的最终目的,档案利用的前提是档案开放。档案向全体公民开放,是当今档案工作的一个主题,是档案利用发展的世界趋势;同时,档案开放利用作为政府、社会信息公开的重要表现形式,其本身即融入了信息公开的内涵。

开放和开发利用档案信息资源,是当前档案工作的一项重要任务。档案要更好地为社会提供各种各样力所能及的服务,不仅成为民众预期、希冀所在,更是档案部门的新的使命和归宿,能否达到这一目标,已经成为社会的众望所在。国家档案局局长杨冬权于 2008 年 7 月在吉隆坡举行的第 16 届国际档案大会发表演讲"服务民生:中国档案服务方向的新选择",此后更是一再强调档案的服务功能及档案部门要建立服务意识,更于 2010 年 12 月 14 日召开的全国档案局长馆长会议上明确指出,档案工作在"十二五"期间将实施"服务为先"的战略,并强调,大力加强档案服务能力建设,不仅要更加主动地为各级领导服务,为各部门服务,也要满腔热情地为广大人民群众服务,不断增强档案部门的公共服务能力,全面完善方便人民群众的档案利用体系,最大限度地满足社会对档案服务的需求。

要实现档案的服务功能,势必得先做好档案的开放工作。开放是服务的前提,服务是开放的归宿,如果档案不开放,又何谈档案的服务?今天,档案开放与服务社会,已经日渐成为人们的主流思想。以前的关门搞档案变为开门为人民群众提供档案服务、实现档案资源最大限度的开发利用,档案馆正日渐走出自己的象牙塔,融入开放社会的洪流激浪当中。

档案的开放利用,必然要涉及到一些隐私。档案开放利用中的隐私,是指档案机构所保管的档案中有关个人情报、信息、资讯并与特定个人人身或者经济利益发生联系、权利人不愿为他人所知晓的私人生活以及私人信息。

众所周知,档案中蕴藏了大量的关于个人隐私的内容,这些内容一旦外泄,将会对隐私权人造成不可弥补的伤害。这样,就对作为该隐私占有人的档案机构提出了更高要求,要强化隐私权保护意识,确保隐私档案主体的隐私安全。隐私保护之得力与否,极大地关乎到民众对于档案的信心,影响到民众参与档案工作的积极性。

不可否认的是,现实中滥用权力的不合理现象时有发生,如一些银行、医院等随意外泄客户的个人档案资料;此外,一些档案工作人员的隐私权保护意识有待提高,对维护隐私档案主体的权益重视不够,在档案信息服务中注重开放利用而忽视个人隐私保护,在提供档案利用时,违反操作规范和管理规定的情况也时有发生,这些,都对相关档案隐私主体的隐私安全造成了一定的威胁。但无论如何,在提供档案服务、维护个人的知情权的同时,也要保护档案隐私主体的隐私权,这是档案人的职责与义务所在。

2.2 网络时代电子信息档案的开放

互联网的最主要精神之一即是开放,互联网的特质决定着其既没有时间界限也没有地域界限。类似于本文标题所言,"开放不仅指思维方式的开放,尚包括网络环境下信息的开放",互联网的开放精神也不仅仅体现在物理时空的开放,更体现在人们思维空间、方式的开放上。

当今高科技产品日新月异,互联网的触角更是伸及社会的各个角落,纸质档案很容易被转化为电子档案(很多档案馆都进行电子文件全文数据化建设)并用于网络传播。尤其是,国内大多数档案馆都已经开通了网上服务功能,很多档案馆都在如火如荼地进行本馆的电子文件全文数据化建设,信息资源共享也日益逐渐超越了口号作用而慢慢向实质性、纵深性发展,而网络环境下互联网用户个体往往脆弱易受攻击,在这种情况下,如何保证档案部门及档案资料(隐私)的安全,已成为一大技术难题。

对于隐私权的保护,电子档案与纸质档案相比,难度更大,相应地,其技术要求也更为严格:纸质档案的最终开放与否,尚有档案人员这道最后防线,档案人员一旦发现档案有不适宜开放之处,还可以发挥其主观能动性适时予以阻止或补救;而电子档案则不同,由于其特殊的传播途径与速度,一旦涉及个人隐私的档案超出控制而进入网络领域,则任意网络用户均可随意查阅,其危害性及后果可以说是灾难性的,更是无法补救、挽回的。

《中华人民共和国档案法》及人事档案管理办法、干部档案管理办法等法律法规对电子档案均未著一字,法律规定远远落后于档案事业的实际状况。对于网络管理的大量个人数据主要依赖于行业自律,法律依据缺失,则无法对个人数据做出全面完整的规范。网络环境下个人数据的管理和使用,期盼着《档案法》的修改补充,这相对于飞速发展的计算机网络来说,无疑存在着明显的滞后性,难以解决现实的迫切需要。至于如何处理电子文件的高度开放性与保护公民个人隐私之间的矛盾窘境,同样也只能期待于《档案法》的修改补充。

在这种种严峻形势下,如何处理好档案开放利用与隐私保护之间的矛盾冲突,如何在最大程度发挥计算机对答案工作促进作用的同时,最小化网络环境对档案的负面影响,已经成为当前档案部门的头等难题,亟须予以解决。

3　几点建议

上述种种,既有法律法规过于滞后或不完善而造成的问题,也有档案事业宏观管理的问题,同时与社会现实中普遍存在的一些矛盾也密切相关,所以,不仅要从法律上予以规范和调整,还需要档案部门甚而全社会的普遍关注与参与。

3.1　尽快健全和完善关于保护隐私权的法律制度

作为国家根本大法的宪法应当对隐私问题做出明确规定,以此为基础,各种基本法也相应修改,对隐私权进行规范。《档案法》亦应适时进行调整,应在法律法规中明确规定个人隐私档案可以开放的时间、界限、对象、方式等,并规定哪些机构有权决定隐私档案能否开放及其权限、范围,明确隐私权的权利主体在档案利用中的权利和义务,规定当隐私权主体无法实现其权利或其权利受到侵犯时,应该通过何种渠道获得法律救济,怎样追究侵权者的法律责任等。

当然,要明确的是,任何权利都是有边界与限制的,没有不受限制的权利;同样,法律对隐私权的保护,也不可无限制放大。众所周知,个人隐私权只在符合国家利益、公共利益的范围内才受法律保护,国家利益、公共利益高于个人利益,个人利益服从于国家利益和公共利益。

在上述法律框架下,档案机构应构建、完善相应的档案开放利用程序,确立可开放利用档案的范围和权限,并明确相应的责任追究制度和补救措施。

3.2　加大档案信息安全技术投入

当今技术的发展呈现日新月异之势,计算机技术的发展尤为个中翘楚,档案信息资源面临着种种侵扰威胁。有的网络用户终端在互联网面前不堪一击,很容易被"黑客"攻破。档案部门自然也面临着这种难题。此外,技术的发展无疑可以极大地加速档案部门的工作效率,这些都需要档案部门加大档案信息安全技术投入,为档案信息化进程提供强有力的安全和物质保障。

3.3　提高档案从业人员的法律素养

无可否认,一些档案工作人员在档案工作中注重开放利用而忽视个人隐私权保护的现象时有发生,档案隐私侵权案例中档案机构过错的比例也在不断加大,这就需要档案工作者在宣传贯彻档案法时,着力加强档案隐私权保护的自我教育,不断提高自身档案隐私权保护意识。此是档案开放利用中对档案隐私权保护的又一重要措施。

3.4　大力宣传,促进民众的隐私保护意识

现在,一些民众对个人隐私保护、个人隐私权等观念虽有了解,但民

众的隐私保护意识仍处于一种懵懂阶段,对如何保护隐私、保护什么样的隐私及保护的范围、界限更加没有一个明确概念和态度。尚有很多人对于保护个人隐私权特别是保护个人隐私档案权,并不了解,他们对个人隐私重视不够、管理不善,缺乏个人隐私权的基本保护意识;另外,一些公民在利用档案的过程中,对于涉及到其他公民的隐私内容,缺乏最起码的自律精神,随意地查阅、使用与己无关的、超越自己阅读权限的档案,甚至大肆宣扬他人隐私。这就需要包括档案部门在内的整个社会大力宣传教育,促进民众的隐私保护意识,不仅学会保护自己的隐私,也要学会尊重他人的隐私。

基于 SWOT 分析的高校档案馆勤工助学管理问题与策略

——以同济大学档案馆为例

同济大学档案馆　王毓灵

摘　要： 高校勤工助学管理工作是学生培养过程的重要环节,在实践中不仅使各部门也担负起立德树人的教育任务,同时减轻了部门工作压力,还缓解了学生经济困难。然而,高校档案馆在助管招聘和管理中存在与其他部门和学生双向选择的竞争博弈。同济大学档案馆依托同济大学研究生助管较为现代化的管理模式,多年来能够打造一支充实、稳定的助管队伍,较好地发挥了助管的作用。本文以同济大学档案馆助管管理工作为例,运用 SWOT 分析法分析管理中存在的问题,并提出相应的策略建议,为高校档案馆的助管管理工作提供可复制的经验。

关键词： 研究生助管　同济大学档案馆　SWOT 分析法　问题与策略

勤工助学工作是提高大学生的思想政治素质,将教育和劳动结合,促进大学生全面发展的重要工作。《共青团中央、教育部关于进一步做好大学生勤工助学工作的意见》(中青联发〔2005〕14 号文)强调:"倡导和组织大学生在课余时间通过参加勤工助学活动获取合法报酬,是贯彻教育与生产劳动相结合、推进素质教育全面实施、加强和改进大学生思想政治教育的重要举措";教育部、财政部联合制定的《高等学校学生勤工助学管理办法》(教财〔2007〕7 号文)中明确提出:"各个高校要把大学生的勤工助学工作作为日常工作和深化高校改革的重要内容,予以高度重视,积极采取切实措施,加强组织领导。建立学校党委领导、行政负责、各职能部门参与、团学组织协助的管理体制。"

同济大学一直高度重视勤工助学工作,建立了较为完善的管理体制。目前本科生的勤工助学工作归学生处社会服务部管理。管理模式传统,即采取时薪制,每月工作不超过 40 小时,①各部门通过电话与社会服务部沟通,发布招聘需求,社会服务部再根据需求,将招聘到的学生派驻到各部门;研究生的勤工助学工作由研究生院管理。管理模式现代化,即采取月薪制,每月工作不超过 40 小时,②有专门开发的管理系统,各部门在系统中可以看到助管学生的简历信息并进行招聘、录用和解聘等操作。学生也可以通过系统看到部门的应聘要求,决定是否投简历应聘等。由此形成了双向选择的研究生助管用工形式,各部门间在助管资源获取上具有一定的竞争关系。

1 同济大学档案馆助管管理流程

由于管理模式上研究生助管较为现代化,同济大学档案馆的勤工助学工作主要招聘研究生助管学生协助并参与到档案馆的日常工作中来。多年的管理实践使档案馆在争取研究生申报人数,如何更好地招聘和管理等方面都有着丰富的经验。

1.1 研究生助管招聘人数的核准依据

研究生助管的管理流程首先需要在每学期结束前向研究生院申报本部门下一年的研究生助管工作计划。工作计划中要求写明"研究生招聘人数"、"岗位设置情况"、"岗位责任人"、为研究生助管所能提供的"能力锻炼"③等内容,体现了把各部门在岗位中对研究生所能够发挥的育人功

① 同济大学学生处、同济大学助学服务中心.同济大学学校校内勤工助学管理办法[S],2015 年 12 月.

② 研究生教育创新基金管理办公室.研究生助管助教岗位申请及聘用工作通知[S],2016 年 7 月.

③ 同济大学研究生院.研究生助管计划申报表[S],2019 年 6 月.

能,作为研究生院核准名额的依据之一。

年度双向考核情况和总结报告是下一年人数核准的重要依据。研究生助管工作每年年末有相应的考核制度。分为两项内容,一是研究生助管学生和部门岗位责任人在系统中对互相的打分考核;二是撰写年度总结报告,具体要求写"助管聘用和使用总体情况"、"本单位对助管的聘用和培养情况"、"改进与建议"①等方面内容。

单位负责人最后把关人数核准的确认和落实。研究生院核准并分拨名额后,单位负责人负责最后的岗位信息确认。这一环节将研究生招聘名额核准和使用权还给了申报部门,申报部门可以根据本学期实际情况及时调整研究生名额和岗位信息,最后在系统里发布,具体落实研究生助管招聘制度。值得一提的是,此步骤的研究生名额核准数不能超过上学期的申报数。

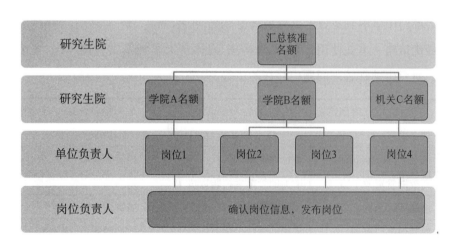

研究生助管名额核准流程图

1.2 研究生助管招聘和使用双向选择性

同济大学研究生助管招聘采取系统中的双向选择应聘模式。所谓双向选择,即各部门将岗位信息发布在系统中,学生可以根据岗位信息内容

---

① 同济大学研究生院.关于期末助管助教管理相关工作的通知[S],2018 年12 月.

自主投递简历,选择是否应聘相应的岗位;各部门也可以根据学生投递的简历,自主选择是否应聘学生。这就产生了市场效应,各部门之间有一定的竞争关系,各学生之间也有一定的竞争关系。各部门能否招聘到满足自己岗位需求的研究生助管是需要一定策略的。此外,招聘后在助管岗位工作期间,也存在部门对助管学生不满意,解聘学生;学生对岗位不认同而离职的现象。因此如何招聘、管理好研究生助管,使研究生助管学生在岗位上稳定地协助部门日常工作的开展,同时也使他们在工作中获得教育和提高是值得研究的问题。

2　管理问题 SWOT 分析

由于研究生助管招聘和工作的双向选择性,档案部门想要在学校众多部门中争取到更好的助管资源并稳定使用,需要做好自我分析并找出最优策略。本文使用 SWOT 分析法,以同济大学档案馆为例,对档案馆的研究生助管管理问题中存在的优势、劣势、机会和挑战作分析如下:

内部因素 / 外部因素	优势 Strenghts: 技术要求低,无门槛	劣势 Weaknesses: 工作机械,容易疲劳
机会 Opportunities: 高校助管资源丰富	增长性策略 SO: 增加助管学生招聘数量	扭转性策略 WO: 馆内助管岗位间轮换
挑战 Threats: 向其他部门流动	多元性策略 ST: 丰富助管岗位学习内容	防御性策略 WT: 增加沟通,立德树人

2.1　Strenghts 优势

档案部门研究生助管岗位管理的一大优势恰恰是岗位所需的纯技术性要求较低,招聘没有门槛,适合研究生助管快速上岗。档案部门是学校的基础工作部门,其工作内容主要是对学校档案的收、管、用。在档案部门的管理环节中有许多基础性工作可供学生参与和协助,比如同济大学档案馆将助管学生分别安排在接收指导科、管理利用科和技术服务科。

在接收指导科,研究生助管学生主要协助完成对接收进来的纸质档案的整理、装订、著录等归档工作;在管理利用科,研究生助管学生主要协助完成档案装盒上架,敲号整理等入库工作;在技术服务科,研究生助管学生主要负责对数字化档案挂接数据的检查校对等工作。这些工作大部分都是简单机械劳动,仅需要学生认真、仔细,会简单的电脑操作,对于研究生来说没有技术和理解困难。

2.2　Weaknesses 劣势

档案部门研究生助管管理的劣势同样来自于过于机械的工作内容,这些重复工作虽然看上去简单,但容易使助管学生产生心理疲劳,从而出现懈怠和负面情绪与行为。档案部门当前传统手工整理档案的内容还比较多,在招聘时这些内容会没有技术门槛,使学生感到容易上手,从而应聘档案馆岗位。然而当学生正式进入岗位,对档案岗位的新鲜感过去后,反复的敲号码、装订、上架等工作会使年少气盛的助管学生感觉乏味无聊,由于助管学生并非档案学专业背景,对档案的认识可能停留在只是纸质材料的层面上,无法意识到档案的深层次价值,做着这样操作重复乏味的工作对他们来说没有多大的价值感和成就感,仅仅依靠勤工助学补贴支撑其来档案馆工作,久而久之就会出现拖延、请假、心不在焉等消极工作状态,甚至另寻其他富有挑战的部门和岗位。

2.3　Opportunities 机会

同济大学档案馆助管招聘的一大优势在于学校学生资源丰富,有很大的选择余地。同济大学每年研究生招生数大约在 5000 人左右,再加上研二的学生,也就是说可以参与助管工作的研究生数量总共有万人之多,而实际愿意从事助管工作的学生至少有数千人。这些学生参与到学校各院系和各职能部处的几十个部门的助管工作中来,从数量上看是供大于求的。高校研究生助管不仅在数量上是充足的,质量也是极为优质的。这些助管学生本就是同济大学的研究生,具有很强的学习能力和较好地体力、智力等素质,从事档案部门的基础性工作是绰绰有余的。由于档案部门的工作人员大部分是档案学、历史学等文科出身,相对而言计算机等技术能力较薄弱,档案部门甚至有时候可以利用研究生助管同学的专业技能,来弥补档案部门自身的不足,拓展更多的业务技能。比如同济大学档案馆曾请测量专业和土木专业的助管学生帮忙运用专业软件绘制档案馆办公室和库房平面图、档案馆业务流程图等资料。

2.4　Threat 挑战

由于部门与部门,部门与研究生助管之间存在招聘和工作的双向选择性,因此档案部门如何从竞争中满足自己的招聘需求,并使助管学生能够稳定在岗位上工作是一个挑战。档案部门在招聘时还是较为容易满足自己的名额需求的,因为档案部门工作技术门槛低,研究生助管学生在投简历时没有太多需要顾忌的要求。然而这样的低门槛反而成为了档案部门在助管工作期间的难题,因为单一、重复、创造性较低的工作内容,可能使一些研究生助管感到无聊、疲倦、没有成就感。大部分助管学生年少气盛,如果耐不住性子,恐怕会对被分配的岗位工作产生消极情绪,从而降低工作效率和工作质量,然而档案部门的基础性工作量较大并且容错率低,是要求工作人员必须认真仔细、又一丝不苟的,因此久而久之,有些助管学生可能会觉得严谨的档案部门不适合自己,而向其他更有变化的部门和岗位流动。

3　管理策略

基于以上档案部门研究生助管管理的特点,为了更好地满足档案部门的用人需求,稳定发挥研究生助管在档案部门中的作用,可采取以下策略:

3.1　SO 增长性策略

高校档案馆要根据自身需求力求最大化和最优化招聘助管学生。高校档案馆以高校学生为助管资源,在用人数量和质量上具有很大的选择空间。因此,首先应尽可能多的招聘并利用好助管学生。比如同济大学档案馆每次向研究生院申报的助管研究生计划为 25 人,事实上同济大学档案馆在岗的正式职工也只有 22 人,研究生助管学生招聘总数超过了档案馆职工数。

其次,由于档案馆技术门槛低,每次招聘信息发布后,收到简历数一般会多于岗位需求,档案馆可以有选择地筛选符合自己需求的学生。在筛选简历方面,除了有些岗位比如对外接待可能有语言等特殊要求外,档案馆应通过简历和面试等形式来主要考察助管是否有充足的时间,是否是有耐心、仔细负责的人。

应聘后,这些助管大部分参与到档案馆较为繁复的基础性工作中去,给档案馆在职人员提供了更多从事编研、系统开发、对外调研访谈等建设性工作内容的机会,也避免档案馆人员在机械性基础工作中逐渐丧失工作积极性,极大地推动了档案馆的发展,增加了档案馆队伍的活力。

3.2　ST 多元性策略

高校档案部门要尽可能丰富岗位工作内容,使助管学生能够在岗位上长期稳定发挥作用。研究生助管同学主要参与和协助档案馆的基础性工作,然而档案馆的基础工作机械单一,对于年轻气盛的同学来说,长期从事繁复的工作难免会觉得无聊、乏味,提不起精神,甚至消极对待。为了提高研究生助管的工作热情,也为了防止他们向其他部门流动,高校档案部门可以在岗位设置上增加有一定创造性的内容。

主要表现为一方面可以让研究生助管同学适当参与到采访、编研等工作中来,让他们作为带教老师的助手,接触到校内外专家教授、校史等内容,提升他们的成就感。另一方面可以发挥研究生助管的专业特长,比如擅长绘图的可以帮忙绘制一些库房平面图、管理流程图等;擅长计算机的可以帮忙网站维护、设计等;擅长写文案的,可以帮忙创作与编辑档案馆微信公众号消息等。如此既增加了助管岗位内容的丰富性,借助研究生助管的技能特长,也可以协助提升档案馆管理、设计、文案等各方面的水平。

3.3 WO 扭转性策略

高校档案馆馆内助管岗位间的轮换,可能是保持助管工作稳定性的长久之策。虽然可以提供特色岗位,给一些有特长的助管学生发挥更大的作用,然而大部分助管学生仍然工作在基础性的岗位中,存在向其他部门流动的风险。因此应安排助管同学在各基础性岗位间进行轮换,以增加他们的积极性,减少对岗位的懈怠感。比如同济大学档案馆的研究生助管学生主要参与到接收指导科归档档案整理、管理利用科上架档案整理和技术服务科数字化档案整理的工作岗位,招聘时在系统中会写明岗位内容,研究生助管一方面可以根据自己兴趣爱好向比较适合自己的岗位投递简历。一方面在投递简历后,档案馆岗位负责人也会根据学生的投递情况,应聘后把上一学期从事过同样岗位的学生分配到其他岗位中去等,实现研究生助管的岗位轮换。

3.4 WT 防御性策略

最后,带教老师的言传身教,以及与研究生的感情沟通是立德树人的真正体现,是稳定研究生助管学生的根本动力。

在《同济大学助管助教管理相关工作的通知》中这样写道:"助管管理工作是研究生培养过程的重要环节,把立德树人作为教育的根本任务,坚持培养德智体美全面发展的社会主义建设者和接班人。用人单位和岗位负责人应充分认识到岗位的育人职能"。可见,育人职能是助管岗位工作的重要职能。

档案部门应加强研究生与部门的有效沟通,重视过程管理,提高研究生参与的积极性和兴趣。单位负责人和岗位负责人应以身作则、身体力行,完成岗位内容工作的同时,在待人接物、知识技能、道德素质等方面为研究生树立榜样。研究生助管学生如果觉得带教老师的为人处世、人格方面有他们的仰慕和可学之处,自然会更加主动和稳定地参与到部门的岗位工作中去。此外高校档案部门还可以发挥自身特色,给来参与工作的研究生赠送校史相关又有一定实用性的档案产品,增加他们的爱校之情,同时也使他们感觉受到尊重,尽快融入进档案馆的工作氛围之中。

参考文献:

［1］刘淑娟.高校档案部门勤工助学模式创新探究——以上海理工大学档案馆为例［J］.兰台世界.2017(2):44—47.

［2］周璐、王媛.浅析高校档案部门勤工助学工作的思政教育意义——以昆明医科大学为例［J］.云南档案.2018(8):60—62.

［3］罗玉花、刘红艳.高校图书馆勤工助学工作实践与思考［J］.安顺学院学报.2019(2):103—107.

［4］黄瑞梅.高校勤工助学育人功能研究［J］.南方论刊.2019(2):88—89.

［5］白茹花.高校档案部门勤工助学工作管理探究［J］.文教资料.2018(16):169—170.

［6］李力东.勤工助学管理系统的设计与实现［J］.中外企业家.2018(17):229.

［7］李又红.用SWOT分析高校图书馆勤工助学［J］.内蒙古科技与经济.2018(3):138—139.

智慧校园建设背景下高校电子文件
"单套制"归档思考

上海大学档案馆　郑　维

摘　要：随着高校智慧校园建设的不断深入,高校电子文件大量产生,这些电子文件是高校发展的真实记录。本文首先介绍了高校电子文件归档的现状和"双套制"归档存在的问题,接着从社会背景、国家政策依据和电子文件建设实践等方面阐述了电子文件"单套制"归档趋势,随后分析了高校电子文件"单套制"归档的难点,最后在此基础上对电子文件"单套制"归档进行了思考。

关键词：智慧校园　高校　电子文件"单套制"　归档管理

智慧校园是指以物联网为基础的智慧化的校园工作、学习和生活一体化环境,这个一体化环境以各种应用服务系统为载体,将教学、科研、管理生活进行充分融合。2010 年,在信息化"十二五"规划中浙江大学提出建设一个"令人激动"的"智慧校园"。2018 年 6 月 7 日,国家标准《智慧校园总体框架》发布。随着高校智慧校园的建设,高校政务活动、各项业务工作产生了大量的电子文件。这些电子文件真实记录高校教学、科研和管理活动的全过程,是高校发展的真实记录,同时也是高校今后决策分析的重要基础数据,这些电子文件归档后即为电子档案,对高校今后的工作具有凭证和查考价值。

1　高校电子文件归档的现状及问题

随着高校智慧校园建设不断深入,电子文件大量产生,电子文件的归档目前大部分高校根据教育部第 27 号令《高等学校档案管理办法》要求,"高等学校应当对纸质档案材料和电子档案材料同步归档",实行"双套制"管理。即纸质和电子版本文件同步归档,并建立相互关联关系。目前高校智慧校园建设已进入高校教学、科研、管理等系统整合阶段,这些系统产生了大量电子文件,并呈几何级增长态势,在这种形势下,实行"双套制"归档模式有以下弊端,一方面很多业务系统产生的文件不能打印纸质版本,这样无法保证电子文件归档的齐全完整;另一方面电子文件在归档时打印成纸质文件归档,归档后在档案数字化建设中又通过数字化扫描再转化为电子版本,违背了电子文件产生的业务流程,造成资源的浪费。高校智慧校园建设、业务信息化意味着工作效率和工作质量的提高,意味着纸质文件的减少,但为了符合存档要求打印纸质文件归档违背了信息化发展的初衷和电子文件归档的流程,决不利于高校档案管理部门的发展。真如刘家真所言:电子文件"双套制""非但没有实现信息化提高工作效率,反而大大抵消了信息化的优势,降低了工作效率,增加了工作任务和投入,是人力、物力、财力的极大浪费"。

2　电子文件"单套制"归档趋势的背景、政策依据和建设实践

2.1　电子文件"单套制"归档趋势的背景

《全国档案事业发展"十三五"规划纲要》明确提出"在有条件的部门开展电子档案单套制、单轨制管理试点",从国家层面指明了今后电子档案管理的发展方向。从国际层面上,澳大利亚总理与内阁大臣在 2011 年发布的《政府数字转型政策》中明确了数字转型的时间表,要求自 2016 年后,以数字形式产生的文件,只能以数字形式移交到档案馆。加拿大规定

2017 年 4 月 1 日之后创建的原生电子文件须以数字方式移交档案馆。新西兰批准 2017 年起公共机构仅保存电子形式的文件。美国政府 2018 年 6 月发布的《21 世纪政府解决方案：改革计划和重组建议》，建议国家档案和文件署在 2022 年 12 月 31 日前停止对纸质文件的接收。

2.2　电子文件"单套制"归档趋势的政策依据

随着经济社会发展和信息化水平的提高，国家对电子文件归档和电子档案管理的政策法规不断更新。国家制定并出台《电子文件归档与管理规范》(GB/T18894—2002)、《电子文件归档与电子档案管理规范》(GB/T18894—2016)和《中国（上海）自由贸易试验区条例》等一系列电子文件管理制度，为电子文件"单套制"归档和电子档案管理提供制度保障。目前正在修订的《档案法》，其意见征询送审稿中第六十四条规定"符合国家电子档案形成和管理规范要求的电子档案具有与纸质档案同等的法律效力"。虽然只是送审稿，但也充分说明作为国家档案法律体系顶层的《档案法》对电子档案法律效力的认可，有效解决了电子档案的法律地位，为电子文件"单套制"归档提供了法律保障。

2.3　电子文件"单套制"归档建设实践

目前上海自贸区已成功进行电子档案"单套制"管理模式实践，在区域范围内实行电子文件和电子档案"单套制"管理。《中国（上海）自由贸易试验区条例》第四十四条规定"在自贸试验区推进电子政务建设，在行政管理领域推广电子签名和具有法律效力的电子公文，实行电子文件归档和电子档案管理。电子档案与纸质档案具有同等法律效力。"浙江省建立了"一键归档、单套保存、一站查询"的行政审批电子文件归档管理模式的尝试；湖北省在省直机关也开展了电子文件在线归档。

国家对电子文件归档模式的引导、法律法规、政策的更新和电子文件归档的实践都指明了今后电子文件归档和电子档案管理的发展趋势。对高校档案管理部门而言，"双套制"归档模式是应对电子文件归档冲击的无奈之举，虽然"双套制"的归档模式目前不会很快改变，但高校档案管理部门也要未雨绸缪做好准备,对电子文件的"单套制"归档进行思考并做好相应的准备。

3　高校电子文件"单套制"归档的难点

3.1　高校智慧校园建设中缺失电子文件归档的顶层设计

高校智慧校园建设电子文件大量产生,这些电子文件反映了学校整体工作,是学校重要的信息资产,但高校在智慧校园的顶层设计中尚未转变传统的管理思想,没有充分认识到电子文件管理不仅是一项重要的业务工作,同时电子文件归档才是智慧校园信息化建设的最终闭环。在智慧校园顶层设计中没有从全局的角度,统筹规划,确保各管理、业务系统产生的电子文件归档。在智慧校园建设中学校行政管理系统、各业务系统大都各自为政、独立建设,没有和档案管理部门进行沟通合作,系统建设时没有考虑归档问题,导致数据无法和档案管理系统对接,即使为了归档进行了对接,因前期没有根据归档的要求对数据进行规范处理,为归档和今后的利用留下了隐患。

3.2　高校档案管理部门电子文件管理制度、规范滞后

任何具有突破性的工作一定是制度先行,高校电子文件归档和管理制度的滞后是严重影响高校电子文件"单套制"归档的深层次原因。从国家层面,从 2008 年沿用至今针对高校档案管理的教育部第 27 号令《高等学校档案管理办法》有些条款已不适应当下高校档案工作的发展,但至今没有进行修订。从各个高校层面,虽然部分高校根据国家有关电子文件归档和电子档案管理相关政策制定了部分管理文件,但这些管理文件只是对国家层面文件的照搬照抄,没有根据高校实际情况制定出具有理论指导意义和实际操作可行性的可复制、可推广的电子文件归档和管理制度。目前高校电子文件归档范围和保管期限表都参照纸质文件执行,但在实际工作中,电子文件和纸质文件涉及的范围和特性不同,归档范围和保管期限表应该是有区别的。这些基础的电子文件归档和管理的标准都

尚未制定,电子文件"单套制"归档就难以实行。

3.3　如何保证归档电子文件的真实、可信

档案归档的目的在于它有凭证和参考价值,这种价值的存在在于档案是各种活动真实的记录。纸质文件其档案信息与载体紧密合一,很难出现对档案信息的失控管理。电子文件本质上是二进制数字,其信息存在和载体可分离,造成数据容易被篡改。电子文件易修改的特点,导致它在凭证价值上存在先天不足。电子文件的真实、可信性是制约电子文件"单套制"归档的核心问题。电子文件真实性包含两部分内容,一个是归档前如何保证文件的真实、可靠;另一个是归档后如何证明文件没有被篡改。

3.4　高校档案管理人员素质难以适应电子文件
"单套制"归档要求

电子文件管理是一项集管理、技术和应用于一体的专业性极强的工作。从技术层面,电子文件"单套制"管理需要管理人员具有一定的信息化思维、系统开发能力、日常的计算机应用能力和档案管理的知识。从思想层面,纸质文件的收、管、用经过多年的实践已形成制度,电子文件收、管、存、用制度、规范还有很多空白点,需要高校档案工作者在工作实践中不断探索、完善、总结。同时在智慧校园建设中,电子文件的归档和管理相对处于弱势,业务部门工作人员普遍档案意识不强,要真正做到电子文件"单套制"归档需要档案管理人员全力付出,但是目前大部分高校档案管理人员对电子文件的收集、归档有畏难情绪,创新精神和敢于担当勇气不足,还没有做好电子文件"单套制"归档的准备。

4　高校电子文件"单套制"归档建设思考

4.1　依托高校智慧校园建设,加强电子文件管理的顶层设计

高校电子文件"单套制"归档必须得到学校的大力支持,通过加强校

领导的档案意识,使其认识到电子文件是学校宝贵的信息资产,在教学、科研、管理工作、社会记忆构建中具有重要作用,电子文件归档是智慧校园建设中各个环节信息化建设的最终闭环。学校应将电子文件管理纳入智慧校园建设的总体布局之中,从顶层对电子文件管理进行整体规划与设计,从观念、管理和技术这三个维度打破部门之间、系统之间的壁垒,对形成的电子文件进行全程管理、前端控制,保证电子文件真实、合乎归档要求并最终流转到档案部门归档。

4.2　制定高校电子文件管理制度,打实电子文件"单套制"归档的基础工作

国家层面的电子文件管理制度对高校档案工作而言更多是宏观意义上的建设性指导意见,作为高校档案工作的实践部门,高校制定的电子文件管理制度除了应具用理论指导性,还应具有更多的可操作性,切实做好电子文件管理的基础性工作。如制定高校电子文件归档与管理办法、高校电子文件归档实施细则、高校电子文件归档范围与保管期限表、高校电子文件元数据管理标准、高校电子文件整理与保管规范等标准,为做好高校电子文件"单套制"归档工作做好制度准备。

4.3　规范业务系统工作流程,确保归档电子文件真实、可信

归档电子文件真实,才具有凭证价值,才能保障电子文件法律效力。制约电子文件"单套制"归档最大的问题就是如何保证它的真实,目前一般采用密钥、认证技术或区块链技术解决电子文件归档后的真实性问题,但归档前电子文件的真实性由谁来保证呢?笔者认为归档前电子文件的真实性应由各个业务管理系统负责。冯惠玲曾提出,"系统的思想、协调的思想、前端控制的思想须贯穿于整个管理系统的设计和运行过程中"。要保证归档电子文件的真实,从电子文件进入档案管理系统开始保护是远远不够的,应向前延伸到电子文件全生命周期的开端,即电子文件生成和办理的各个环节,包含电子文件生成、捕获、移交、归档等环节。当系统中某个业务办结后,前端业务系统提交电子文件归档申请,并通过在线归

档服务将电子文件和证明其真实性的元数据打包发送给档案管理系统。数据传递前,业务系统、档案管理系统验明归档源身份,身份确认后,通过电子文件"四性"检测,正式发起归档确认流程,由文件产生的业务部门和档案部门分别对流程进行审批,通过审批的文件归档成为电子档案。电子文件的真实性单靠档案管理系统是不行的,只有前移,在智慧校园顶层设计中通过规范业务系统工作流程,对系统进行前端控制、全程管理才能实现。

4.4　稳中求进,由点及面进行电子文件"单套制"归档实践

高校电子文件"单套制"归档不可能一蹴而就,有一个由点到面试点的过程。高校电子文件管理是一个系统工程,从顶层设计、具体实行过程中的技术手段到最终和各部门协调沟通,涉及部门广、领域多,流转周期较长,一旦电子文件"单套制"归档实践处理不当,会造成学校电子资源的流失,那样电子文件的"单套制"归档就会遇到很大阻力。从高校整体发展来看,电子文件归档的问题一定要解决,也一定会解决,只是一个时间问题,因此电子文件"单套制"归档要循序渐进,稳中求进,可以在学校几个部门或学院先试先行,积累经验。笔者认为可从党政办、科研处和一个大学院开始试点。党政办电子文件"单套制"归档试点成功,则电子文件类归档基本无忧;科技处科研项目多,验收报告归档压力大,如能完成电子文件"单套制"归档,实现业务系统与档案管理系统对接,则大大减轻归档人员的工作量,真正发挥智慧校园建设提高工作效率的初衷;大学院的电子文件归档成功,则学院电子文件归档基本有把握推行。

4.5　加强高校档案工作者队伍建设,适应电子文件
　　　"单套制"归档要求

面对高校电子文件大量产生,档案归档必然由纸质为主向电子文件归档倾斜,高校档案工作者首先要转变观念,摆脱以往纸质文件归档的禁锢,以信息化思维武装自己的头脑,抛弃畏难情绪,开拓网络时代档案工作的新思路。其次必须增长自身实践工作的本领,把自己培养成复合型

的工作人员,不仅具有档案管理知识,更需要具备网络知识、计算机知识、处理电子政务的能力和很好的沟通交流能力。最后,高校档案管理人员一定要树立终身学习的理念,时代对从业者提出的要求是每时每刻都在变化的,唯有主动而为,时时学习、终身学习才能胜任自己的工作,才能应对电子时代档案工作的挑战,肩负起一个档案人的责任。

参考文献:

[1] 陈海平.高校实施电子文件"单套制"归档与电子档案"单套制"管理可行性研究[J].浙江档案,2017(10):19—21.

[2] 牟虹.效率与效果:数字时代高校档案馆的理性选择[J].档案与建设,2018(5):85—88.

[3] 樊振东.高校纸质文件与电子文件双轨制归档管理探究[J].城建档案,2019(11):68—69.

[4] 张宝爱.数字转型背景下高校电子文件管理创新型研究[J].兰台世界,2019(2):13—14.

试论档案资源建设-档案利用之裂隙
及其闭环结构的构建

上海大学档案馆　　洪佳惠

摘　要： 档案工作可以划分为资源建设和服务利用两个基本的组成部分，在日常工作中，两者之间的裂隙却日益明显。本文在探讨造成裂隙原因的基础上，提出构建两者之间的闭环结构以弥合裂隙，形成良性循环，并进一步推进新时代档案工作的发展。

关键词： 档案　规范　计算机　O2O

一般认为，档案工作包含收集、鉴定、整理、保管、检索、编研、利用、统计六个环节[1]，六个环节又"实际上可以划分为两个基本的组成部分，即档案基础工作和档案提供利用工作。档案基础工作为提供利用工作创造条件；提供利用工作则反映了档案基础工作的成果，同时也向基础工作提出了新的要求"[2]。"档案基础工作"一个较为时兴的提法为"档案资源建设"，尽管档案资源建设与档案利用之间的关系已在书面上获得了恰如其分的表述，但在日常工作中，"收集难""利用难"的抱怨之声仍不绝于耳——"收集难"，难在文件难以"齐全""完整"地进入档案管理机构，成为"档案"，尽管国家档案局对于档案工作有着"应归尽归、应收尽收"的明确要求，但这在很大程度上仍旧依赖各专、兼职档案员的个人职业素养；"利用难"，难在利用者难以快速、有效地获取自己所需的档案材料，在计算机技术运用于档案管理工作后，这种困境在有明指向性的利用需求方面，已大有好转，但在其他更大一部分档案利用中，尤其在档案文化内涵的挖掘利用方面,仍旧处于这种"困境"中。本文认为,造成这种"二难"局面的主要原因来自于档案资源建设和档案利用职能之间的裂隙,随着数字化时代的到来,两者之间的裂隙日益显现,构建档案资源建设-档案利用之闭环结构也显得尤为重要。

1 "规范"造成裂隙?

1.1 规范和档案资源建设

面对浩如烟海的文件,档案收集整理工作必须遵循一定的规范,这既是档案作为一个行业的要求,也为档案收集管理得以顺利推进提供了保障和依据。在《上海大学档案管理与服务规范》一书中,收录了《中华人民共和国档案法》、《中华人民共和国档案法实施办法》、《上海市档案条例》等档案法律法规规章 19 种,《档案工作基本术语》、《全宗卷规范》、《档案编制规则》等档案行业标准规范 21 种。其中,在档案法律法规规章中,有专门针对资源建设的规章 5 种,其他各级各类管理办法中也对档案资源建设作了大篇幅的规定;而在行业标准中,针对档案资源建设的标准更是达到了 15 种,超过了总收录量的三分之二。"规范"、"办法"、"条例"和"行业标准"成为了档案收集工作的"尚方宝剑",依据这些规章及行业标准,档案资源建设工作得以顺利、有序地推进,与此同时,规章及行业标准也对应成为档案的文件从内容到形式进行了制约。

以《高等学校档案实体分类法(DA/T 10—1994)》及《档案著录规则(DA/T 18—1999)》为例,前者规范了高等学校档案的归档范围及档号的编制,当下高校档案预立卷工作基本以此为依据;后者则"规定了单份或一组文件、一个或一组案卷的著录项目、著录格式、标识符号、著录用文字、著录信息源及著录项目细则"[3]。在高校档案管理机构中,依据这两个标准,档案资源建设的基础工作基本就能顺利开展和推进。

1.2 规范和利用服务

《中华人民共和国档案法》总则的第一条言明了该法的制定目的,即

"有效地保护和利用档案,为社会主义现代化建设服务"[4]。其他的各项规范标准制定的目的皆是在其视野之内,如《上海市档案条例》总则第一条言"为国民经济和社会服务"[5];《电子档案移交与接收办法》总则第一条言"促进档案信息资源开发利用"[6];《高等学校档案实体分类法》编制目的言"充分发挥高校档案的作用,更好地为学校工作和社会主义建设服务"[7]等。"利用"和"服务"是规范、标准制定的主要目的之一,基本无出其左右。

但在实际工作中,规范制定的这项初衷似乎并未获得有效的落实。"利用难"主要表现在两个方面:其一,利用者无法提出确切的利用需求,导致检索难度的增加;其二,档案管理机构服务人员无法根据利用需求归纳精确的检索字段,导致查询结果发生偏差。本文认为,"利用难"的这两种表现形式皆反映了规范标准"整齐划一特性"与利用需求"开放无序特性"之间的矛盾。规范为了提供通用的做法,必定忽略了一部分,甚至可以说是大部分单个文件的个体因素,而抽取其中共性的特点作为标准,但利用者和服务人员无法确知这些共性的特点和提法,只能模糊地提出自己的利用需求,或是模糊地根据自己所理解的关键词去搜索。

档案检索系统的建立与图书系统有一定的相似性,但档案的利用需求却与图书的利用需求大相径庭。举例来说,一般读者能够确知自己所需图书的名称,根据名称能在图书馆内轻易定位到书的位置;而档案的利用者,尤其是档案文化挖掘方面的利用者,只能大致明白自己所需的材料的名称、范围,而这些材料的命名又可能由于年代不同而发生变化,故此档案利用的检索难度要大得多。另外,图书馆一般是开架的,也就是说即便读者无法明确自己所需图书的名称,也能自行搜索,档案馆显然无法采用同样的做法。

2　"现代化"加深裂隙?

2.1　现代服务方式的引入

在传统档案工作职能分布上,一般采取"谁收集谁利用"的方式,也就是说工作职能按照档案门类或者立档部门来确定,而非按照工作性质来确定。但随着利用方式的多样化、利用需求的不断增长,传统工作职能设定的弊病日益显现,最明显的一点就是极易造成工作量分布的不均衡,且由于工作中个性化因素比较显著,后人接手难度极大,尤其是档案的服务功能无法得到体现。

于是,大多数档案管理机构引入了现代服务业的职能分工方式,将工作区块化,以工作性质作为职能划分的依据,即"前后台"的服务模式。"前台"一般为档案利用,直接面向利用者,以利用者的需求为工作中心,主要工作为保管、检索、编研、利用、统计,其中编研的主要内容为编制检索工具,提高检索效率。而"后台"一般承担档案资源建设工作,主要内容包括收集、鉴定、整理。这种现代服务业的职能分工将档案管理机构的服务职能凸显了出来,对于前台工作,要求准确、快速地提供利用,对于后台工作,要求齐全完整地完成资源建设。由是,档案资源建设成为了档案服务利用的坚强后盾和保障支援,如此,档案资源建设同档案服务利用似乎完成了"一体化"。

但在实际工作中,前后台的服务模式非但无法实现这种"一体化",反而加深了档案资源建设和档案服务利用之间的裂隙。如果说本文第一节中所言的裂隙是由"规范"的抽象性与"利用"的具体性之间的矛盾所导致,那么前后台服务模式对于裂隙的加深则是由工作职能细分所带来的。工作职能细分的其中一个缺陷即是各职能机构往往从本单位的业务出发考虑工作,横向联系差。在档案管理机构前后台服务模式中,这种缺陷具体表现为服务利用岗位作为前台并不了解档案资源建设的实际过程,缺乏对档案的感性认识,仅凭检索工具(当前多为计算机检索系统)"抽象"地来查找档案;而资源建设岗位作为后台也不了解档案利用实际需求的变化,一味按照既有的规范,"惯性"地开展收集工作。这对档案资源建设和服务利用之间的裂隙来说,无疑是雪上加霜。

2.2 "计算机"令资源建设跑不过服务利用

计算机技术在档案领域中的应用是一个方兴未艾的话题。而在服务利用和资源建设这两项主要档案工作中,计算机技术所起到的作用是大不相同的。

对于服务利用来说,计算机技术无疑起到了极大的促进作用。这主要表现在三个方面:首先,利用效率得到极大的提高。在利用准确度和速度方面,计算机检索的优势对于手工检索来说是毋庸置疑的。以高校学生成绩利用需求为例,目前,绝大多数高校档案管理机构都已建立了目录中心,并且基本实现了馆藏档案的数字化,一般情况下,前台服务人员借助计算机系统检索,在几分钟之内就能完成整个服务过程,这是手工检索条件下难以想象的。其次,服务人员业务要求降低。在手工检索条件下,为了提高检索效率,前台服务人员需要对"家底"十分清楚,不仅需要明晰馆藏中"有些什么",更需要了解文件与文件之间的有机联系。而利用计算机检索,前台服务人员需要具备的技能可能仅仅是基础性的计算机操作,甚至不用进入档案库房调卷。这在很大程度上降低了对服务利用岗位的业务要求,专业门槛降低。再次,对纸质档案起到了保护作用。数字化技术使得馆藏档案都以数字形式储存在电脑硬盘中,计算机技术反复调阅的是以数字形式存在的档案,实体档案翻查率大大降低,这大大延缓了纸质档案,尤其是部分珍贵的老旧档案的损耗速度。

但对于资源建设这方面,计算机技术却抛出了一大堆的难题。首先,电子文件归档问题。这是资源建设工作面对计算机技术首当其冲会遇到的困难,尽管国家和地方已出台了《电子公文归档管理暂行办法》《上海市电子档案已校核接受管理试行办法》《公务电子邮件归档与管理规则》《电子文件元数据规范》等多种规定和标准对电子文件归档进行了规范,但"电子文件如何归档""电子邮件如何归档""元数据如何归档""数据库如何归档""新媒体(如微信、微博等)产生的电子文件如何归档?""何种存储介质适合长期保存"等一系列问题在实际工作中依旧悬而未决,电子文件归档在日常收集工作中依旧举步维艰。第二,案卷文件著录问题。由于计算机检索系统的应用,前台服务人员可能对"家底"不太熟悉,为了准确快速地定位到所需查找的文件和案卷,在著录时,就必须最大程度地预估到查询时可能出现的字段和关键词,这个"最大程度"究竟"大到何种程度"成为了案卷文件著录时遇到的难题。第三,人员专业素质问题。在以往档案工作中,资源建设岗位似乎只要获得了档案人员岗位业务知识培训合格证书或具有档案专业高等教育背景,就能成为一个合格的"档案人",但在计算机技术应用于档案管理工作后,这种局面发生了极大的改变:现代的档案从业人员,除了档案专业知识,还需具备相当的计算机知识背景,二者缺少其中一项,就很难承担起现代化档案资源建设工作。而计算机专业人才在现代社会中的强需求和高收入,使得档案机构在人才引进上陷入了困境。

计算机技术一边给档案服务利用工作带来了极大的便利,一边又将一系列难题摆在了档案资源建设工作面前,使得档案服务利用工作和资源建设工作之间的裂隙被越扯越大,如果说两者在同一方向上发展的话,资源建设已经被服务利用远远甩在了后面。

3 弥合裂隙的手段

3.1 机构内部轮岗

档案管理机构内部轮岗是最有效,也最易于实行的裂隙弥合手段,这尤其体现在除民生档案之外的文书档案查找方面。民生档案之外的文书档案由于具有查找率底、命名规律不容易掌握的特点,前后台(即档案服务与资源建设)之间的裂隙表现得特别明显,而档案管理机构内部轮岗能有效弥合这种裂隙。

机构内部轮岗对档案服务和资源建设的促进作用是双向的。对于档案服务来说,熟识档案资源建设的工作者,在档案检索、提供人性化服务方面更具有优势,以"基本养老保险个人账户缴费基数调整核定表"的利用为例,利用者由于无法确知该核定表的具体名称,或许只能模糊地提供"养老保险""社保""核定表"等关键词,服务人员如具备相关人事类文书档案的收集经验,就能较快地缩小所需查找的范围,并向利用者提供"基本养老保险个人账户转入核定表""基本养老保险个人账户补缴核定表"等相关选项,减少利用者来回奔波的麻烦,为利用者提供更为个性化的服务。对于资源建设来说,具备档案服务利用经验的工作者可能在组卷、著录等方面拥有更为开阔的视野,以协议的组卷、著录为例,一部分协议可能仅仅以"协议"二字为标题,该标题无法反应协议中的主要内容,此时就需要收集人员自拟题名,而具备服务利用经验的档案收集人员由于熟悉该种档案利用的频次和方式,在自拟题名上就能发挥出更多的、具备利用和服务视角的能动性。

进一步来说,机构内部的档案轮换,也打破了由于职能细分而造成的壁垒,对培养档案工作者全局视野也有着积极的意义。

3.2　加快推进电子文件归档工作

加快推进电子文件归档工作的目的是缩小计算机技术给档案服务利用和资源建设带来的发展差距。对于弥合二者的裂隙来说,具体体现在针对电子文件特性的电子档案归档方面。

随着办公自动化时代的到来及流程管理在工作业务中的普及,越来越多的文件首先以"电子"的方式存在,电子文件的原始记录性也越来越少受到质疑。同时,电子文件中保存的大量元数据也越来越受到关注。推进针对电子文件特性的电子档案归档,不仅是信息载体发生变化的需要,也将弥合档案利用服务和资源建设之间的裂隙,电子文件自带的"元数据"是天然的查找选项,电子文件经由纸质化,再著录至档案管理系统中,不仅造成了劳动力的浪费,更损失了利用工作中这些天然的、自带的查找选项。

3.3　O2O平台的作用

O2O是Online to Offline模式的简称,原为电子商务的专有名词,指将线下的商务机会与互联网结合,之后渐渐推广到所有与服务相关的行业,即是指将线上线下相结合的服务模式。O2O模式引入档案工作中,不仅能弥合档案利用服务和资源建设之间的裂隙,更能将二者互相促进的关系转换成一个处于良性循环中的闭环结构。

由于互联网技术的广泛应用,远程服务目前已经成为档案利用的方式之一,远程服务可以被看作是档案管理机构对 O2O 模式的初步尝试,如果说 O2O 模式是互联网＋思维的落地方式,那么远程服务仅仅属于"＋互联网"的范畴。这就是说,远程服务仅仅是将互联网作为一种手段,来实现档案利用的高效,这仅仅是就档案利用这一项工作而言的,而 O2O 实现的是互联网思维在档案工作中的渗透,通过 O2O 这种服务模式,档案从服务利用到资源建设的工作流程(也可以说是从资源建设到服务利用)闭合了,互联网思维由此渗透入了档案工作的各个重要环节中去。

　　大数据技术在档案管理 O2O 平台上发挥了巨大的作用。大数据是一种需要新处理模式才能具有更强决策力、洞察发现力和流程优化能力的海量、高增长率和多样化的信息资源。通过对这体量巨大的、不断增长的新数据进行大数据分析,档案服务部门可以开展"哪类档案将以什么样的方式得到利用""哪类档案被利用的次数最多""哪类档案在哪个时间段将被大量利用"等预测性工作。由此,记录过去事件的档案具备了"前瞻性"。档案服务部门可以根据预测结果,提前做好预案,及时提供准确地档案服务,从而大幅度提升服务效率和质量。

　　"冰冻三十非一日之寒",档案资源建设和档案利用职能之间的裂隙并非在短时期内产生的,所以,两者裂隙的弥合也无法依靠一日之功。但档案服务利用-资源建设之闭环结构的提出,将档案管理中最主要的两项工作从平面置入了立体的探讨维度。这种新维度依靠准确的、高效的、个性化的、前瞻性的档案服务来提升档案工作形象,充实档案工作文化内涵,从而起到档案意识的传播及普及作用,同时也反哺了档案资源建设,将档案服务模式闭合起来,形成良性循环,进一步推进新时代档案工作的发展。

参考文献：

[1] 陈兆祦.档案管理学基础[M].北京：中国人民大学出版社，1986：41.

[2] 冯惠玲，张辑哲.档案学概论[M].北京：中国人民大学出版社，2001：59.

[3][4][5][6][7] 徐国明等.上海大学档案管理与服务规范[M].上海：上海大学出版社，2015：427，288，302，330，405.

医学高等院校口述档案征集工作初探

上海交通大学医学院档案馆　　江浩艳

摘　要： 开展口述档案征集工作，不仅对医学高等院校教育发展起到积极作用，而且是丰富馆藏资源、传承医学人文精神的有效补充和重要途径。本文从医学高等院校开展口述档案征集工作的必要性入手，结合实践分析探讨了口述档案的实施步骤，进一步提出了医学高等院校开展口述档案的发展设想。

关键词： 医学高等院校口述档案　档案馆

口述档案一般是指通过有准备的，以录音机为工具的采访，系统地收集、加工和整理所形成的具有保存价值或迄今首次得到的原始口述记录形式，可以为录音、录像、电子文件、纸质等一切形式。近年来，笔者所在的医学高等院校档案馆对口述档案工作进行了初步尝试，以及时记录和挽救受时间推移而不断流失的院史记忆，在一定程度上填补院史空白。

1　医学高等院校开展口述档案工作的重要

1.1　开展口述档案是加强医学高等院校教育发展的迫切需要

口述档案是探寻、记录和研究医学高等院校校史文化的重要资源，在学校的文化建设中发挥着重要的作用。笔者所在的高校是一所有着百年办学历史的医学院校,在百余年的办学过程中,留下了许多珍贵的历史记忆,造就了一批蜚声中外的医学大家,为祖国医学事业的发展贡献了重要的力量。然而,随着时间的流逝,了解学院历史的人越来越少,许多能反映学院历史变迁中的珍贵的"活档案"濒临遗失,抢救性的收集口述档案成为了档案部门工作人员义不容辞的责任。通过对学院发展过程中的一些校友、名人及专家学者的访谈,可以获得第一手珍贵的资料,形成生动的历史记忆,再现更多的历史细节和空白,构建多维、立体的"高校记忆",从而能够更全面的展现办学理念和办学风格,推动医学高等教育的进一步发展。

1.2 开展口述档案是丰富和完善医学高等院校馆藏结构的重要手段

医学高等院校档案馆馆藏档案主要是党群、行政、教学、科研等类别为主,近年来,虽然对电子文档和声像档案的归档工作也越来越重视,但是馆藏主要还是以纸质档案为主,档案管理的手段也比较单一,反映学校历史发展的资料不够丰富。口述档案的开展,则通过对事件当事人的采访来还原历史的真相,填补了纸质记录的空白。笔者所在的医学院校近年来开展了校友人物的口述采访工作,在对采访对象进行笔录、录音、录像的同时,还征集校友们的珍贵照片、各种证书等实物档案,在一定程度上,使档案载体形态呈现多样化,丰富了馆藏档案的种类,完善了馆藏档案的结构。

1.3 开展口述档案为医学高等院校校史研究提供有效补充

医学高等院校和大多数高校一样,其办学历程也经历了诸多变迁,但是由于各种主客观因素,能完整地记载和反映发展过程的档案资料有限,使得校史研究的取材不够。口述档案进一步丰富和完善了馆藏档案资料,对学校的修史编志也有着重要的意义,通过口述方式记录老一辈人对学校历史的回忆和感触,可以弥补文字型校史资料的不足,再现更多的历史细节和空白,有助于编写出的内容更加丰富。

1.4 开展口述档案是医学高等院校传承医学人文精神的有效途径

医学高等院校开展口述档案不仅能够完善馆藏结构,再现医学教育发展历程,同时可以传承医学人文精神。通过对杰出校友、医学大家及专家学者的口述采访,获取他们的影像资料等,配以文字说明,具有客观、真实、生动的优点。口述档案中蕴含了这些医学大家们的价值观和人生观,以及他们严谨认真的医学态度和无私奉献的医学人文精神,能激励广大医学高等院校师生树立远大的理想信念,坚定投身祖国医疗卫生事业的决心,有效促进医学人文精神的传承和发展。

2 医学高等院校开展口述档案工作的步骤

2.1 准备阶段

首先,医学高等院校档案馆应根据学校的办学特色及客观实际需要制定采访计划,应遵循长远规划与专题研究相结合,"抢救第一,保护为主"的原则,确定访谈的主题和方向,并在此基础上确定访谈对象。笔者所在的医学院校有着百年的办学历史,在学校的办学过程中经历了若干个重要的发展阶段,对于学校前身的院史研究资料现有的馆藏资料比较少,为了进一步研究学校前期发展过程中的办学理念和办学方式,确定了以解放前期入学的老校友为采访对象,通过他们的亲述还原学校当时的办学情况,填补院史记忆。

其次,要在认真查阅资料的基础上,拟定采访提纲。为了保证采访质量,采访者需要查阅资料,了解访谈主题及采访对象的相关背景,以保证提纲具有针对性,使采访内容更加丰富。提纲的拟定要避免涉及敏感话题,保持与采访对象沟通顺畅,材料准备得越充分,就越能体现出对被采访者的尊重。

此外,要提前将采访目的和采访内容提交给采访对象,消除采访对象对访谈的顾虑,让其有充分的时间做好准备。访谈前对采访器材进行必要的检查,以避免中途出现故障而影响采访的进行。

2.2 实施阶段

第一,访谈者要具备良好的人际交流沟通技巧,体现人文关怀,应着重注意访谈技巧与方法的运用,做到漫谈与集中问答相结合,了解采访对象的基本情况,有的放矢的做好引导工作,避免冷场的情况发生。

第二,访谈过程中访谈者要对采访对象表现的足够尊重,采访对象讲述的时候,要注意不要打断采访对象的讲话,以免破坏其思路,等采访对象讲述完成后再提问,提问要特别注意提问方式及艺术,提问问题要"精"和"准"。访谈过程中,如果采访对象的讲述有出现偏离主题的现象,访谈者可以通过互动和提问的方式把他拉回到主题。对于一些采访对象讲述过程中所涉及到的人名、地名及一些专业术语要进行核实,弄清楚准确的写法。访谈过程中,进行全程录音和录像,同时对重要内容做好记录。

第三,访谈工作进行的同时,要做好采访对象相关实物档案的征集工作。实物档案是对采访对象表述内容的直观表达和有力佐证,更能给人们留下深刻的印象。在采访同时,可以动员采访对象将其使用过或收藏的实物档案捐赠或寄存,如证书、奖状、老照片、著作、文稿等。对于采访对象不愿意捐赠或寄存的实物可以在征得其同意后,借用拍照、扫描或拷贝。

第四,访谈结束后,采访者要记得邀请采访对象进行合影和题词。这些可以作为口述档案工作的一个附加资料保存,是开展口述档案工作的有效凭证,增加了口述档案的可信度和原始性,是访谈工作中一个不可忽视的细节。

2.3 整理阶段

口述档案的访谈工作结束以后,就是后期的整理归档。相比较于前期的准备工作而言,这项工作更加繁琐和复杂,花费的时间也更长。整理时要尽可能地保持其客观性,对访谈内容进行原始还原,包括采访对象的口误、停顿等都要进行还原。初次整理之后还要进行多次整理,要对采访对象讲述的内容进行仔细地推敲比对,看有没有前后矛盾和明显不一致的地方,对一些不确定的地方要和采访对象反复求证,做到有理有据。在对访谈内容进行准确整理的同时,还要将访谈时间、地点、采访对象、访谈者、采访问题等信息记录下来,保证口述档案内容的真实和完整。口述稿完成以后,需要交与采访对象审校,并签字认可,确认内容准确无误。

3　医学高等院校开展口述档案工作发展设想

医学高等院校档案馆开展口述档案工作是为了更好地记录和还原学校的办学历程,丰富馆藏资源,传承医学人文精神,是一项与时间竞赛的抢救性的工作。但是,在实际开展口述档案工作的过程中,我们也要清醒地认识到,口述档案工作也是一项长期而又繁重的任务,不能急于求成,需要设定长远的规划。

3.1　根据医学发展需要,选取有特色的访谈主题

确定口述档案主题是一项很重要的工作,是所有口述调查工作的起点。主题的选定必须考虑到口述档案的特殊性、可操作性及其利用的需要。如笔者所在院校所开展的以填补学校办学初期历史为主题的老校友口述档案工作中,在梳理采访对象信息时,就发现这些解放前入学的校友们都已经是八、九十岁的耄耋老人了,一些可能对学校历史比较了解的老校友们因为身体的原因,口齿不清,思维表达不畅等情况只能作罢,也是比较遗憾。因此,在选题同时,对采访对象的信息梳理也是一项非常重要的工作。

作为医学高等院校,除了可以将校史发展、重大事件、名医大师选定为主题开展口述调查,还可以根据医学发展的特点,设定有医学特色的访谈主题,如可以以某一医学专业突破的过程建立口述档案,采访相关人员,形成专业性强的医学口述档案资源。

3.2　开展途径多样化,提高工作效率

目前高校口述档案开展工作主要有三种方式,档案馆独立运作、多部

门协作以及业务外包。档案馆独立运作适用于有专业人员及专业设备完善的,有能力承担此项工作的档案馆。多部门协作适用于没有独立开展口述档案工作条件的高校档案馆,需要宣传部、校友会等其他机构的通力协作,各司其职,可以有效减少经费和人力资源的浪费。业务外包则适用于那些经费充裕而自身能力不足的档案馆。

笔者认为,医学高等院校在开展口述档案工作时,应根据档案部门的实际情况选择适合的方式和途径开展工作,这样才能达到事半功倍的效果。档案馆更熟悉学校的档案信息资源,可以集中力量做好口述档案采集的选题,可以与校友会等部门的合作,做好访谈人员的信息沟通。后期的档案整理工作可以充分发挥医学生的优势,选择相关专业的医学生协助整理,有助于对一些专业性较强的医学术语表达的准确描述。通过与宣传部门的合作则可以加强对口述档案编研成果的大力宣传,发挥其校园文化建设的积极作用。

3.3　培养引进专业人员,形成长效机制

口述档案工作是医学高等院校档案馆馆藏资源的重要部分,一旦开展了口述档案工作,就必须要重视建立一支采集专业化队伍,加强队伍建设,培养和引进专业人员。而高校档案部门在开展口述档案工作中,往往会感到心有余而力不足。因为不少档案队伍在人员数量和专业技术上较薄弱,在自身工作繁重的情况下,抽调人员开展口述档案工作的难度不小,即便开展了,工作的深度和广度都不够,难以形成长效的工作机制。而医学高等院校口述档案的采集工作,是一项学术性和专业性很强的工作,采集人员需要掌握基本的医学史学、社会学、档案学、新闻学等学科专业知识,同时,还要掌握采集的原则、方法及技巧等。因此,加大培训力度,引进专业人员,建立一支口述档案专业化队伍,形成专业化的采集标准,是医学高等院校口述档案工作持续化发展的关键。

总而言之,医学高等院校开展口述档案工作是构建高校记忆,弘扬和传承医学人文精神的有效途径,口述档案中体现医学高等院校内在历史文化沉淀和独特精神风貌的声像载体可以通过多媒体技术进行传播,多

层次、多角度、多侧面地反映学校的文化内涵和精神实质,激励和感召医学生们继承医学前辈们的鸿鹄之志,从而发挥口述档案应有的作用。

参考文献:

［1］汪洁.浅谈口述档案征集和编研［J］.湖北教育学院学报,2007(07):131—132.

［2］李园园.中医院校档案馆开展口述档案工作的思考［J］.兰台世界,2019(07):39—41.

［3］陈敏.高校口述档案工作探析［J］.办公室业务,2015(06):64—65.

［4］赵红.高校名人口述档案资源抢救征集工作实践探讨［J］.焦作大学学报,2016,30(04):123—124＋132.

［5］马俊,古玉艳.口述档案初探［J］.黑龙江档案,2009(06):20.

谈高校特色档案功能的发挥

华东理工大学档案馆　程栋梁

摘　要：特色档案是高校档案的一部分，也是学校及社会广泛需要利用的资源。开发利用高校特色档案、实现特色档案功能最大化是当前和今后高校档案工作的一项重要内容，也是高校档案馆与工作者适应现代高等教育事业快速发展的必然要求。从高校特色档案的内涵说起，分析了特色档案的主要内容、价值，并着重从内生性建设、外向型传播、效能最大化等方面解析了高校特色档案功能的发挥。

关键词：高校特色档案　资源建设　功能发挥

高校档案客观真实的记载了教学、科研、党政管理等职能活动及高校发展的历史轨迹，是学校开展各项工作、进行各项改革、优化各项服务必不可少的重要信息来源。独具特色的高校档案资源是学校建设与发展的宝贵财富，也是国家档案全宗及党和国家教育事业的重要组成部分。

1　高校特色档案的内涵

特色，是指一个事物或一种事物显著区别于其他事物的风格、形式，是由事物赖以产生和发展的特定的具体的环境因素所决定的，是其所属事物独有的。[1]简言之，就是一事物区别于其他事物的独有特征。教育部在《普通高等学校本科教学工作水平评估方案（试行）》（教育部高等教育司,2004 年 8 月)中明确界定:"特色是指在长期办学过程中积淀形成的,本校特有的,优于其他学校的独特优质风貌。"高校特色档案是学校档案的重要组成部分,笔者在《高校档案信息资源深度开发利用工作探析》一文中对其内涵进行了阐释:"高校特色档案是指高等学校在教学、科研及各项管理活动中直接形成的,具有高校独特内涵和反映学校办学特色并具有查考利用价值的各种历史记录。"[2]

　　各高校在长期的办学实践及日常的教学、科研及党政管理等活动中,因办学理念、办学特色、行业属性等不同,形成并积累了大量具有自身特色的档案,大致可以归纳为以下几类(见图 1):1. 特色人物档案,主要包括:一是杰出教职工代表,如学校知名学者、教授、研究人员、做出杰出贡献的职工等;二是学生代表人物,如知名校友、获得特殊贡献或特别奖项的在校学生等;三是其他具有影响力的人物,如学术带头人、学科带头人、特聘教授等。2. 重大活动档案,如举办校庆、院庆、召开国际国内重要论坛、大型会议等形成的档案,详细的记载和反映了学校对重大活动的组织、安排、处置的全过程,是把握高校独具特色的发展规律的重要依据,也

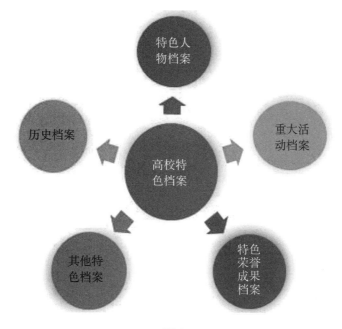

图 1

是高校发展历史的重要凭证。3. 特色荣誉成果档案，既包括学校在教学、科研、竞赛等活动中形成的重要档案材料及获奖证书、奖品等，也包括上级部门、各级领导、友好单位、社会知名人士等因学校在工作和服务中取得的优异成绩而颁发或赠予的各类奖品、证书、赠品等。4. 历史档案，主要是指那些记录和反映学校发展过程、变更变迁等的重要档案，如反映学校筹备、成立、选址更名、变迁、院系调整、专业设置与增减等内容的文件、图纸、照片、声像等。5. 其他特色档案，如反映学校办学特色与理念的各类实物档案、各级领导参观视察学校形成的档案、学校对外交流、新闻报道等过程中形成的档案等。

2   高校特色档案的价值

2.1   高校特色档案是优化馆藏结构、提升馆藏 质量的重要途径

高校档案馆在长期的发展过程中，形成并积累了大量的党群、行政、教学、科研、外事、出版、设备等不同种类的档案，一页页"纸片"、一张张照片、一个个物件……，无不客观真实地记载并反映了学校的发展历史与脉络。庞大的馆藏资源，对高校档案馆的管理与利用来说是极为艰巨的任务，尤其对那些办学历史悠久、馆藏资源丰富的高校档案馆更为复杂。因此有针对性的对馆藏资源内容进行筛选、甄别、鉴定，进行去粗取精、去伪存真的整理、概括，从而对那些能够客观真实地反映学校历史、体现办学特色的馆藏进行优化，形成特色档案，既能够优化馆藏内容与结构，又能极好地提升馆藏质量与内涵，从而可以更好地满足利用者的需求。

2.2   高校特色档案是围绕中心服务大局、助推学校 事业发展的重要手段

随着经济社会的快速发展以及改革开放的不断推进，高校各项事业的发展也在持续不断的迈上新台阶，如何更好地围绕学校的中心任务、助推学校各项事业的发展是每个职能部门当前及今后应当考虑的头等大

事。高校档案馆也应当紧密围绕学校的中心工作与重点任务,强化服务意识,不断开发出新的、深层次、高质量的档案编研产品与成果,形成一些具有学校特色的档案"精品"、"珍品",全面提升档案馆的服务层次与功能,从而高效、有针对性的服务并助推学校各项事业的发展。

2.3 高校特色档案是彰显办学特色、发挥高校档案育人功能的重要方式

办学特色是高校生存和发展的核心竞争力,也是高校的优势所在,各高校档案馆所藏的珍贵特色档案就集中体现了学校的办学理念、发展轨迹、管理模式、教学质量、科研水平等,具有高度的浓缩性与展示度。通过对高校特色档案资源的挖掘与开发,能够多角度、深层次、全方位的展现学校的办学历史、发展特色、治学精神等,让师生及社会更好地了解学校,扩大学校的影响力,推动学校整体事业的发展。同时,利用馆藏特色档案的丰富内容对广大师生进行思想政治、科学文化、艺术审美、爱国爱校等教育,能够极大地激发师生学习、工作、生活的热情,从而优化教书育人环境、丰富校园文化氛围、传承办学精神。

3 高校特色档案功能的发挥

3.1 "收"、"管"齐头并进,推动高校特色档案内生性建设

《高等学校档案管理办法》(2008 年 9 月 1 日起施行,以下简称"办法")明确规定:"高校档案机构是保存和提供利用学校档案的专门机构",同时"办法"还明确规定高校档案机构具有 9 项管理职责。因此,要充分发挥高校特色档案的功能与作用,就必须要花大力气做好馆藏档案资源建设,从收与管环节严格把关,推动高校特色档案的内生性建设。

(1) 创新模式,加强高校特色档案的收集与征集。高校特色档案来源多样、载体多种、内容丰富、价值多元、权属不同等特点决定了其收集和归档工作较为复杂和多样,这就要求各高校档案馆做好以下两点:一是要加强常规特色档案的收集与归档,一方面制定并完善特色档案的收集、归

档办法,在归档范围上要围绕学校办学特色、中心工作、重点任务等厘清收集归档范围,做到目标明确、定位清晰,在归档内容上要确保齐全完整,对学校各部门的特色档案做到"心中有数",切记千篇一律;另一方面在收集方式方法上,要与学校各职能部门保持沟通与交流,对特色档案在调研的基础上做到重点跟踪,必要时要将收集工作前置,做到及时收集、随时归档。二是要做好特色档案的征集工作,高校特色档案除了存在于学校各部门,还有大量的散存于社会及个人手中,也是馆藏特色档案的重要来源和补充,对散存的特色档案,一方面要加大宣传力度,鼓励社会组织和个人主动向学校档案馆移交或捐赠,必要时可给予一定的物质或精神奖励(如捐赠证书、特别贡献奖)等以增强移交、捐赠的意愿与意识;另一方面围绕学校的"三重"(即重大人物、重点工作、重大事件)开展专题性征集或抢救性征集。三是创新征集方式方法,通过有偿购买、征购等方式弥补馆藏特色档案的不足,如通过旧货市场、旧书网等购买珍贵特色档案。

(2)规范管理,建立特色档案信息资源数据库。现代化的高校档案馆,必然要求规范有序的管理与服务,从而跟上学校及社会的发展趋势与潮流。对高校特色档案,一是要按照档案整理三原则(全宗原则、来源原则、事由原则)进行规范有序的整理立卷,确保案卷、文件之间的有机整体性,方便管理利用。二是对馆藏特色档案进行规范化管理,可设立专室专柜由专人管理,也可散存于各案卷,但需建立特色档案目录以方便查找利用。三是建立高校特色档案信息资源数据库,对特色档案进行专门的保护与限制利用,特色档案信息资源数据库的主要内容一方面来源于对馆藏现有的特色档案的数字化加工、扫描;另一方面来源于对及时归档的特色档案的数字化加工、扫描;再者来源于接收的电子文件等,[3]对这些接收归档的特色数字档案资源,既可挂接于相应的档案管理系统、档案网站或数字化校园平台,也可借助相应的辅助工具如检索工具、网络工具等进行有效的管理并在保证安全的前提下提供利用。

3.2 "编"、"宣"双管齐下,重视高校特色档案外向性传播

(1)提升水平,深度编研高校特色档案。"办法"第 34 条明确规定:

"高校档案机构应当积极开展档案的编研工作。"高校特色档案是最具代表和反映一所高校独特活动的档案,建立特色档案,其终极目的是为了发挥高校档案在服务学校以及经济、社会发展中的助力作用,对散存于"浩瀚"馆藏案卷中的特色档案,必须要加大开发力度,深度挖掘其价值,形成特色编研成果,以更好地服务学校及社会。一是要找准特色,明确编研主题,这是开展特色档案编研工作的前提和基础,可围绕学校重大人物、重点工作、重要事件等,摸清高校档案利用需求趋势,结合现实焦点及社会发展动态等以确定主题,尤其对那些利用率高、利用价值大的特色档案,要重点关注;二是要借用技术,创新编研形式,随着现代信息技术的高速发展,高校档案编研不能仅局限于编写参考资料、汇编档案文件、编史修志等,它的形式应该是多种多样的,借助于现代化的办公设备,利用信息通讯技术、多媒体技术、声像技术等将各类文字、图片、声像等结合起来形成立体化的特色编研成果;三是要深入挖掘,形成特色编研成果,高校特色档案需要研究,更需要深入的挖掘、提炼、总结,做到"编"、"研"结合,加大"研"的分量,编写出具有一定质量和深度的、具有较高利用价值的特色编研成果,从而提高其效用。

(2)突破传统,重视高校特色档案的外向型传播。"办法"第35条明确要求:"高校档案机构应当采取多种形式(如举办档案展览、陈列、建设档案网站等),积极开展档案宣传工作。"对编研成果的宣传推广就是对档案工作的最好宣传。一是转变观念,主动宣传,高校档案馆应积极改变不事张扬、低调朴实的工作方式与作风,养成积极主动的宣传意识,自觉发掘工作中的亮点与特色,充分利用学校及社会资源,变"被动式"服务为"主动式"宣传。二是抓住契机,重点宣传,围绕社会及学校的热点问题、重要节庆日等,尤其是围绕学校重点工作、重大纪念活动(如校庆、开学典礼、毕业典礼)等,抓住有利契机,结合馆藏,开发、编研特色档案产品,重点宣传,达到事半功倍的效果。三是创新形式,全面宣传,借助现代信息通信及网络技术,打造全方位立体化档案宣传网络,在档案馆主页、校内电子屏、微信平台、高校新闻网站以及校外广电媒体、网络媒介等上全面宣传。四是健全机制,长效宣传,高校档案馆应建立起特色档案宣传工作的长效机制,将其纳入到部门规划中来,形成规范合理的耕作制度,组织专人负责,深入持久地开展宣传工作。

3.3 "联"、"享"并驾齐驱,强化高校特色档案效能最大化

(1) 合作共赢,联合开发高校特色档案。档案工作的终极目的是充分发挥档案的价值与作用,为经济建设和社会发展服务。因此要牢固树立"大档案观"及开放利用理念,既立足于深度作业馆藏特色资源,又放眼充分利用社会资源,通过联合开发将"死档案"变为"活信息",实现高校特色档案价值最大化。一方面有利于弥补自身人员、经费、资源等的不足,另一方面也能取长补短、集思广益,为深度开发高校特色档案资源开辟新思路、新途径,同时也能加强高校档案馆与其他机构、部门及社会的联系与沟通,提高知名度与社会地位。一是高校档案馆与校内相关机构与部门联合开发特色档案资源,借助校内重大活动、重要庆典、重点工作等,深入挖掘学校特色档案,汇聚智力成果,促使特色档案价值最大化;二是高校档案馆与其他高校档案机构联合开发特色档案,充分利用各自馆藏特色档案,找寻共通点、互联互通、取长补短,联合开发编研高质量的档案成果;三是高校档案馆与社会各界联合开发特色档案信息资源,借助社会力量,集思广益,快出、多出特色档案成果,增强开发成果的社会适应性及影响力;四是开展高校特色档案的国际化联合开发,通过国际合作与交流,学习、借鉴国外先进的开发经验,增强与世界各国档案的合作与交流。[4]

(2) 优化机制,共享高校特色档案资源。信息网络社会,要实现高校特色档案资源效能最大化,凸显高校档案的地位与作用,就必须实现对开发成果的共享,使之服务于学校及社会。一方面,高校特色档案资源作为我国档案资源的重要组成部分,是学校及社会广泛需要利用的资源,具有极高的利用价值,于学校,既能直接服务于教学、科研及管理工作,又能彰显办学特色、传承办学理念、发挥育人功能,于社会,其蕴含的丰富知识、文化等能促进知识的传播、科技的进步及社会文化的发展;另一方面,现代信息通信及网络技术的快速发展为实现高校特色档案资源的共享提供了可能与便利。基于此,一是各高校档案馆应积极主动转变观念,大力推

进并实现高校特色档案资源的共享,转变过去"重馆藏、轻利用"及"重校内、轻校外"的传统服务思想,树立以利用者为中心的服务理念,通过搭建与政府机构、企事业单位及其他民间组织甚至于个人信息交流的桥梁,主动提供档案信息为之服务,从而实现彼此间的良好互动与合作,实现高校特色档案的社会价值;二是高度重视,加大投入,夯实高校特色档案资源共享的基础,形成校级、各职能部门及档案馆领导高度重视并取得各教职员工的配合与支持,建立一支结构合理、素质优良、术业精深的管理及研究队伍,加大经费投入,为实现高校特色档案资源的共享保驾护航;三是建立高校特色档案联盟机制是实现特色档案资源共享的有效途径,通过建立高校档案联盟,加强各高校档案管理机构之间的沟通与协作,推进档案信息资源共享的标准化建设,整合、优化各高校档案馆的特色档案资源,实现资源的优势互补与借鉴,同时建立特色档案联动发布机制,及时通过电视、网络、平媒、网站、微信平台等发布信息资源,实现馆藏特色档案资源及其开发成果的共享。[5]

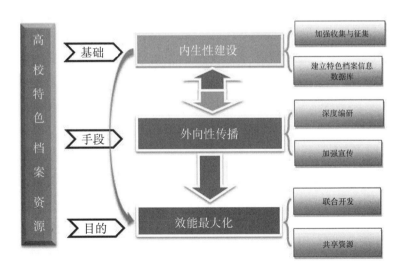

图2

高校档案资源种类繁多、形式多样、内容庞杂,要想在信息通信及网络技术飞速发展的今天突破重围,就必须依托馆藏特色档案,走一条特色资源建设之路。内生性建设是基础,外向性传播是手段,其目的都是为了实现馆藏特色档案效能最大化(见图2),最终形成"人无我有、人有我优、人优我特"的良好局面,凸显高校档案馆的地位以及高校档案工作者的价值。也唯有如此,高校档案工作才能快速找准突破口并打开局面,从而适应现代高等教育事业迅速发展的需要,为学校及经济、社会发展服务。

参考文献:

[1] http://baike.baidu.com/link? url = WmEvXMhO3d9-hdgwfNbv3Yoxz-ZPjYz_Crpw2B_zaU6Flm9L6YvDnPaC0CZMFear7BljTUT1tBTUe9EnL_3oWxZ-WCOU2LIOTosb7WUR02qY_#6.

[2] 程栋梁.高校档案信息资源深度开发工作探析[J].兰台世界,2017(8):20.

[3] 侯英杰.高校特色档案资源管理探析[J].北京档案,2014(10):31.

[4] 王熙.论网络时代下的高校档案联合编研[J].兰台世界,2011(15):65.

[5] 卞咸杰,卞钰.试析高校档案信息资源共享的发展轨迹[J].档案管理,2018(3):62.

对高校学生档案收集整理问题的思考

上海理工大学档案馆　刘子侠

摘　要：鉴于高校学生档案在收集整理方面存在的问题，可以从干部人事档案的政策法规、归档范围、档案整理三个方面为高校学生档案收集整理提供参考进行可行性论证。高校档案管理部门可以据此参考，从建立学生档案管理制度、完善学生档案归档范围、规范学生档案收集整理三个层面进行考虑，从而解决高校学生档案收集整理方面存在的问题。

关键词：高校　学生档案　收集　整理

2008 年国家教育部、国家档案局联合颁发了《高等学校档案管理办法》（简称 27 号令），它规定了高校档案机构的管理职责，并将学生类档案列入高等学校档案的管理范围。在 27 号令中，高校档案机构的管理职责第三项规定：负责接收（征集）、整理、鉴定、统计、保管学校的各类档案及有关资料；学生类档案的归档范围：主要包括高等学校培养的学历教育学生的高中档案、入学登记表、体检表、学籍档案、奖惩记录、党团组织档案、毕业生登记表等。[1] 由此可见，27 号令虽然对高校档案机构的管理职责和文件材料的归档范围做出了规定，但是对学生档案的归档范围并没有做出进一步的详细规定，更没有对学生档案归档材料的整理做出明确要求。

随着大学生毕业，学生档案被投递至各大用人单位，作为用人单位核定工资、评定职称的重要依据。由于学生档案量大，时间紧，各高校仍然按照以往惯例收集整理学生档案,致使学生档案的收集整理具有严重的随意性。而在实际的工作过程中,也可以发现各高校寄来的学生档案存在不少问题。基于用人单位人事档案管理的视角,有必要将问题前移,追根溯源,从根本上寻找解决之策。

1 高校学生档案在收集整理方面存在的问题

1.1 在材料收集方面,缺少材料的情况大量存在

由于对新生档案把关不严,有些高校毕业生的档案中缺少高中材料。还有些高校不把学士学位授予材料作为归档内容。有些毕业生档案甚至缺少《就业报到证》。《就业报到证》是教育主管部门正式派遣毕业生的凭证,也是接收单位接管学生个人档案的重要依据和凭证。[2]它同时也是高校毕业生拥有干部身份的标志。由于它具有时效性,一旦缺失,很难再补。党团材料、奖惩材料缺少的情况也时有发生。对于博士而言,缺少报考博士研究生专家推荐信的情况就更加常见。例如,从上海理工大学招聘的应届毕业博士的档案来看,很多都缺少报考博士研究生专家推荐信。通过向一些高校了解情况后发现,专家推荐信并不属于其学生档案的归档范围。

1.2 在档案整理方面,学生档案的整理处于无序状态

档案材料排列无序,随便散在档案袋中;档案内没有规范的卷内目录;档案材料没有系统的编页。此外,还经常会出现学生档案袋套叠的现象,即一个档案袋套一个未开封的档案袋和一些散材料,未开封的档案袋里再套另一个未开封的档案袋和一些散材料,导致一个档案袋里面装有数个无用的档案袋。[3]例如,从上海理工大学录取研究生的档案来看,九成以上的学生档案未进行过规范的整理,通常都是一摞没有经过鉴别、分类、剪裁、装订的散材料;而在投递毕业生档案时依然如此,档案袋套叠也仍在继续。

1.3　在材料鉴定方面,归档材料的鉴定缺失严重

有些档案材料缺少关键要素,如缺少意见、公章、签名和时间等。例如,从上海理工大学引进应届毕业博士的档案来看,经常会有报考攻读硕士(博士)学位研究生登记表中缺少录取单位意见和负责人签字的情况;在高校毕业生登记表、毕业研究生登记表中经常会出现缺少本人签名、漏盖公章的情况。而在补负责人签字、补盖公章时,往往会发生负责人已经变更、学校名称变更或学院名称变更等情况;另一方面,由于补办费时费力,很多员工并不愿意配合。

2　干部人事档案成为高校学生档案收集整理参考可行性的论证

档案材料的缺失或不完整,极有可能影响到高校毕业生本人的利益。针对学生档案存在的这些问题,各高校有必要参照干部人事档案的收集整理工作来规范学生档案的收集整理工作。

2.1　干部人事档案工作发展至今已比较成熟,为建立学生档案管理制度提供参考

为规范全国干部人事档案工作,中共中央组织部等相关部门相继出台了《干部档案工作条例》、《干部档案整理工作细则》等法规文件;目前在继续执行《干部人事档案材料收集归档规定》(中组发[2009]12 号)的基础上,中组部进一步印发了《关于完善干部人事档案材料的通知》(组通字[2017]25 号);2018 年 11 月 20 日中共中央办公厅印发了《干部人事档案工作条例》,同时废止了 1991 年 4 月 2 日中央组织部、国家档案局印发的《干部档案工作条例》,更加严格细致地规定了干部人事档案工作。一系列配套的政策法规和规章制度,加上多年的实践探索,使得我国干部人事档案工作已经趋于成型。干部人事档案工作的经验值得高校学生档案借鉴和学习。[4]高校学生档案和干部人事档案有关收集整理方面的法规文

件如表(1)所示：

表(1)

学生档案	干部人事档案
《高等学校档案管理办法》	《干部人事档案工作条例》 《干部档案整理工作细则》 《干部人事档案材料收集归档规定》 《关于完善干部人事档案材料的通知》

此外，一些省市组织人事部门还会根据干部人事档案的法规文件制定更加详细的工作手册，增加干了部人事档案收集整理工作的可操作性，这也更加为高校学生档案管理制度的建立与完善提供参考。

2.2　干部人事档案归档范围完整，为学生档案制定归档范围提供参考

随着时间的推移和档案相对人身份的改变，学生档案在学生毕业步入社会之后会演变为干部人事档案或其他类型档案。可见，学生档案与干部人事档案是一脉相承的。高校学生档案参照干部人事档案的归档范围进行材料收集，有利于日后干部人事档案的齐全与规范。27号令中涉及的学生档案归档范围与干部人事档案相关归档范围对比如表(2)所示：

表(2)

学生档案	干部人事档案	
高中档案 学籍档案 毕业生登记表	自传和思想类材料	
	考核鉴定类材料	
	高中材料	高中毕业生登记表、高考报名表
	本专科材料	高校学生登记表、学生成绩单、高校毕业生登记表、授予学士学位的材料(本科)
	硕士研究生材料	报考攻读硕士学位研究生登记表或全国免推硕士(博士)学位研究生登记表、硕士研究生登记表、成绩表、硕士毕业研究生登记表、授予硕士学位决定及有关材料(参加硕士单独考试的，要有专家推荐表)
	博士研究生材料	专家推荐书、报考攻读博士学位研究生登记表、博士研究生登记表、成绩表、博士毕业研究生登记表、授予博士学位决定及有关材料

（续表）

学生档案	干部人事档案	
奖惩记录	表彰奖励类材料	
	违规违纪违法处理处分类材料	
党团组织档案	团员材料	中国共产主义青年团入团志愿书、入团申请书
	党员材料	中国共产党入党志愿书、入党申请书、转正申请书、培养教育考察材料，停止党籍、恢复党籍、退档等材料 加入或者退出其他党派材料
——	政审材料	攻读硕士研究生政审表、攻读博士研究生政审表、入党政审材料
——	工资、工作经历相关材料	
——	出国（境）材料	
体检表	其他材料（包含就业通知书）	

干部人事档案按照相关规定共分为十大类，一般高校毕业生可能涉及到的归档材料如表（2）所示。相比较而言，干部人事档案的相关归档范围非常详细，而高校学生档案的归档范围则太过笼统。

2.3 干部人事档案整理规范，为学生档案整理提供参考

第一，干部人事档案要求归档材料必须是办理完毕的正式材料，归档材料的手续要完备。这就要求在接收归档材料时，除清点归档材料的份数外，更需要在材料完整性上进行核实，重点核查有无缺章、缺签名等情况。第二，干部人事档案对归档材料的载体做出规定，载体使用A4型的公文用纸。例如，在工作过程中会发现，有些高校的毕业生登记表既非A4型纸，又非16K型纸，这种不考虑高校毕业生登记表将作为归档材料放入个人档案的行为，无形中就给干部人事档案的整理增加了工作量。第三，干部人事档案要求归档材料的字迹必须是铅印、胶印、油印或蓝黑墨水、黑色墨水、墨汁，不得使用圆珠笔、铅笔、荧光笔、水彩笔、红色墨水、纯蓝墨水、复写纸等不符合档案保护要求的记录材料书写。第四，干部人事档案要求拆除档案材料上的订书针、区别针等金属品，以防止氧化锈蚀

材料。

3 对高校学生档案收集整理的几点建议

3.1 建立学生档案管理制度

做任何一项工作都必须有法可依、有章可循,高校学生档案工作亦是如此。各高校有必要根据 27 号令,参照干部人事档案的政策法规,结合本校实际情况,制定本校的学生档案管理制度,使学生档案收集整理工作具有实际可操作性。有时尽管已经制定相关制度,有些归档材料仍未必能收到。例如,有些高校并没有形成硕士研究生登记表、博士研究生登记表等材料;还有些高校此类材料已经形成,相关部门按照以往惯例认为无需归档。正所谓"巧妇难为无米之炊"。此时,制度的严格执行成为关键。由于很多问题存在于材料形成部门,因此,学生档案的收集整理工作单纯依靠档案管理部门实难完成。这就需要高校领导要求相关部门严格遵循学生档案管理规章制度办事,应该形成的材料必须形成,需要归档的材料必须归档,通力协助学生档案工作,如此才能保障学生档案工作的顺利开展。

3.2 完善学生档案归档范围

归档范围作为学生档案规章制度的重要组成部分,大致可以分为以下八类:第一类,学历材料,主要包括以下五个方面,(1)高中材料,包含高中毕业生登记表、高考报名表;(2)本专科材料,包含高校学生登记表、学生成绩单、高校毕业生登记表、授予学位的材料(本科);(3)硕士研究生材料,包含报考攻读硕士学位研究生登记表或全国免推硕士(博士)学位研究生登记表、硕士研究生登记表、成绩表、硕士毕业研究生登记表、授予硕士学位决定及有关材料(参加硕士单独考试的,要有专家推荐表);(4)博士研究生材料,包含专家推荐信、报考攻读博士学位研究生登记表、博士研究生登记表、成绩表、博士毕业研究生登记表、授予博士学位决定及有关材料;(5)休学、退学等学籍异动材料。第二类,自传、考察、考核材料,主要包括入学期间所写自传、学年考核表等。第三类,奖惩材料,主要包括优秀学生登记表、优秀毕业生登记表、奖学金登记表、参加各类比赛的获奖材料,以及受处分、解除处分相关材料。第四类,党团材料,主要包括以下两方面,(1)入团材料,包含中国共产主义青年团入团志愿书、入团申请书;(2)入党材料,包含中国共产党入党志愿书、入党申请书、转正申请书、培养教育考察材料,停止党籍、恢复党籍、退档等材料,加入或者退出其他党派材料。第五类,政审材料,主要包含攻读硕士研究生政审表、攻读博士研究生政审表、入党政审材料等。第六类,出国(境)审批材料。第七类,有工作经历的个人人事档案材料。第八类,其他可供社会或学校录用人才时参考的材料,主要包含就业报到证(派遣证)、反映严重慢性病或身体残疾的体检表等。

3.3　规范学生档案收集整理工作

加强对学生档案工作薄弱环节的管理,使学生档案收集整理更加有序、规范。第一,材料形成部门要做到:(1)严格按照归档范围形成材料,并进行归档;(2)归档材料必须是办理完毕的正式材料,手续一定要完备;(3)高校内部形成的归档材料载体进行统一化,采用 A4 型公文用纸;(4)归档材料的字迹必须是铅印、胶印、油印或蓝黑墨水、黑色墨水、墨汁;(5)对可能有多张纸的归档材料,比如报考攻读硕士学位研究生登记表、博士学位论文答辩材料等,不要采用金属订书机装订,尽量采用粘胶订的装订方法或用回形针卡住,以防取订时破坏材料。第二,学生档案管理部门要做到:(1)参照归档范围把材料进行分类,制作卷内目录,以确保不会漏归、少归材料,对《就业通知书》这类非 A4 纸型归档材料要重点关注,谨防遗漏;(2)对每一类归档材料,按照材料形成时间顺序进行排序;(3)对归档材料进行鉴定,重点核对档案材料中是否出现缺章、缺签名或者不符合书写要求的情况,一旦发现,立刻抽出,整改完成后再放回档案袋;(4)避免出现档案套叠现象,力争档案袋中只有档案材料。

综上所述,各高校应按照 27 号令和干部人事档案的相关法规文件,制定符合本校情况的学生档案管理制度,并严格执行。无论是学生档案还是干部人事档案,它都是人的档案,与人的切身利益密切相关。习近平总书记曾说过:"档案工作是一项非常重要的工作,经验得以总结、规律得以认识、历史得以延续,各项事业得以发展,都离不开档案。在全面建设小康社会的进程中,档案工作显得越来越重要。"因此,高校应把学生档案作为一项重要的工作来抓,各职能部门应该站好为学生服务的最后一班岗,确保学生档案和今后的人事档案形成有效对接,把反映学生德、智、体、能等方面的材料呈现给用人单位,避免给毕业生造成不必要的麻烦,切实维护毕业生的个人利益。

参考文献:

[1] 教育部、国家档案局. 高等学校档案管理办法[EB/OL]. [2018—07—20]. http://www. moe. gov. cn/srcsite/A02/s5911/moe_621/200808/t20080820_81841. html.

[2] 赵湘渝. 高校离校生档案的转递规范与流程[J]. 档案管理,2017(01).

[3] 崔剑,吴春明,赵军. 基于用人单位视角的高校学历档案问题思考[J]. 北京档案,2013(09).

[4] 廖颖. 高校学生档案管理模式探析[J]. 云南档案,2016(04).

[5] 卞咸杰,周莹莹. 高校学生人事档案材料归档范围的探讨[J]. 档案管理,2015(06).

[6] 刘星. 浅析高校学生档案工作的开展及创新[J]. 北京档案,2014(06).

[7] 傅样. 干部人事档案管理政策法规综述[J]. 档案与建设,2017(09).

[8] 中共中央办公厅.《干部人事档案工作条例》[EB/OL]. [2018—12—10]. http://www. 12371. cn/2018/11/28/ARTI1543396830661437. shtml.

高校学生档案管理模式创新研究

上海立信会计金融学院档案馆　余小艳

摘　要：高校学生档案管理是一项繁杂的工作,各高校既有共性,又有个性。本文首先调查研究了目前高校学生档案管理工作中存在的问题,提出在新的形势下,提高高校学生档案管理所需要的新的途径和措施,重点研究了加强学生档案管理信息化建设。

关键词：高校　学生档案　管理　创新

高校学生档案是国家人事档案的组成部分,反映学生个人学习、经历、能力及重要社会实践活动的个人档案材料,是大学生就业及其今后各级组织选拔、任用、考核的重要依据,也是每个学生人事档案形成的基础。

1　高校学生档案管理的现状和问题

1.1　管理机制不完善

我国高校学生人数庞大,2019年统计在校生多达3000多万人,然而我国对于学生档案管理没有制定统一的管理制度。导致目前各个高校管理学生档案的部门各不相同,有的归口在学生处,有的归口在档案部门,有的归口在人事处等,且很多高校也无学生档案管理办法细则,对于学生档案管理工作人员的责任划分不够清晰,学生档案一般由档案馆或者学生处保管,但学生档案材料来源于教务处、学生处、招生办、学院、团委、组织部等多个部门,因而在档案的收集、整理、利用中存在多头管理的局面,更加造成了学生档案管理的混乱局面。

1.2　师生档案意识薄弱

学生档案是反映学生个人经历和德、智、体等各方面表现及家庭政治、经济状况的各种文件材料,是学生个人宝贵的信息资源,具有"不可再生性",但令人遗憾的是目前多数高校师生档案意识薄弱。学生因对个人档案缺乏认知,在校期间填写的各类表格往往随意,影响了档案的真实性和准确性,等一到来利用档案的时候才发现很多信息没有或者不详细,后悔莫及。有些辅导员也无档案意识,对要装入档案袋的材料不做仔细检查,里面的信息有的没填,或者没盖章,给后续的保存和查询利用产生很大的影响,导致很多学生时隔多年因为当年的一个小疏忽,还要跑回来重新补齐档案,甚至影响终身。

1.3　管理人员不专业、变动频繁

学生档案工作量大,对档案工作者要求较高。目前很多高校仍存在人员结构配置不合理,专职档案员编制偏少,档案专职工作人员配备数量与自身档案规模不相符。以上海某高校为例,2万多的在校生,只有一个专职学生档案管理员,外加两个退休返聘的老师,面对每年毕业季,工作压力太大,力不从心。且在归档过程中,二级院系也没有专门的档案管理人员,都是院系辅导员进行操作,辅导员也是带着学生进行归档,由于都不是专业人员,导致学生档案在收集整理过程出现这样或那样的错误,如有的学生档案袋里误装了其他同学的材料,毕业生登记表没有盖章等等现象时有发生。这些兼职人员精力有限且流动频繁,给学生档案管理工作带来不小的挑战。

1.4　管理手段落后

目前高校学生档案还是以纸质的形式存在的,归档材料也都是纸质的,且大多数高校档案保存条件较差,仅仅放在柜子里,既无温控也无消毒和防尘措施,纸质材料容易滋生虫霉,严重影响使用。由于学生档案流动性快的特点,大多数高校的学生档案也未进行数字化处理,查询利用都是靠人工去翻阅,效率非常地下。大多数高校也无学生档案管理系统,仅仅对学生档案的去向或者查询只做了电子表格记录,由于学生人数太多,流动性太大,信息变化频繁,电子表格无法满足需求,导致学生档案管理工作量很大,且一些档案管理人员年纪偏大,比较抵触网络信息系统,不愿意尝试新的管理方式,导致学生档案管理手段比较落后,档案管理效率底下。

2 提高高校学生档案管理水平的途径和措施

2.1 建立健全管理制度

因为我国对于学生档案管理没有制定统一的管理制度,为加强学生档案管理工作,实现学生档案管理的标准化、规范化、科学化,充分发挥学生档案在学生教育、管理与就业工作中的作用,各高校要结合本校实际情况,根据《中华人民共和国档案法》、《高等学校档案管理办法》等相关档案法规,明确学生档案主管部门及相关部门工作职责、档案归档范围、归档要求,细化学生档案收集、保管、利用、转递等环节工作流程,使学生档案管理工作有法可依,有章可循,摆脱混乱无序状态。

2.2 提高师生档案意识

高校应开展形式多样的档案宣传工作,强化师生档案意识。加强对档案、档案法及档案工作的宣传,宣传对象包括大学生,也包括教职人员及档案工作者。在新生入学时,可发放档案管理手册,开展档案知识讲座,让学生充分了解学生档案的归档范围及重要性,辅导员要及时收集新生档案,收到新生档案后,应及时检查审核档案材料,逐件核对学生档案封面目录与卷内文件材料是否一致,发现档案材料不齐全的,应及时向该生原所在学校或单位催调补齐。确因客观原因无法补齐的,应在该生档案目录上做出标注,并在档案移交时进行说明。学生毕业前也要通过讲座、网站、微信等方式让学生了解毕业学生档案去向政策,避免学生在填报档案去向时不知所措,主观随意,造成后续的一系列退档、甚至丢失档案的情况发生。对于毕业生归档的工作人员,要加强业务培训,不断提升业务技能,做到及时、准确将档案材料入袋、避免错装、混装、漏装,杜绝材料丢失。

2.3　加强档案人才队伍建设

档案工作人员是档案工作的主体,是做好学生档案管理工作的关键所在。随着信息时代的到来,档案馆信息化建设步伐的加快,档案人才队伍建设不容忽视。高校档案馆要根据学生档案的数量以及工作需要,合理制定人才引进计划,招募专业人才,充实学生档案人才队伍。在所调查的高校档案馆中,档案本专业的专职人员并不多,档案人才队伍基础薄弱。档案馆在招聘工作人员时,应以档案学、情报学等相关专业的人才为主。同时,根据档案信息化建设需要,也可对信息技术、计算机等专业的人才进行一定数量的招募。另外,还需要对人员加强培训和交流,增强档案工作者的理论功底和实践能力,可定期或不定期地进行理论知识和操作技能培训,包括档案学的专业知识、计算机网络操作等,熟练掌握和运用新的技术和方法,此外,也需要借鉴其他高校学生档案管理经验,相互交流和学习,不断发现新问题,探索新方法,切实提高学生档案管理服务质量。

2.4　加强学生档案管理信息化建设

近年来随着高校学生人数的不断增长,学生档案的管理日趋复杂,目前大多数高校都是半人工,半电子化的进行信息管理,将一些学生档案信息做成 excel 表格,由于人数庞大,且随着档案的收集,归档,转递,信息的更新频率很快,难以适应目前日趋复杂的要求,并且这种管理方法存在很多缺点,如往往一个电子文件无法满足要求,有好几个 excel 电子文件,更改其中的一个 excel 文件信息,其他的几个 excel 电子文件也需要同步修改,耗时又容易出错,无法同时几个人进行信息的操作,且文件安全性低、保密性差、查询检索效率低、信息无法统计、无法和其他系统对接等缺点。而我们要解决这个问题,必须要加强学生档案管理的信息化建设,建立一套集收集、整理、归档、查询、借阅、转递、统计于一体的学生档案管理系统,优化办事流程,提高档案管理员工作效率也减少出错率,并且方便学生档案的利用查询。

(1)学生档案管理系统功能模块

传统学生档案管理繁杂、量大、容易出错,我们需要构建集收集、整理、归档、查询、借阅、转递、统计于一体的学生档案管理系统,应具有如下功能模块:

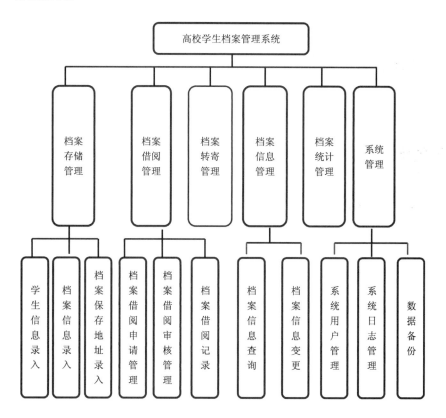

如上图所示,系统一共分为:档案存储管理、档案借阅管理、档案转寄管理、档案信息管理、档案统计管理、系统管理六个功能模块。

档案存储管理

档案存储管理是对学生档案的信息进行录入保存管理,分为三个子模块,一是学生信息录入,将学生的基本信息录入,包括:学号、姓名、年级、学院、专业、班级、辅导员、联系方式等。这部分信息可以批量导入。二是档案信息录入,详细记录了学生档案袋里面包括了哪些材料,是否齐全,还缺哪些材料,这是一项比较复杂和繁琐的事情,具体要由辅导员进行核实,然后形成电子文件,上传到系统。在学生档案移交的时候,可以直接从系统里面打印出移交清单,进行现场核查。三是档案保存地址录入,学生档案接收后,要分学院班级保存在档案柜,我们需要将保存的档案柜地址也录入学生基本信息,一个班级都放在一个柜子里,可以给每个柜子编号,然后给分配给相应的班级。

这个模块还需要有学生信息打印功能,可以打印每个学生的基本信息,然后方便贴在相应的档案袋上,这样可以不用手动的在档案袋上填写每个学生的学号、姓名和班级。

档案借阅管理

档案借阅管理有两个模块,一是学生档案借阅申请管理,学生可以在系统里提出申请,填写借阅的事由和具体的档案内容,预约借阅时间、借阅单位、借阅人等。二是档案借阅审核管理,档案管理员根据申请内容,核实批准后即可按照申请进行借阅。三是档案借阅记录,当借阅人过来完成借阅后,均要对结果进行记录,借阅时间、借阅内容、借阅人等。

档案转寄管理

档案转寄档案主要是要对学生转档地址的确认和转档后邮政单号的记录。目前高校学生档案转递地址主要是学生自己根据毕业去向提出申请,由辅导员或者相关部门进行审核确认后,再将档案寄出。每年毕业生学生档案的转递工作量大,时间又非常紧张,往往是档案管理部门最繁忙的时候,而前期的档案转递地址的确认是整个环节中最关键的,只有地址正确了,才不会存在拒收,退档的情况。目前上海市高校都是通过邮政EMS进行转递学生档案,应该将EMS单号也添加到学生档案信息系统里,方便查询,核对。

档案信息管理

档案信息管理主要是对学生档案信息的查询和变更。输入相关的搜索条件,可以查询学生档案是否在校,里面有哪些档案材料,是否有利用记录,是否寄出,寄出时间,运单号等等信息。如果学生因转学院、转专业、转班级要变更信息,也可以进行批量或者单个修改。每年学校都有一批学生转专业,学生相应的班级、辅导员等信息都要发生改变,这些学生的档案也要归入到相应的班级里面。

档案统计管理

档案管理员可选择年级、学院、班级、是否寄出等等相关条件,对学生档案记录、档案转递记录、借阅登记记录进行统计,定期制作报表,存储在统计记录中并返回相关统计信息。

系统维护

系统维护主要包括三个模块,一是系统用户管理,给系统使用者分配权限,比如开放辅导员上传学生档案信息的权限,开放辅导员审核学生档案转递地址的权限等。二是系统日志管理,所有的操作日志都可以查看和记录。三是数据备份管理,定期给系统数据做备份是必需的,除了常规的备份,有条件的高校还需做好异地备份,比如分校区备份,保证系统数据的安全。

（2）建立电子化学生档案

前面的学生档案管理系统大大的提高了学生档案管理的效率,优化的办理流程,然而仍采用的是纸质的学生档案材料和数字化的学生信息相结合的方式,由于纸质档案材料不方便查找、保存时限等局限性仍然存在,一定程度上影响了档案管理的工作质量及工作效率。笔者认为只有将纸质档案材料数字化,才是真正意义上的电子化学生档案。

纸质档案的数字化是电子化学生档案的基础,对于某些学生档案材料,如成绩单、毕业生论文等可以直接和教务系统等对接,实行单轨制,只有电子文件,这样方便管理和查找,而其他的档案材料如高中材料、学位证明、毕业生登记表等等可以纸质的和电子文件的并行。

在纸质档案数字化加工的过程中,一定要确保档案的保密性。档案信息保密是指不允许任何组织、任何人泄露学生档案记录的有关学生个人的所有情况。一般学生档案涉及学生的基本信息,较为隐私的比如学生的生源地、身份证号、手机号以及在校处分等,一旦泄露可能会对学生甚至学校带来不必要的麻烦。因此,在档案的数字化过程中处理方法要得当,数据库尽量使用安全秘钥,防止信息泄露。

电子化的学生档案的转递不同于传统的纸质学生档案的转递,电子档案的移交方式两种,一是通过邮件方式发往特定邮箱进行移交,二是将档案信息下载到光盘上与纸质档案一并邮递移交。在高校学生档案管理笔者中更倾向于第一种方式,邮件移交方式既可提高移交速度,又不会增加太多的工作负担,同时以现今的网络技术也可保证档案信息安全。

然而目前实现电子化学生档案的高校几乎没有,有的只是实现了部分的电子化,大多数还是传统的纸质档案的管理和移交,我相信在信息化不断发展的未来,终究电子化学生档案一定会实现。

参考文献:

[1] 中华人民共和国教育部.《高等学校档案管理办法》[s].2008(8).

[2] 中共中央办公厅.《2010—2020年深化干部人事制度改革规划纲要》[s].2009(12).

[3] 盛磊.高校学生档案信息化管理初探[J].兰台内外,2015(2):58—59.

[4] 黄敏.如何发挥高校学生档案管理的育人作用[J].科教导刊,2014(9):215—216.

全媒体时代高校音像档案的管理利用的一些思考

上海交通大学医学院档案馆　汤黎华

摘　要：全媒体时代的到来,深刻影响和改变信息传播的模式和途径。本文剖析了高校传统音像档案工作的弊端,分析了全媒体时代对高校音像档案的管理利用带来的变化,并进一步对全媒体时代高校音像档案的管理利用提出了一些思考,提出通过加强音像档案的源头管理和全程控制;建立音像档案数据室(库);建设高校公有多媒体数据库(云);加快音像档案的开发,提升服务水平等四个方面的建议,以期推进高校音像档案的建设。

关键词：全媒体　高校音像档案

随信息技术的快速发展,特别是互联网信息技术和手机的普及和广泛应用已经深刻影响和改变信息传播的模式和途径。从传统的报纸、杂志、广播、电视到今天的手机、微信、网络等在内的各类传播工具,涵盖视、听、形象、触觉等人们接受资讯的全部感官。同时新的技术也不断促进传统媒体与新媒体的融合发展,以满足用户日益增加的信息需求。由此,全媒体时代的大势已经锐不可挡,我们将这种综合运用各种表现形式,如文、图、声、光、电,来全方位、立体地展示传播内容,同时通过文字、声像、网络、通信等传播手段来传输的一种新的传播形态称之为全媒体。[1]

而随着全媒体时代的到来,人们对于信息的获取和传播发生重大改变。2018 中国互联网大会闭幕论坛上,中国互联网协会正式发布《中国互联网发展报告 2018》。根据报告披露,截至 2017 年底,中国网民规模达 7.72 亿人。截至 2017 年 12 月末我国互联网用户已达 7.72 亿。普及率为 55.8%。人均周上网时长为 27 个小时。中国手机网民规模达到 7.53 亿人,占据中国网民的 97.5%。[2] 而当今我们对社会信息的获得,60% 到 70% 的方式是通过图像的方式。[3]

这些数据告诉我们,全媒体时代带来了极大的变革,它带来冲击的同时,我们也应该准确注意到它给我们档案工作,特别是音像档案工作带来的机遇和挑战。作为一个高校档案工作者,我们的音像档案工作又当怎么做? 怎样才能顺应全媒体时代的潮流? 在变革中抓住机遇,应对挑战。

1　全媒体时代给高校音像档案带来的挑战

高校的音像档案是指学校部门以及师生个人在高校中从事教学、科学研究、学术交流、文化传播等活动中形成的对学校具有保存价值的以照片、影片、唱片、录音带、录像带等不同材料为载体,以声像为主,并辅以文字说明的历史记录。

1.1　高校传统音像档案工作的"弊"

1.1.1　高校音像载体种类多,不易管理
在高校音像档案管理过程中,音像档案的载体种类繁多,包括录像带、录音带、磁盘、光盘、硬盘、u 盘等多种载体。不同的载体要求不同的设备来打开。而现在产品的更新替代速度很快,导致音像档案的产品质量、载体、规模和形式等存在多元化,不易管理。

1.1.2　音像档案的寿命不稳定,保存成本高
由于音像档案的载体是有感光材料、化学磁性材料等制作而成。容易受环境的影响,保存环境比较严苛,需要去湿、防震、防磁、防折叠等严格的条件。目前,我们高校的音像档案管理虽然也引进一些防磁设备,但是很难做到安全防护。这些都会影响音像档案的寿命,从而造成音像档案信号的丢失或失真,造成档案的不完整性和准确性。同时因为音像档

案因为其载体的特殊性导致它对保存环境的要求很高。需要固定的场所和配套的措施，同时对防磁、防火、防尘、防水、放置、保养及维护等方面都提出了具体要求。需要大量的人力、物力和财力。

1.1.3 音像档案的收集归档难度大

高校举办各类活动，往往时间、地点、拍摄人物以及归档人都有很大的不固定性。再加上音像资源因为涉及人物、活动主办方、拍摄者拍摄权、会议内容的隐私等各种原因，其归属权也是有待商榷。而档案工作者并非主办单位工作人员，很多时候都往往不具备主动权。还有一些音像档案，它的产生本就具有特殊性，比如地震现场的抢救、抢险、非典治疗、医疗援助活动等。往往这种现场的音像档案只掌握在现场活动的人物手里。档案工作人员不能全盘掌握。因为这些必然和偶然因素的作用，就会导致有价值的音像档案不能及时归档，很多有价值的一些声像档案就散落在个人手里去了。

1.1.4 传统音像档案的利用难度较大

这主要是原始的音像档案资料数据大，内容多，标识不清。因而在开发利用过程中需要对原始的音像材料进行重新二次加工、整理和剪辑，而档案专业人员较为缺少这一方面的技术人才或是复合型人才，导致目前存储的音像档案较难被利用。只有部分照片档案或是校庆等重大活动时，极少数的音像档案会参与到学校的宣传、教育当中。

1.1.5 知识产权保护问题影响音像档案开发

音像档案具有形象性、纪实性与艺术性、广泛性与快捷性、复制性与转移性、保管的特殊性等特点，造成对音像档案的开发具有较高的难度。一方面是其中涉及知识产权保护、肖像权、隐私保护等法律问题，如果处理不好极易造成法律风险。另一方面，音像档案因为具有音像档案易复制性，在不同载体间转移的过程中，有改变原始信息的可能。因而，如何确保原始人或是单位的知识产权和归属权也亟待解决。因此要对音像档案进行开发，必须先解决其中所蕴含的知识产权保护、隐私权、归属权等法律问题。蒋一虹曾在《我国音像档案知识产权保护可行性探究》一文中指出我国知识产权法律制度在知识产权保护上的不足，指出我国的知识产权法律主要由著作权法、专利法、商标法、反不正当竞争法等若干法律、行政法规或规章、司法解释、相关国际条约等共同构成。我国音像档案由于知识产权自身无形性特征决定的权利边界模糊,目前音像档案的知识产权法律等依旧处于不完善阶段。[4]

1.2 全媒体时代给高校音像档案带来的变化

1.2.1 音像档案的传播载体发生重大变化

随着手机、互联网、微信等新兴传播媒介的出现,使得音像档案的产生、管理和利用发生了重大变革。全媒体时代,音像档案的传播从传统的电视、电影、广播转向手机、网络及其他多媒体平台。音像档案已经成为人们日常活动的标配。用手机随时拍摄会议现场,随时发微信或是微博展现个人日常和工作已经成为一种常态。

1.2.2 音像档案的来源和数量急剧增长

传统的音像档案产生需要耗费较大的人力、物力,一般个人或者部门主要是以拍摄照片为主,较少进行音视频的拍摄。高校传统的音像制品往往主要针对的是学校重大活动及庆典,或是领导、著名校友一类。但是随着手机、互联网等新兴技术的应用,降低了音像档案的制作和传播的成本,造成音像档案的数量不再像以前那样珍稀,难以获取。反之,音像档案的信息可以说是呈现几何倍数增长。

1.2.3 音像档案来源更加广泛,利用更便捷

手机、互联网的应用带来了音像档案的分布广而分散的特性。往往归档部门掌握的反而都是一些制式材料,不够生动,形象。同时随着信息技术等高兴技术的发展,手机容量、存储介质容量的扩增,导致全媒体时代的音像档案更具有流动性、便携性、大容量性等特性。

2 全媒体时代高校音像档案管理与利用的一些思考

2.1 加强音像档案的源头管理和全程控制

全媒体时代,音像档案的来源变的复杂,而部门掌握的资料又比较制

式,那么如何做好音像档案的收集工作。关键还是在与源头控制和全程控制。在源头控制方面,档案部门对学校的重点工作要高度关注,要将音像档案归档纳入部门工作当中,并做好音像归档的指导。同时档案馆也要及时了解学校部门的工作信息,做好安排和规划,对重要的学校工作派遣档案工作人员进行实时拍摄。对与无法参与拍摄的工作要及时与对方部门进行沟通,及时归档重要的音像档案资源。再者可以通过对高校的官方网络、新闻、微信等平台等多平台及时采集信息,及时归档。在此基础上,对于一些不掌握的音像档案,应当在第二年各部门归档当年工作总结后,最后补充梳理遗漏重点音像档案。真正做到事前了解规划,事中及时跟踪掌握,事后及时补充完善。做到源头管理,全程控制。

2.2　建立音像档案数据室(库)

计算机信息技术的发展,存储介质载体的稳定性和存储容量的扩大,为我们建立集中统一管理的音像档案数据库提供了基础。一方面我们可以将大量不同载体的音像档案按照国家统一标准进行的数字化,即将音像档案原有的模拟音像信号通过转换器,转换为可被计算机识别的二进制数字音像信号,并加以存储。同时要对数字化后的音像档案,要采取科学分类方法和数据库技术做好编目工作。例如,四川省音像资料馆的张江就曾提出要通过广电相关标准(广播电视节目资料分类法及广播电视音像资料编目规范等)为依据,并结合数据库管理系统,采用四层编目体系(节目层、片段层、场景层、镜头层),对各层分别进行编目。[5]将经过整理编目的音像档案资源集中统一管理,建立音像档案数据室(库)。

数字化后的音像档案载体所占空间小,消耗资源少,并且数字化设备能实现高度集成化,通用性强,能进行系统性、模块化处理,通过互联网建立综合音像档案数据库,可实现对某一主题录音档案进行便捷查询,进而有利于数字化录音档案的管理,很好的解决传统录音档案的分散性和多样化问题。

2.3　建设高校公有多媒体数据库(云)

国外很早的就开始建立类似的音像图片网站,有 Flickr、Pinterest、

Instagram、Snapchat 等,其中 Flickr 专门面向世界各国的档案馆、图书馆、博物馆等公共文化事业机构提供共享图像资源的网络空间。除 NA-RA 外,有来自世界各地的 100 余家机构已经加入其中。这些机构发布的图像通过分类、整合,形成公共资源群供世界各地用户访问利用。[6]

现实中,我们高校档案馆库存也有大量的音像档案信息,因为当时编目手段的不完善,导致大量音像档案不能很好地的提供利用。而且在整理利用中经常因为历史变迁,老教职员工和档案工作人员的退休,新的工作人员对影像中的照片、人物、当时的事件背景并不是十分清楚的情况。针对这类问题,建立类似的高校公有多媒体数据库或者公有云,有利于我们借助其他校友或是教师、学生来重新认识和补充影像或是照片的信息。此外,还可以借助高校多媒体数据库和公有云,让教职员工、学生和校友直接上传音像等多媒体资源,作为归档之外的补充。同时,高校公有多媒体数据库和云的实现也扩大档案信息覆盖范围,增强音像档案的收集范围,提高音像档案信息的利用率和影响范围。

2.4 加快音像档案的开发,提升服务水平

音像档案的开发和利用,除了整理、编目、检索等技术上的难点导致音像档案利用不便的外,还在于音像档案的传播不方便。音像档案中照片的档案在高校音像档案中的利用率相对较高,其整理、编目、检索还是比较规范的,因而在利用传播过程还是比较便捷的。但是录音、视频的利用一般较低,一方面是因为当时的条件限制,没有很好的进行整理、编目和剪辑。同时音视频长度较长,内容量大。受限于音视频的体量,以及音频、视频的传播需要一定的播放设备和播放平台的限制。音视频很难像照片那样既可以平面展示,也可以网络传播。全媒体时代的来临,为音像档案的开发和利用,带来了新的契机。手机微信、抖音等视频平台解决了为音视频的播放设备和平台问题。同时新的层出不穷的各种类型的音视频剪辑工具和小程序,为音视频的编辑带来了便利,降低了对音像档案传播的要求。普通人也能通过下载这些小工具,实现自我剪辑视频的需要。我们要适应全媒体时代带给我们的改变,以开放的姿态及时学习新的技

术手段,利用新的技术工具和平台,不断提升音像档案的服务水平。

　　全媒体时代对音像档案的管理提出了新的要求,它带来的挑战的同时,又给我们提供了无限的可能和机遇。正确认识全媒体时代给我们高校音像档案管理、开发和利用带了的变革,将有助于我们推进高校音像档案工作的开展。

参考文献:

[1] 刘佳.《全媒体时代的电视新闻大趋势》[J].新媒体时代.2016(5):12.

[2]《中国互联网发展报告2018》发布,两张图看懂中国网民数量情况(图)http://www.askci.com/news/chanye/20180713/1039291125923.shtml(2019年9月4日).

[3] 汪训前.报纸版式与内容的互动.http://www.cnhubei.com/200605/ca1076420.htm(2019年9月4日).

[4] 蒋一虹.《我国音像档案知识产权保护可行性探究》[J].云南档案.2016(9):36—37.

[5] 张江.《大数据时代下音像档案资源管理路径探讨》[J].办公室业务.2014(12):155.

[6] 赵屹.《读图时代档案信息的网络传播与利用——以图片社交网站与地图社交网站为例》[J].山西档案.2017(3):36—40.

高校声像档案管理策略研究

上海立信会计金融学院档案馆　　王雅萍

摘　要： 随着网络的普及、技术的革新，新媒体的崛起，声像档案产生量日益增长，如何存储和保管海量的声像档案，如何有效利用声像档案，如何快速查找到所需声像档案，已经成为困扰高校档案部门的一个新难题，本文重点探讨在高校声像档案管理现状中的不足与难点，提出声像档案管理系统的建设和运用，以期解决声像档案管理的困境，为高校数字档案馆的建设添砖加瓦。

关键词： 声像档案　声像档案管理系统　策略

高校声像档案是学校档案的一个重要组成部分，它真实记录学校各个时期的发展和变化情况，具有重要的查证作用和历史参考价值，可为教学、科研、管理提供生动形象的依据和凭证。凡是在学校各项工作中直接形成的记录和反映工作活动过程，具有保存、利用价值的各种载体（照片、视频、音频、底片、幻灯片、录音带、录像带、磁盘、光盘、硬盘等）的历史记录和配套文字材料，均属声像档案。高校声像档案一般包括党政活动类、教学类、科研学术类、外事类、仪器设备类、基本建设类、文体类、荣誉类、人物类及其他。高校声像档案在还原学校历史、宣传等方面都发挥着重要的作用。

1 高校声像档案的作用体现

高校声像档案是对于高校各类工作的真实生动记录,能够真切地反映事实,在还原学校历史、宣传等方面具有不可替代的作用。

1.1 学校历史的真实、直观反映

一张老照片、一段老视频的价值往往超越无数纸质记录,声像档案在还原历史方面更为让人信服,更为直观。对于校史的研究、校志的撰写,声像档案都具有不可磨灭的作用。

1.2 新媒体时代不可或缺的素材

随着新媒体的崛起,学校微信公众号、校园新闻网等已经成为了学校宣传教育的重要阵地,其中无论是微信公众号的推送信息还是新闻都离不开照片档案的加持,声像档案的加入不仅使得信息更为图文并茂,增加可读性,也更为直观,增添可信度。在学校宣传片的制作方面,声像档案的作用尤为突出,宣传片的内容是否精彩,往往取决于声像档案素材的提供是否充分。

2 高校声像档案管理难点

高校声像档案无疑十分重要,那么目前高校声像档案管理是否能够满足各类需求呢? 在高校档案部门中,存在着声像档案管理的难点急需攻克。

2.1 收集难

声像档案收集难主要体现在意识不强,重视文件材料的收集归档工作,往往忽视声像档案的收集;收集渠道不畅,信息不对称,档案部门难以掌握部门产生声像档案的情况,声像档案种类多、数量大,存放分散;数字时代的到来,致使声像档案大量产生、重复存在,整理筛选难度大,真实性难以认定。

2.2 保管难

声像档案载体的特殊性,使其保管也相对纸质载体档案要困难。高校档案部门普遍将声像档案与纸质载体档案混合存放,没有单独的保管场所,无法满足声像档案保管条件。声像档案对于读取工具的依赖性,也造成了各种不可控因素对于声像档案的损坏。

2.3 利用难

声像档案存量少,缺乏系统整理,缺乏相应的说明,可利用率低;拍摄工具不一,像素不同,缺乏专业性,清晰度不高,保存不善;磁带、磁盘、录像带等读取困难;内容相对单一,集中在领导讲话、重要会议、文体活动等,涉及教学、科研等内容的较少。

3 高校声像档案管理策略

3.1 建章立制,加大宣传力度,提高意识

制定声像档案管理办法,对声像档案的定义、归档要求、分类、档号编制、归档范围、归档方式、归档程序、保管利用等各方面进行规定。加大宣传力度,制作各类声像档案汇编,如毕业照、领导照片汇编、校园变迁、重大事件(重大活动)等,并利用各种展览、讲座等形式提高档案意识。特别是在学校校史馆的建设过程中,声像档案起到至关重要的作用。

3.2 保证投入,加强培训

保证经费投入,保护载体安全,保证声像档案的长期可读取。声像档案的特殊性,使其具有较强的专业性,特别是配合管理系统的运用,对于档案管理人员的要求愈发高。档案管理人员需要不断自我提升,加强培

训,掌握信息技术。

3.3 挖掘声像档案价值,加快信息化建设进程

高校档案馆馆藏大量老照片、录音带、录像带等声像档案,特别是一些老照片和老视频,价值更是无法估量。可惜多数照片存在说明缺失的情况,也就无法利用,需要档案管理人员,花费大量的精力去进行考证,可邀请退休老同志配合回忆、提供线索,以完善照片信息,提高照片的可用性。利用现代信息化技术,对原有的馆藏声像档案进行数字化、转换格式等处理。

4 声像档案管理系统的开发运用

声像档案管理系统应界面亲和、操作简便、容易上手、功能齐全、超大容量、可扩容、响应速度快、长期适用、实现与其他系统的联通。声像档案管理系统应具有先进性、稳定性、安全性、扩展性、全局性、灵活性、实用性、易用性、服务型和便利性,保障声像档案与相关文书档案的关联性。

主要包括:声像档案管理系统的顶层设计、系统模块、系统功能以及流程设计等。

4.1 顶层设计

要在充分调研的基础上开发声像档案管理系统,要对声像档案系统的各方面、各层次、各要素进行统筹规划。高校信息管理部门配合档案部门共同开展相关工作,与学校数字化校园相融合,利用学校单点登录系统平台,将声像档案管理系统纳入统一身份认证系统。

4.2 系统模块

模　块	具体描述
登　录	每个用户可以使用唯一的用户名和密码登录,与人事系统联通,提取人事信息实现工号登录
立　卷	部门兼职档案员添加条目,修改、上传电子版等,提交部门分管领导确认后,提交专职档案员审核,需要修改的,经过修改后再次提交,直至最终确定归档。
归　档	专职档案员检查,提出修改意见,经修改后,再次检查,直至无误后,形成各类目录,兼职档案员可以打印目录,签字移交,然后入库
检　索	可以实现关键词检索、各著录项检索、模糊检索、精确检索以及自定义检索等。将检索结果生成目录表单
借　阅	根据借阅流程进行,可以选择授权声像档案的格式以及清晰度等。对于借出的声像档案电子版可以选择是否添加水印。
统　计	可以做馆藏量统计、增量统计以及借阅统计。具体统计时可以根据声像档案类别统计、年度统计、载体统计、归档部门统计以及自定义统计。
发　布	对检索出来的声像档案进行汇编,形成专题,可以做简单的处理
系统管理	用户管理、权限管理、日志管理、数据备份、流程管理

4.3　系统功能

功　能	具体描述
录入审核归档	可通过新增功能添加一条数据并上传声像附件,通过条目加附件的形式存储声像档案信息。
扩展属性批量编辑	声像档案上传提交后,声像档案将交由档案馆审核人,档案馆审核人,可对电子文档、照片进行批量状态修改、移动、复制和删除以及格式转换。(系统可配置审核流程,可对数据进行增、删、改、查、转移以及格式转换等操作)
批量分卷/册	对照片进行分类及相关处理后,提供按类批量分卷/册功能。
批量缩略图	根据资源库的照片内容,提供批量缩略图功能,建立缩略图库
水印管理	水印管理是对信息进行防伪处理,数字水印方法从技术上保证档案的安全。
查询功能	提供多种查询方式
统计功能	可(根据关键字段)统计出声像档案的相关数据。包括借阅统计(统计字段包括数据量)
撤销功能	对所做的操作退回到上一步甚至是几步的功能
编研功能	对输出的声像档案进行初步编辑、修改照片说明等
自动提取照片背景信息	对归档的数码照片、数码视频等自动提取背景信息填入对应著录项。
压缩、转换功能	自动对归档的照片进行压缩、对视频进行格式转换
自动收回权限功能	对提供借阅的档案能够设置归还日期,到期自动收回权限

4.4　流程设计

A.归档流程:

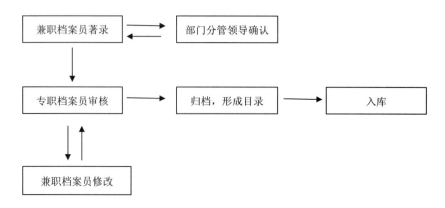

B. 借阅流程：

（a）利用本部门归档声像档案：

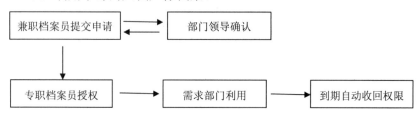

（b）利用其他部门归档的声像档案：

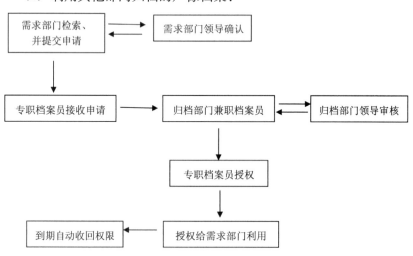

参考文献：

[1] 李佳,陆梅. 对美国声像档案开发利用的认识与思考. 兰台世界,2016(4).

[2] 陈敏,张晨,等. 高校声像档案管理工作存在的问题及对策. 黑河学刊,2015

(7).

　　[3]陈海燕.高校声像档案利用现状分析及对策探讨-以上海交通大学为例.兰台世界,2017(22).

　　[4]陈正娇.高校声像档案工作思考.文山学院学报,2016(2).

　　[5]连颖.试论声像档案价值鉴定.档案学研究,2012(1).

试论中医院校口述档案的发展现状及其策略

上海中医药大学档案室　洪　莉　王力倩

　　摘　要： 中医药口述档案的发展研究工作需要档案工作者关注中医药口述档案的发展现状，把握研究方向，聚焦新时代发扬中华民族传统文化的主题，采用符合中医药口述档案规律的研究方法，有效展现中医药口述档案成果，弘扬中医药档案事业的发展。

　　关键词： 中医　口述档案　策略

　　口述档案是指系统地收集、加工、整理和保存口头材料，使这些口头材料保存在一定的载体内供社会利用。在国内外历史上曾出现过相当多的口述档案，如《荷马史诗》、《史记》、《诗经》、《论语》等，其中《史记》中的关于夏商历史记载由于文字史料的匮乏相当多的采用口述传说，在中国历史上口述档案建立了不可磨灭的伟大功勋，中医学的代表著作《黄帝内经》、《神农本草经》等经典之作也同样包含了大量口述档案的痕迹。

　　然而自十九世纪以来由于文献的大量出土，一些史学家偏向文献材料研究，认为文献实物档案相对于口述档案可信度更高，这种观念导致了口述档案的一度衰弱，至今影响深远。近代口述档案兴起于美国，概念的正式提出始于1980年第九届国际档案大会，肯尼亚国家档案馆馆长梅那·卡哥姆贝有关口述档案的报告，阐述口述档案的性质、方法、作用及合法有效性，从此推动了口述档案的现代发展。

　　中医作为我国四大国粹文化之一，源远流长、博大精深，在新时代弘扬民族文化的主导思想下受到了党中央高度重视,2010 年 6 月 20 日,习近平在澳大利亚墨尔本出席皇家墨尔本理工大学中医孔子学院授牌仪式时说:中医药学凝聚着深邃的哲学智慧和中华民族几千年的健康养生理念及其实践经验,是中国古代科学的瑰宝,也是打开中华文明宝库的钥匙。深入研究和科学总结中医药学对丰富世界医学事业、推进生命科学研究具有积极意义。因此中医药口述档案的发展迫在眉睫。

1 中医药口述档案的发展现状

目前国内关于口述档案的学术研究,我们以"口述档案"和"口述历史"为关键词在中国知网中搜寻研究文献,分别为 382 篇和 65 篇,去除报纸、会议及学术辑刊后为 368 和 63 篇,"口述档案"一说在国内研究的发表文章最早始于 1986 年吕明军的《口述档案及其兴起》,来源于 1986 年12 月的《档案》,文献研究集中于 2006 年至 2018 年,其中 2006 年增长最快,比上一年度多出 16 篇文章。

以中医口述史为题的仅有 3 篇,"中医药口述档案"为题搜索为 0 篇,而以"中医药口述"为题搜索仅 1 篇,此篇属于图书馆研究序列,虽非档案研究但提及中医学界开展口述历史的研究情况,中医药口述档案研究目前尚属初步阶段。

口述档案的研究方法在中医药领域有着独特的意义,千百年来,口传心授一直是中医教学方法中浓墨重彩的一笔,为中医药学术传承的重要手段,中医很多经典著作都是以口述记录方式保存流传下来,如《黄帝内经》、《神农本草经》。中医教育中更是推崇以师带徒、言传身受的教学方法。近代研究中医药口述史的相关著作有:《近代中医流派经验选集》、《医学人生丛书》、《口述中医:名老中医访谈录》等,可见口述的方法已经被中医药研究所采用。

已有的中医药口述史料或采用口述史料的研究基本聚焦于中医药专业本身,研究学术思想或是诊疗经验,多为从专业的角度研究,对于中医药名家的从业选择、治学思想,成长历程,教育经验等方面鲜少提及,对国内中医药的发展历程缺少详细的系统性的收集、整理和研究。国内中医类院校口述档案的出版成果，为数不多，鲜有成果，如2009年广州中医药大学开展了"喜迎中华盛世，见证母校辉煌"的口述校史活动，面向学校历任领导、知名学者和校友采集口述校史。

而我校编写的《杏苑光华——上海中医药大学建校五十周年文集》《杏苑光耀——上海中医药大学六十周年纪念文集》两本纪念文集中偶见一些口述的记录，多为对母校、师友的纪念文字；2018年我校出版的《名师之道》(第一辑)收录了自1956年上海中医学院(现上海中医药大学)建校至2006年共50年间，已经逝世的51位名家大师从医从教的相关史料，从不同的视野和角度记叙了他们的生平传略、治学之路、文澜医风，形象而生动地勾画了一代先贤的光彩人生，展示了他们再20世纪的征程中肩负重任、承先启后的壮丽画卷，该书由上海中医药大学老教授协会编撰，为口述档案工作的开展提供了良好借鉴，但以第三人称记录已逝者的生平，并非以第一人称作口述记录，虽有相当丰富的史实价值，但其非口述档案的直接成果，并不符合口述档案的采集流程，也未按照口述档案的规范记载，无法体现口述档案的价值。

相比其他高校对口述档案的收集、整理与研究工作开展情况，中医药的口述档案编研还是存在一定差距的，就上海地区而言，华东师范大学走在口述档案整理编研的前列，目前已出版华东师大"丽娃档案"丛书，分别为《大夏大学编年事辑》、《大夏大学：90年90人》、《大夏文萃》、《丽娃记忆：华东师大口述实录》、《光华大学编年事辑》、《光华大学：90年90人》、《光华文萃》等七本彩虹系列丛书，制作精美、富有创意，全面解读师大人文气质，充分展现师大精神传统的各个侧面和形成过程；设计出版华东师大校长系列口述实录书籍，如《张寿镛校长与光华大学》、《王伯群与大夏大学》等；出版《华东师大档案校史》，用口述的方式记录校史更具生动性和可信度；在视频文化建设方面，编制短片"愿于丽娃河畔爱得随波逐流"，于上海电视台播出，在师生校友和社会上引起广泛反响；参与《上海建筑百年》之大夏大学老建筑"专题片的制作拍摄，展示了前身学校办学发展的艰苦历程，对传承师大文脉具有重要意义。沪上其他学校如上海理工大学也开展了口述校史的整理,出版书籍《回望上理——上海理工大学口述校史实录(一)》。

　　相比其他高校的口述编撰成果相比,目前中医药口述档案编研主要存在几点显著差距:1. 对中医药口述档案的挖掘不深,无法体现中医药的特色和代表性。缺少对中医药文化内在精神的提炼,缺乏不同主题的分类研究,往往显得杂乱无章。2. 中医作为国粹的文化品牌得不到充分表现。叙述的内容不精致,无法突出人物的重点,多为回忆师友、回忆母校,对个人的事迹著录极少,问答式采访、记录的标准、影像记录缺失,尚无收录名家的题名题词口述档案出版物。3. 成果展现形式单一,跟不上时代发展要求,无法体现传播特色和价值。编研成果的装帧印刷出版缺少设计感,极少统一规划的编排及规划,无法提炼内容的标题,出版物外观缺乏设计感,难以让人接受、喜爱和留存,部分出版物过于厚重,不便携带和赠送。4. 鲜有中医教育、革命红色记忆的口述档案编研成果。建国初期上海地区解放前的部分地下党员进入高校任教,他们的高尚品格和坚忍不拔的革命精神影响了一代中医人,至今由于各种原因对于红色革命题材口述档案的发掘甚少,其中大部分人年事已高,应给与抢救性的口述档案发掘行动。5. 对校史、院系史记载篇幅极少,口述档案编撰缺少情感投入。中医学校的成立、学院系所的艰苦创建过程,这些应该留存下来传承给后人学习的精神并没有被记载下来,应弥补中医药发展的真实口述档案用于立德树人的中医教育中。

　　口述档案的编研成果除了有记录史实的价值之外,用于校际交流馈赠国内外友人的机会也相当多,是文化交流中颇具浓墨重彩的一笔,因此应着重塑造它的美观性与实用性,既要有中医药文化的精气神,也要富有时代特色,这样的编研成果才具有代表性,才是独一无二的国粹文化记录,才能更好地走出国门、走向世界,传播中医药知识,宣传中医药文化,成为文化交流和互动的桥梁。

2　中医口述档案的发展和研究方向

　　口述档案心系中医事业,发扬中医药文化,正由于国家对于中医药事业发展的重视和大力支持,我们在中医药口述档案的编研方向上大体可以向三个方向出发。

首先,从事中医药学术经验、思想、流派等具体病症的口述档案研究。中医是我国历史悠久的文化遗产,它所包含的理念和方法是世界医学的宝藏,中医药的诊疗为国内口述档案的重点研究和保护方向,研究主体以教研室为代表,从专业的角度出发,以口述方法为主导,聚焦中医的流派、思想、渊源。中医药历史口述著作颇多,如《雷公炮炙论》、叶天士的《温热论》等,准确地记载了口传心授的各种中医药的方法,成为中医学的著名专著。在现在对中医药口述档案的研究以北京、上海两地最为突出,发现名医临证经验和诊疗理念,代表著作有 1994 年上海中医学院的《近代中医流派经验选集》,2008—2011 年的《医学人生系列丛书》,2009 年出版的《口述中医——名老中医访谈录》,第一次出现"口述"、"中医"两个词汇同时出现于书名上。

其次,从事中医药教育、文化传承方向的口述档案研究。口述档案为中医药院校师承教育的新领域,中医教育在历史长河的发展中其经历了世家传承、师徒教育、学校教育、讲学论辩、自学成才等五大模式,在模式创新上,口述档案的收集、整理、记录和编辑出版的全过程也同样可以成为中医药文化教育传承的新的着力点,这也是我们未来中医院校档案工作的努力方向之一。

再次,从事中医界革命红色记忆和建校历史口述档案研究。这是我们中医口述档案工作中最为缺失的一环,至今鲜有著录鲜有研究成果,也是我们档案工作者义不容辞的责任,也是今后中医档案工作应给予重视的方向。在从事具体口述档案工作中,档案工作采集人员应具备丰富的党史校史知识,充分了解中医界的名人名医,尤其熟悉校史中的重要人物、重大事件便于口述档案工作的顺利开展。

3　中医药口述档案的有效成果展现

从档案学的角度整理口述中医药诊疗、教育和治学经验,为中医药口述档案添砖加瓦,保留完整真实的口述档案记录,以补史实,以正史缺,首先在思想上要符合社会主义核心价值观的要求,切合时代主题,尊重历史、尊重史实,尊重受访者,核对材料补正史料,以实事求是的态度记录口述档案。

成果形式以报告、文档、展览或书籍、影像形式为主,重视后期成果的传播报道。基于口述档案的采访实录编辑成册,编撰影音资料为在新时代宣传中医,扩大中医药在海内外影响力,为弘扬中医院校校园文化、传承中医药事业,开创中医药发展新局面略尽绵力。相关文件及实物档案保存于档案管理部门,为我校学校发展、校史编撰、查证访寻、办展等提供有效支持和依据,获取史料、留存记忆,弥补纸质档案记录的不足。

档案收集须按照国家口述档案的收集标准规范执行,按照 2017 年国家档案局发布,2018 年 1 月 1 日执行的《中华人民共和国——口述史料采集与管理规范》的要求,划定被采访者的范围,选定被采访者;根据受访者的情况撰写采访提纲,准备采访标准器材;约定采访,采访过程的妥善安排,深度口述访谈;相关手稿、照片、证书、著作等收集整理存档;材料补正、史实补正;档案工作者需熟悉知识产权等相关法律法规,由口述者审读稿件,签字法律授权;留存受访者为学校的题词题字;相关影像采集,老照片收集、录音录像、现场照片等;注重与相关单位部门如组织部、宣传部、团委、各学院的通力合作等。

"不忘初心,方得始终;不忘传统,方能笃行",让我们凝聚传统中医经验,始终牢记为中华民族谋复兴的神圣使命,让"言传身教"的口述中医药文化成为新时代中医药事业永不褪色的"传家宝",让中医药这块民族瑰宝在新时代熠熠生辉,为实现中华民族伟大复兴的中国梦而努力奋斗。

参考文献:

[1] 施杞主编. 名师之道(第一辑)[M].北京:科学出版社,2018.

[2] 张晓红. 口述历史_中医药院校图书馆资源建设的新领域[J]. 中华医学图书情报杂志,2014(4):50—53.

[3] 杨奕望,吴鸿洲,陈丽云. 中医口述史略[J]. 中国中医基础医学杂志,2012

(11):1193—1194.

[4] 徐江雁,谢阳谷,鲁兆麟.浅析口述史与中医学术研究[J].北京中医药大学学报,2003(11):20—22.

[5] 丁珏琰.《口述史料采集与管理规范》解读.中国档案[J],2018(10):22—23.

[6] 吕明军.口述档案及其兴起.档案[J],1986(12):6—8.

[7] 李秋丽.高校口述档案资源建设及策略研究.中国档案[J],2018(7):60—61.

[8] 黄芮雯.基于文献计量分析的我国口述档案研究发展概略:1997—2016.云南档案[J],2018(7):48—52.

[9] 廖可佳,王辉.口述档案研究现状述评(1984—2016).兰台世界[J],2018(5):26—29.

浅谈新媒体时代高校声像档案优化管理

上海立信会计金融学院档案馆　李　益

摘　要：新媒体技术的发展，使得人们利用互联网、微博、微信公众号、手机等媒介获取档案资讯的趋势越来越凸显，以照片、视频等为主要内容的声像档案首当其冲受到了严峻的考验。为更好地融入新媒体大环境，实现高校声像档案优化管理、开发利用及文化传播，本文就高校声像档案管理现状、发展制约因素及优化管理对策提出几点想法以供探讨。

关键词：新媒体　高校声像档案　优化管理

高校声像档案能将鲜活的原声原貌记录下来，将历史真实地再现于后人的视听之中，具有真实、直观、生动的特点，不受文字、语言限制，用形象说话，这个优势是其他类型的档案所无法企及的。信息技术的发展推动了社会的进步和文明的传播，在给人类生活方式带来变革的同时也影响了档案工作的管理模式和未来发展。面对声像档案管理在高校档案管理始终处于小众弱势地位的现状，高校声像档案在新媒体时代优化管理的要求呼之欲出，档案用户对声像档案的新期待日益增强，优化高校声像档案管理势在必行。

1　高校声像档案管理现状

高校声像档案的管理状况与社会条件及信息化发展程度有关。在社会信息化发展之初,声像档案产生的数量相对较少,与此同时,声像档案的利用需求也不明显,馆藏量少,利用率低导致档案部门对其管理不够重视。高校声像档案管理现状归纳起来大致为如下三种情况:一是归档部门普遍存在重视传统载体档案而轻视声像档案特殊载体档案的现象,对于声像档案的认知有限,没有把照片、视频等纳入归档范畴,导致大量的声像档案以未经整理的原始状态散存在各归档部门拍摄人员手中,没有做到声像档案的集中统一管理,声像档案资源严重流失。二是少数归档部门即使开展声像档案归档整理,归档方式也是简单粗糙,没有达到声像档案归档的理想标准。例如把一个时期的照片档案糅合刻录成光盘的形式归档,缺乏基础的分类整理,照片说明基本要素不齐全;更有甚者在传统档案移交过程中,顺带用移动存储设备做拷贝移交,过于随意现象比比皆是;视频类的档案材料没有以活动为单位进行切割保存,而是以拍摄卡带的容量为单位一次性导入,导致不同活动不同内容的视频未经整理混合归档。三是历年遗存的纸质照片档案管理杂乱无章、不成体系、无管理痕迹、追溯线索不明、辨识度低。

　　总体而言,由于管理者对高校声像档案的重视程度不够、档案用户利用需求不高,导致高校声像档案的管理相对于其他档案比较落后,管理现状呈现出归档意识薄弱、归档率低、归档质量不高、归档标识不明确等不足,这既给检索利用造成不便,也难以应对新媒体带来的挑战与机遇。

2　高校声像档案发展制约因素

2.1　声像档案制度执行不力

　　对照《中华人民共和国档案法》、《普通高等学校档案管理办法》、《照片档案管理规范》、《电子文件归档与管理规范》等上位档案规章制度,在贯彻落实声像档案规章制度方面存在一些问题:或是没有制定符合本单位实际、便于操作运行的声像档案管理制度;或是制定的规章制度脱离本单位工作实际,找不到着力点和突破口,因难于执行而弃之;亦或是将制度束之高阁,具体操作随心所欲,使得声像档案管理游离于法制轨道。上述一系列原因,导致声像档案管理存在无法可依、执法不严等短板,从而阻碍了声像档案的依法治理。

2.2　声像档案宣传力度不够

长期以来,档案部门对于声像档案的规范管理缺少主动作为,把工作重心放在传统档案的收集整理上,声像档案资源建设要求被提到同等重要的高度。在日常档案业务培训中,更侧重于传统档案收集指导,没有从全面加强档案资源建设的角度想方设法收集各种载体的声像档案,致使声像档案坠入可有可无的险境;对于师生员工依法治理声像档案的宣传教育工作不够,导致大都数师生员工对于声像档案概念模糊、重要性认知不充分不全面。

2.3　声像档案管理硬件不足

大多数高校由于声像档案数量不突出而没有建设专门的声像档案管理系统进行管理存储,而是让声像档案"寄居"于传统档案管理系统中,而声像档案耗占存储空间巨大,传统档案管理系统不能满足声像档案的存储和管理要求,只能满足于目录级的管理,进行简单的目录查询以及少数照片档案的全文级检索,真正意义上的网络化管理无法实现。进入新媒体时代,各种形式的原生电子声像材料数量剧增加,在没有专门系统管理的条件下,电子声像材料无法直接实现网络归档和在线利用,仅以传统光盘归档形式,不仅工作量巨大而且管理效率不高,声像档案资源流失情况将更为严重。

3　高校声像档案规范化管理对策

新媒体环境下,随着信息化发展程度的不断加深,高校声像档案产生数量及利用需求都呈快速上升趋势,规范有效的管理声像档案早以成为现实迫切需要,也得到了高校档案界同仁的广泛认同。实现高校声像档案的文化传播,需要创新管理模式,以上海立信会计金融学院为例,推进声像档案的优化管理主要从以下四个方面入手：

3.1 提升声像档案法治意识

经过全面调研和广泛征求意见，从管理者、收集者、利用者的角度，对学校声像档案管理办法进行全方位的审视与调整，修定出台符合上级法律法规、立足本校工作实际、确保档案治理效能、适应档案用户期待的声像档案管理办法并且严格执行，为声像档案的规范化管理保驾护航；利用业务培训、档案宣传日、校园公众号等多种形式对声像档案管理办法进行宣讲，使得依法治档意识深入人心，形成人人都是声像档案形成者、守护者、传播者的发展格局，集聚全校师生员工的智慧和力量为声像档案规范化管理添砖加瓦，推进声像档案资源体系建设。

3.2 构建声像档案数字平台

以声像系统建设为契机，多管齐下，利用新媒体信息技术开展声像档案在线存储、转换与传播，推进声像档案数字资源库建设。一是组织邀请老校友老同志对线索模糊的历史纸质照片进行追溯回忆，最大程度实现纸质照片的规范整理，让每张老照片诉说蕴含的历史故事，在此基础上经过数字化转换实现在线存储；二是对历年略有整理痕迹但不符合规范的数码照片和视频进行归档整改，整改完毕后迁移至声像档案系统实行网络化管理；三是对即时产生的原生电子声像档案开展在线归档，兼职档案员把整理完毕的数码照片或视频上传至声像档案管理系统，经专职档案员审核合格转入声像档案电子资源库。通过以上三种路径，努力做到声像档案以一文一件的形式存在并且信息完整可供精准检索，实现所有声像档案的网络化、智能化管理，为声像档案的个性化利用和多样化传播奠定基础。

3.3 创新声像档案服务模式

坚持以需求为导向的原则，提供声像档案利用服务。通过深入调查研究、大数据分析等手段精准感知用户需求，利用声像档案数字平台精准检索海量声像档案电子资源开展专题汇编,按用户需求制作重点人物、重大活动、重要事件等不同主题的照片图册或视频集锦,充分挖掘开发电子声像档案资源,打造丰富多样的声像档案文化产品进行在线展览,发挥声像档案更容易被受众接受的传播优势,通过社交网站、微信、微博等具有用户自媒体性质的大众互动媒体平台,拓展声像档案文化的传播渠道和传播广度,助力声像档案的不受时空限制跨界传播,凸显其他门类档案无法比拟的声像档案独特的价值和功能。

4 结语

新时代孕育新技术,新技术带来新机遇。在信息化时代,新媒体融合了文字、图片、视频、音频、动态图等多种表现形式,将数字技术融合到声像档案管理中已经成为时代发展的必然趋势与潮流,新媒体的应用领域已经延伸到人们工作、生活的方方面面。为最大限度地满足档案用户对高校声像档案的新期待,广大档案工作者一是要坚守初心使命,顺应时代潮流,主动担当作为,致力于唤醒长期默默地沉睡在浩瀚的高校档案资源最底层的声像档案,使其在新媒体环境下重获新生;二是要努力挖掘高校声像档案的传播优势,充分激发高校声像档案的传播活力,推进高校声像档案特有的文化育人和信息传播优势在新的技术条件下熠熠生辉,实现高校声像档案的优化管理和多元传播。

参考文献:

[1] 张晓伟.新媒体技术在推动档案管理信息化进程中的应用分析[J].新媒体研究,2015(14).

[2] 吴娜,王媛.高校数字声像档案分类探讨[J].城建档案,2017(9).

[3] 汪倩秋,刘顺.数字化背景下高校声像档案的开发与利用[J].黑龙江档案,2019(1).

[4] 许德斌.声像档案对档案文化传播的影响及对策研究[J].北京印刷学院学报,2018(6).

档案编研

浅析多媒体档案编研的类型

上海大学档案馆　纪慧梅

摘　要： 随着信息化和网络化的发展，多媒体技术已广泛应用于档案编研实践。多媒体档案编研类型的多样性、生动性、直观性、互动性，为档案编研工作的创新提供了契机。本文从编研对象、展示方式、编研深度和组织形式四个方面入手对多媒体档案编研的类型进行了阐述，旨在充实多媒体档案编研的相关理论研究，为档案编研实践提供依据和参考。

关键词： 多媒体　档案　编研

目前，图书馆、博物馆、文化馆、科技馆等领域都在充分利用多媒体手段，建立多媒体资源库，开发多媒体产品，满足用户日益增长的信息需求。"信息化的发展、网络技术的更新、社会的进步，越来越要求档案编研走向社会化。档案编研的社会化又呼唤档案编研手段、方式的多样化和现代化。"[1]多媒体档案编研正是迎合这一社会需要的产物，为档案编研社会化提供了坚实的保障。

多媒体档案编研是指运用计算机技术、网络技术，特别是多媒体技术，收集与主题有关的档案材料，对其内容进行分析研究，将文字、图形、图像、影像、声音等各种档案信息有机组合加工，编辑成多媒体形式的档案编研成果，并为利用者提供档案服务的过程。

多媒体档案编研类型的多样性、生动性、直观性、互动性具有纸质档案编研难以比拟的优势，创新了档案编研成果的利用和传播方式。

1 多媒体档案编研的特点

1.1 编研主体多元化

随着计算机技术和多媒体技术的广泛应用,档案资源更加容易获取。多媒体档案编研已经突破了传统档案编研仅仅依靠档案馆工作人员的状况,编研主体开始多元化,不仅档案工作人员可以进行编研,电视台、普通民众也可以根据需要开展这项活动。

1.2 编研客体多样化

传统档案编研工作主要是对纸质档案的编研,而多媒体档案编研的对象是多媒体档案,包括图形、图像、音频、视频等,编研客体呈多样化趋势。"多媒体档案应用于网上多媒体档案馆的建设,可丰富档案网站的内容、建立多媒体档案展览系统、多媒体档案电子出版物(多媒体光盘)等。"[2]

1.3 编研技术现代化

传统档案编研以手工为主,编研手段和编研技术较为落后,而基于数字化和网络化的多媒体技术,为档案编研工作提供了新的机遇,使得编研技术实现现代化,不仅能够实现网络检索、而且能够对音频、视频档案进行编研。"通过照片扫描、视音频数据转换等数字化手段和数据资源编辑、整合,通过相关的软件和硬件设施完成多媒体档案的制作、播放和刻录保存。"[3]科技的发展日新月异,相信在不远的将来,虚拟现实技术和裸眼 3D 技术都将广泛应用在多媒体档案编研中。

1.4 编研成果生动化

受纸张印制形式的限制,传统的档案编研成果形式较为单一,以文字为主,辅之以少量的图片。而多媒体编研可以将音频、视频、图像、文字整合起来,能以更加丰富多彩的形式呈现给读者,从而突破传统单一的表现形式,提高了档案信息传播的生动性、形象性,使编研成果更具吸引力和感染力。

1.5　传播方式大众化

多媒体档案编研成果可以借助网络、电视台、广播台、手机等媒介进行传播,具有广泛的覆盖力、亲和力和娱乐性。

2　多媒体档案编研的类型

2.1　按编研对象分类

多媒体档案编研的对象是多媒体档案信息。由于档案信息格式不同,编研加工的方式有所差异。多媒体档案编研按照编研对象的格式,分为图像类编研、多媒体编研和档案网络编研。

（1）图像类编研:此类编研主要基于 JPEG、TIFF 格式扫描的图像和各类活动中形成的数码照片。首先应对图像素材进行处理,纠正原有和录入后的偏差,如校色、锐化、修饰等除去照片老化或扫描不当而造成的瑕疵;其次是根据主题内容或专题进行分类、著录、布局和编排,同时对图像素材的形成时间、主要内容加以文字说明;最后根据需要固化编研成果,如利用专门软件制作相册 DVD、幻灯片、FLASH 文件等。图像类档案编研技术难度不大,且形象生动,近年来广受档案编研工作者的青睐,形成了大量的编研成果。如上海市档案信息网上公布的《解放之路——庆祝上海解放六十周年档案图片展》《中法文化交流在上海图片展》《上海风情图片展》《难忘青春岁月——上海知青在江西档案图片展》《母亲河——黄浦江的昨天、今天和明天图片展》《毋忘一二八——纪念一二八淞沪抗战七十周年图片展》等等,这些图片展经过多媒体图像处理,以电子图片展示的方式提供利用,是图像类编研的具体实例。

（2）多媒体编研:多媒体编研是指混合了两种或两种以上信息媒体类型的编研形式,主要是基于对 MP3、WAV 等格式的音频文件和MPEG、AVI 等格式的视频文件的编研。多媒体编研应考虑音视频质量、存储空间等因素选取帧数,并对原始音视频文件进行修整和分段处理,例如对音频文件进行降噪处理及对视频选取需要的段落等。编研成果能以 VCD(DVD)专题片、纪录片、微电影等形式呈现。如国家档案局网站连续推出系列专题视频"共和国脚步——1949 年档案",一周一个专题,全年共 52 个专题,每个专题围绕一个重大事件,综合运用文本、照片、录音、录像等各类载体档案,制作成多媒体视频,是多媒体编研的具体实例。

(3) 档案网络编研:档案网络编研不仅是图像类编研和多媒体编研的综合,而且有自身的特点。首先由于网络浏览的限制,图像的分辨率和音视频文件的大小必须符合网页和带宽的要求;其次网络编研必须符合网络链接的特点,在内容目录的基础上,图文并茂地层层推进供读者点击,以便读者更快取得所需要的讯息;最后由于网络的共享性,必须在便于读者利用的前提下,标示多媒体档案编研成果的版权信息,如利用专门软件给图像和视频文件编上自身版权信息水印从而防止被盗用。"网络将档案馆置身于广阔空间,最大限度地拓展了档案馆在线信息服务的空间;同时可以采取主动、多元、多层次的服务方式。"[4]档案网络编研的成本低,受众广泛,展示方式灵活,且易于传播利用,网上校史馆、网上博物馆、网上纪念馆等都是档案网络编研的具体应用。

2.2　按展示方式分类

多媒体档案编研成果存在多种形式,如电视剧集、电影、视频短片、图片主题展、PPT、电子杂志、电子相册等。根据多媒体编研成果展示效果的差异,多媒体档案编研分为交互式编研、直播式编研和混合式编研。

(1) 交互式编研

交互式就是有互动交流的方式。它致力于了解目标利用者的需求和行为,包括各种有效的交互方式。采用交互式,档案编研人员可以边设计,边调整,边修改,使错误和不足之处及时得到改正和补充。这种方式和非交互式处理相比具有可选择、可重复、可控制的优点,但是在展示效果上没有非交互式来得完整、系统和集中。如 PPT、电子杂志和电子相册的制作可以采用交互式编研。

（2）直播式编研

直播式为非交互式方式的编辑。直播式在展示时，虽然不能为用户选择播放，但是可以充分应用各种功能强大的视频编辑工具，调动图文影视完美灵活结合的效果，完整、流畅地展示编研的主题，给人强烈的视觉效果，甚至视觉震撼。例如，上海电视台"纪实频道"中播放的纪实片就是采用直播式。

（3）混合式编研

混合式是将交互式和直播式相结合的编研方式，一般是在交互式编研材料中嵌入文字、图片、音视频等素材，同时展示静态和动态信息，供用户进行多样化选择。混合式编研可使交互式编研和直播式编研相互间优势互补，既让用户有更多的选择，又让用户有集中的视觉享受和印象。一般来说，对于大型的、材料翔实、主题广泛的编研，可以采用本方式。

2.3　按编研深度分类

多媒体档案编研在将档案信息内容客观地、如实地转移到其他载体上进行加工处理的方式不同，直接导致了编研深度的差异。多媒体档案编研按照编研深度的不同，分为摘录式编研、记述式编研和混合式编研。

（1）摘录式编研

摘录式是指只节录档案原件内容中与编研题目关系密切的部分，不改变原有文件的本来面貌。"它对于材料有较高的专指性，如一些专题资料摘编就属此种类型，对于主要发挥指示性报道性作用的汇编采用这种方法也比较适宜。"[5]对图像文件的摘录式编研表现为根据选题选取需要的照片或照片集，不作其他特效和美化处理。如对反映某一历史时期、历史事件、历史人物的图集编制就是采用的摘录式编研。对音频文件和视频文件的摘录式编研表现为根据主题节选所需要的音频或视频片段，用以反映某一主题或问题，不作合并和编辑等处理。这种方式对于主题小、问题单一的编研而言比较适用。

（2）记述式编研

记述式是指编研时对档案记载的内容不妄加评论，在不改变原有档案材料内容的前提下允许对原文进行适当范围的深加工。对图像文件的记述式编研强调系统性，针对选题可扩大取材范围，根据相关主题进行系统重组。对音频文件和视频文件的记述式编研强调主题的表意性，重在对音频片段和视频片段进行归纳总结，按照某一主题或问题对相关片段进行深层次的加工处理。

（3）混合式编研

按照编研的深度，混合运用摘录式和记述式的方式称为混合式，即编研的一部分内容采用摘录的形式，一部分内容采用记述的形式。混合式编研根据实际情况的不同，可进行更深层次的加工，较之摘录式编研和记述式编研而言是更高层次的编研形式。混合式编研不拘泥于单种形式，具有一定的灵活性和实用性，较适用于联合编研或选题范围较大的编研项目。

2.4　按组织方式分类

不同环境下形成的档案信息，其组合和处理方式是存在差异的。多媒体档案编研根据多媒体素材获取和处理方式的不同，分为访谈式编研、实录式编研和混合式编研。

（1）访谈式编研

访谈式是指解说员或主持人直接面向观众讲话，并结合会见采访的形式。顾名思义，采用访谈形式进行的编研就属于访谈式编研。访谈式编研最大的特点就是直观、可信。访谈式编研纪录片的当事人，是直接向观众叙述的，这种编研方式避免了编导的介入，编研成果使人感到公正、客观、可靠。通过访谈得到的第一手资料，本身可以作为多媒体档案编研的成果。如中央电视台拍摄的大量访谈类节目，从组织方式上就属于访谈式编研。

（2）实录式编研

实录式就是通过音频或视频采集，直接录制信息的一种组织方式。

实录式编研没有访谈式编研直观，但其真实性是有保障的，仍然可以作为第一手的原始资料，属于多媒体档案编研的一种重要形式。口述档案就是实录式编研的重要素材，在编写名人回忆录或制作反映名人足迹的电视片时可以考虑采用实录式编研。

（3）混合式编研

混合式就是兼用访谈式和实录式的组织形式。混合式编研是根据访谈式编研和实录式编研的不同特点，结合实际需要进行组合处理的一种形式。编研成果既有访谈的片段，也有实录的片段，表现方式更生动，内容更详实，更具有说服力。多媒体档案编研的信息形式多样，内容精彩丰富，通过混合式编研对档案材料进行组织和处理不失为一种好的编研方式。

参考文献：

［1］邓羽.高校档案多媒体编研及档案资源社会化［J］.档案与建设，2007(8).

［2］刘越.多媒体档案及其管理工作浅析［J］.黑龙江档案，2013(6).

［3］罗曼.多媒体技术与档案应用研究［J］.东南传播，2007(2).

［4］吴建华、方燕平.档案网站信息资源及其整合概念的界定［J］.档案学通讯，2009(5).

［5］潘玉民.档案编纂学［M］.辽宁：辽宁大学出版社，1997：203.

关于开展历届党代会档案编研工作的思考

上海财经大学档案馆（校史馆、博物馆）　韩　桐

摘　要： 为迎接上海财经大学第八次党代会的召开，档案馆（校史馆、博物馆）积极作为，对馆藏档案进入深入挖掘和系统研究，完成《中共上海财经大学历届代表大会档案汇编》《历届代表大会概览》，举办"历次党代会回顾专题展览"，开设"迎接第八次党代会"微信专栏，出版《上财记忆》党代会特刊。通过系列专项工作，三馆充分发挥了档案、校史资源存史留凭、育人育己、服务学校工作的作用。在"三馆合一"的运行模式下，三馆树立新编研观念，在资源建设、内容挖掘、成果传播上下功夫，并结合学校大局开展工作，不断推进三馆事业再上新台阶。

关键词： 党代会　档案编研成果　工作成效　工作机制

习近平总书记指出："档案工作是一项非常重要的工作，因为档案工作是一项基础性工作，经验得以总结，规律得以认识，历史得以延续，各项事业得以发展，都离不开档案。在全面建设小康社会进程中，档案工作显得越来越重要。"上海财经大学档案馆（校史馆、博物馆）（以下简称三馆）始终遵循"为党管档、为校守史、为师生服务"的宗旨，积极开展档案、校史编研工作，推进三馆工作不断提升。

1　工作背景

上海财经大学创建于 1917 年，至今已走过了 103 年的发展历程，作为中国高等商科教育的先行者，学校的发展始终与国家、民族的命运紧密相连。1949 年 5 月 27 日，上海解放；6 月 27 日，上海市军事管制委员会接管了国立上海商学院（上海财经大学前身）；7 月 29 日，陈毅、粟裕签发命令，国立上海商学院校务委员会成立。1949 年 10 月 1 日，中华人民共和国成立，学校发展也步入了全新的历史阶段。

从学校早期中共地下党员许涤新、马纯古，到 1945 年 5 月国立上海商学院地下党支部成立，到 1950 年 5 月国立上海商学院党支部正式公开，在全面抗战、在迎接解放的伟大历史进程中，学校党工作的星星之火逐渐燎原，为新中国的诞生、为学校新生发挥了重要作用。

1950 年 8 月，学校更名为上海财政经济学院（后简称上海财经学院）。1952 年 8 月，中共上海财经学院委员会成立，并担负起全校的领导责任。学校党代会或党员大会至今已召开了八次。1956 年 5 月，学校召开了第一次全体党员大会。1964 年 12 月，召开了第二次党员大会。1985 年 9 月，学校更名为上海财经大学。1989 年 4 月，学校召开了复校及更名后的第一次党代会，即中国共产党上海财经大学第三次代表大会。之后，学校分别于 1994 年 7 月、2002 年 1 月、2006 年 7 月、2013 年 7 月、2019 年 5 月召开了第四次至第八次党代会。学校历届党代会对加强学校党的建设，全面贯彻党的教育方针，落实立德树人根本任务，坚持社会主义办学方向，发扬党内民主，推动学校各项事业实现更好、更快、更大的发展，增强学校师生员工政治责任感和历史使命感，发挥了十分重要的作用。

习近平总书记曾说："走得再远都不能忘记来时的路"。根据这一思想，三馆主动作为，自我加压，开展关于学校历届党代会档案的编研工作，回顾学校党的建设历程和发展成就，充分发挥档案、校史资源存史、资政、育人的作用。

2　工作开展情况和成果

学校历届党代会档案的编研工作开展以来,三馆人员通过全面查阅和梳理馆藏档案、积极征集史料和寻访校友,深入研究档案和史料的内核,顺利编纂《中共上海财经大学历届代表大会档案汇编》(以下简称《党代会档案汇编》),完成《中共上海财经大学历届代表大会概览》摘要版手册和图文版宣传册、举办"历次党代会回顾专题展览"、策划 8 篇"迎接第八次党代会"专栏微信推文、出版《上财记忆》党代会特刊。

2.1　《党代会档案汇编》

2018 年 12 月,《党代会档案汇编》的编纂工作正式启动。在学校党政领导的指导下,《党代会档案汇编》在有限的时间内顺利编纂完成。作为学校"育衡丛书"系列的一项成果,这本《党代会档案汇编》既记录着过去,又承担着当下,更面向着未来。

为了做好编纂工作,三馆人员查阅与研究的范围覆盖了与学校党代会相关的所有档案。书中采用的档案文献和历史图片均来自于上海财经大学档案馆藏。整项工作共查阅档案 66 卷,整理党代会图片 84 张,形成文字资料约 29.5 万字。对于收录的档案,以尽量保持档案原貌为编纂原则,对照档案原件认真录入、校核,并注明出处。除了少部分档案内容省略外,一律原样照录。

《党代会档案汇编》对学校历届党代会的原始档案进行了全面、系统地整理,收录的档案内容主要包括党代会筹备计划、议程日程、上级领导讲话、报告汇报、选举办法、大会决议、请示批复、当选委员名单、代表名单、会议照片、校报报道及相关实物,全面记录了学校历届党代会从筹备到召开的情况。除收录每届党代会的原始档案外,汇编还从不同角度对历届党代会的相关情况进行了梳理和汇总,并在附录部分以表格的形式予以直观、清晰地呈现。

《党代会档案汇编》通过档案中的一份份文件、一份份大会报告、一份份名单,较为全面、完整地展现了学校历届党代会的历史原貌,展示了新中国成立 70 多年来,在党的领导下,学校的改革发展历程和取得的巨大成就。

2.2 《中共上海财经大学历届代表大会概览》及历次党代会回顾专题展览

在系统梳理、深入研究馆藏党代会档案的基础上,三馆通过精准提炼学校历届党代会重要信息,精挑细选历届党代会图片,顺利完成《中共上海财经大学历届代表大会概览》(以下简称《历届代表大会概览》),并举办了学校历次党代会回顾专题展览。《历届代表大会概览》和展览以图文并茂的形式,对学校历届党代会进行回顾,从历届党代会的视角重温学校 70 年的发展历程,并在第八次党代会现场营造了高涨的会议氛围。

2.3 "迎接第八次党代会"微信专栏

三馆开设"迎接第八次党代会"微信专栏,围绕重要校史人物和学校事件,推出《校史上的今天:1989 年 4 月 11 日中国共产党上海财经大学第三次代表大会召开》、《星星之火:上财早期中共地下党员许涤新》、《星星之火:我校第一个党支部的成立》、《上海解放,上商新生》、《中共上海财经学院委员会的成立与首任党委书记姚耐》、《来自中共上海财经学院第一届全体党员大会老党员代表们的祝福》、《一份来自上财档案人的礼物:〈中共上海财经大学历届代表大会档案汇编〉编纂完成》、《上财历届党代会回顾》8 篇文章,与大家一起回顾学校历届党代会,回顾党的领导下学校的改革与发展,重温历史,展望未来,分享祝福,为第八次党代会献礼。

2.4 《上财记忆》党代会特刊

学校第八次党代会于 2019 年 5 月 23 日至 25 日胜利召开,是学校党的建设的重要里程碑,为学校未来的发展指明了方向和道路。三馆的《上财记忆》党代会特刊设立红色印记和历届党代会专栏,以典型人物和事件为重点,讲述了学校红色基因的缘起、发展;以学校八次党代会的召开为切入点,回顾了学校党的建设与发展历史。这些内容有助于更好地记录、传播学校的红色故事,了解学校在党的领导下不断发展的过程和取得的成就。

3　工作效果

三馆通过开展历届党代会档案编研工作,取得了上述一系列的编研成果,起到了档案校史资源存史留凭、育人育己、服务学校发展的作用。

3.1　存史留凭

档案是保存历史、回顾历史、认识历史的重要依据,对历史负责,对未来负责,具有无可替代、弥足珍贵的价值。在学校 103 年的发展历程中,学校历届党代会的胜利召开是学校整体历史中极为珍贵的一部分。历届党代会原始档案及其编研成果是学校党的建设工作的突出反映,是学校发展历程和取得成就的重要体现,是了解、研究学校发展历史的重要原始资料,更是一代代上财人留下的珍贵历史记忆和精神财富,可以见证历史,以史鉴今,启迪后人。

3.2　育人育己

在学校着力构建的全方位育人机制中,档案文化资源育人具有无可取代的独特作用。以学校第八次党代会的召开为契机,三馆在全面挖掘、系统整理档案资源的基础上,积极开展党代会档案编研工作,并将研究成果通过书籍、展览、宣传册、刊物、微信等多种途径和形式进行广泛传播,力求全面呈现学校历届党代会的历史面貌,讲好背后的故事及其精神内涵,进一步加强思想和价值引导,充分发挥档案资源育人作用,使广大上财人在了解学校改革发展历程、感受学校精神的同时,牢固树立“四个意识”,坚定“四个自信”,增强爱校荣校意识,提升使命感和责任感。

党代会档案编研工作的开展不仅对广大上财人具有育人作用,同时也是三馆工作人员接受党性教育、提高业务能力、拓宽专业知识、加深部室沟通协作的过程,有助于持续推进三馆合一的工作模式,整合资源,重塑职能。

3.3　服务学校党建

学校已开启新百年、站在新起点、开始新征程,在深入学习贯彻习近平新时代中国特色社会主义思想和党的十九大精神,加快推进"双一流"建设的关键期,三馆围绕学校党的建设、思想政治工作等要求,紧密结合学校中心工作,以第八次党代会为契机,开展党代会档案编研工作。通过展示和宣传,这些成果可以为广大上财人提供学校历届党代会的基本信息,引导他们关注、走近党代会,为学校第八次党代会的召开营造氛围。通过深入研究内容,这些成果从历届党代会的视角呈现学校 70 年来曲折与辉煌的发展历程,可以启发人们用历史思维去思考和研究学校的改革与成果,更好地服务学校立德树人的根本任务,服务学校未来发展。

4　工作思考

4.1　树立编研工作新理念

面对"三馆合一"这一全新的运行模式,三馆将"记录历史、传承文化、以文育人、服务社会"作为使命,确立"馆藏是基础、服务是根本、研究是核心、传播是生命"的工作理念,"转变观念、互补优势、重塑职能、调整部室"的工作思路和"整合资源,实现'1+1+1>3'"的工作目标,构建了档案校史文博资源收集、整理、保管、研究、展示、宣传全流程的工作机制。

历届党代会档案编研工作是一项全流程、系统性工作,涉及三馆收集、征集、管理、研究、利用、传播诸多方面。编研工作能够顺利完成,并取得显著成果,这既得益于三馆合一的运行模式,也离不开三馆各部室人员的通力协作,是三馆集体力量的体现。

4.2　加强档案、校史资源建设

编研工作必须以资源为依托,在资源的收集、征集、管理上下工夫,否则将是无源之水、无本之木。在开展历届党代会档案编研工作中,三馆深入排查档案全宗,采取以点带面、层层查找的方式,做到卷卷核实,件件梳理,系统、全面整理所挖掘出的馆藏历届党代会原始档案,进一步做好、做实档案资源建设;通过史料征集和寻访校友,丰富实物史料和口述史料,进一步推进校史资源建设。

下一步工作将是通过资源数字化、信息化手段,利用档案管理系统和声像档案管理系统,建立党代会专题资源库,将梳理整合好的档案、校史资源进行统一管理和动态调整,更好地保存学校党代会档案、校史资源,为以后的利用和研究工作夯实基础。

4.3　拓展研究的广度和深度

通过档案、校史资源的整合,讲一个故事不难,难的是如何讲好故事。一是需要利用多种学科的研究方法和思路,以不同的思维方式看待事、物、人,放宽研究视野,拓展研究广度;二是需要拓宽知识体系,盘活档案、校史资源,由表及里,由浅入深,开展特色性专题研究,充分发掘其背后的故事,对涉及的历史背景、人物、事件及其来龙去脉等进行深入揭示,讲述故事及其蕴含的精神实质与思想内涵。

近几年,三馆从实际出发,努力打破旧思路,开展访"人"寻"物"。其中,寻访到健在地下党员 4 人(其中包括学校第一位党支部书记)、其他进步学生运动参与者 10 余人、学校第一届全体党员大会参会党员 6 人,获得了珍贵的口述故事、实物史料以及诚挚的祝福。基于此,三馆开展学校红色记忆专题研究,讲述学校早期红色基因的缘起、发展,丰富了历届党代会编研内容。

4.4　推进研究成果传播

开展多种载体和形式的传播是充分展现研究成果的有效手段。根据三馆"研究成果传播化和传播途径多样化"的工作思路,除了依托图书《党代会汇编》、宣传册《历届代表大会概览》、期刊《上财记忆》、专题展览四大纸质传播载体,历届党代会档案编研成果还借助三馆微信公众号平台进行传播,开设党代会专栏,推送 8 篇文章。

通过多途径的宣传、展示,三馆档案编研成果得到了更多的关注和肯定,进一步扩大了三馆影响力。与此同时,档案和史料的价值、内涵、作用受到了越来越多的人了解、认可和重视,档案收集和史料征集工作也可以得到更多的理解和支持。

4.5 结合学校发展大局开展部门工作

学校党代会的召开是师生员工政治生活中的一件大事,关乎学校未来发展。三馆从学校大局的角度出发,结合学校中心工作,深入挖掘和系统研究馆藏档案和史料,开展迎接第八次党代会系列专项工作,服务学校党建。

功成不一定在我,功成一定要有我。三馆需牢固树立政治意识、大局意识、服务意识、创新意识,从国家站位和高度,学校党的建设目标以及学校整体发展目标的角度,进一步提升政治站位,开拓工作思维和视野,并将三馆工作规划放入大局中去思考、去统筹,更好地服务学校大局,服务学校各项事业的发展和中心工作的开展。

在新的发展机遇期,三馆通过整合资源、重塑职能、转变理念、积极作为,取得了丰硕成果和显著成效。历届党代会档案编研工作及其成果是组成部分之一。为了更好地铭记历史、总结过去、把握当下、展望未来,三馆将继续坚守使命和担当,着力夯实资源基础,着力完善管理机制,着力创新服务利用方式,着力推进研究工作,着力拓宽传播途径,发挥三馆存史、资政、育人、文化传承、社会服务的职能。

参考文献:

[1] 涂上飙. 高校档案文化资源开发研究[J]. 浙江档案,2016(12).

[2] 荣华. 推动档案文化大繁荣大发展的思考[J]. 中国档案,2010(10).

[3] 喻世红. 构筑上财特色档案工作新模式[J]. 上海档案,2019(05).

[4] 高冰冰. 构建文化传承创新载体 探索文化育人新路径[J]. 上海档案,2019(05).

[5] 罗盘. 访"人"寻"物"——收集有温度有故事的历史档案[J]. 上海档案,2019(05).

华东师范大学 1972—1980 年更名为"上海师范大学"始末

华东师范大学档案馆　汤　涛

摘　要： 为培养百万人民教师，中央教育部决定成立华东师范大学，建校方针和任务是培养中等学校师资。1972 年上海市委、市革委会根据《全国教育工作会议纪要》精神，对上海高校进行撤销、迁离和合并。为加强对师范院校的领导，将上海师范学院等四校并入华东师范大学，且更名为上海师范大学，学校的任务调整为培养中学老师。1978 年上海师范学院等校分出。由于培养目标不符合学校定位和时代需求，经过两年多的争取，华东师范大学恢复原名。

关键词： 五校合并奉贤干校　工农兵学员　外语培训班

华东师范大学(以下称华东师大)成立于 1951 年，是以肇建于 1924 年的大夏大学、1925 年的光华大学和 1879 年圣约翰大学等学科为基础发展起来的一所综合性研究型的国家重点大学。在 1972 年 1 月至 1980 年 8 月期间，华东师大曾有 8 年多时间更名为"上海师范大学"的历史。华东师大更名的背景缘由是什么？ 更名后的管理体制和系科有何变化？ 后来又是如何复名的？ 本文试从档案文献出发，探寻这段鲜为人知又跌宕起伏的更名始末。

1　更名缘起

上海师范学院、上海教育学院、上海半工半读师范学院、上海体育学院等四校并入华东师大，然后更名为"上海师范大学"。

　　1971 年 7 月 31 日,历经三个多月的全国教育工作会议在北京落幕,会议通过经毛泽东主席同意的《全国教育工作会议纪要》。会议纪要提出了"两个估计"①,即:一是解放后十七年"毛主席的无产阶级教育路线基本上没有得到贯彻执行","资产阶级专了无产阶级的政";二是大多数教师和解放后培养的大批学生的"世界观基本上是资产阶级的"。从这"两个估计"出发,高等教育为实现"社会主义革命、社会主义建设和加强战略的需要",决定对全国高校进行院校调整。

　　上海市委、市革委会根据此次会议精神,决定将上海的高校进行调整。数据显示:1966 年,上海有 24 所高等院校。因顾及到北京调整为 14 所,上海不能超过北京,计划调整为 13 所。上海高校调整的方法主要是撤销、迁离和合并。撤销上海政法、财经和外贸等学院,把上海水产学院、铁道医学院等院校外迁,到 1976 年,全市实际上尚存 16 所高校②。为加强对师范学校的领导,上海主要是合并。

　　1971 年 12 月 7 日,上海市委决定将上海师范学院③、上海半工半读师范学院④、上海教育学院⑤和上海体育学院⑥并入华东师大,再更名为"上海师范大学"。同时,根据"原部属院校下放后,在中央统一计划下,实现以'块块为主'的管理体制"⑦精神,上海师范大学由国家教育部主管改

---

①　教育大辞典编纂委员会编:《教育大辞典 10 卷:中国近现代教育史》,上海教育出版社,1991 年 7 月,第 69 页.

②　高等学校,上海市地方志网站,http://www.shtong.gov.cn/node2/node2247/node4592/node79665/node79680/userobject1ai103435.htm

③　上海师范学院,1958 年由上海第一、第二师范学院合并成立,专为上海市培养中等学校师资。1984 年更名为上海师范大学.

④　上海半工半读师范学院,1964 年 9 月,华东师范大学试办上海半工半读理工学院,先试行设立电机、数理、无线电三个专业,从物理、数学、地理系一年级学生中招生 159 人。11 月 1 日,在此基础上成立上海半工半读师范学院,由校党委书记常溪平任院长、卓萍任副院长兼总支书记。学院的任务是培养半工半读中等学校师资,学制 5 年.

⑤　上海教育学院,1960 年在原上海中学教师进修学院等四校基础上成立,目的是为本市培养高、初中及师范学校师资和培训教育行政干部。1998 年并入华东师范大学.

⑥　上海体育学院,1956 年由华东体育学院更名而来,基本任务是为华东、全国培养中等学校体育教师及专项体育教练员.

⑦　何东昌主编:《中华人民共和国教育史》,海南出版社,2007 年 4 月,第 425 页.

由上海市政府主管。更名后的上海师范大学的主要任务是为上海地区培养"忠诚党的教育事业"的中学老师,配合三大革命运动实践,积极开展业余教育和进行必要的科学研究。12 月 17 日,成立以华东师大魏进、上海师范学院张光明、上海教育学院张世德、上海半工半读师院王春荣、上海体育学院赵锦仁等并校五人领导小组(后称上海师范大学筹备组),并举行第一次会议。会议研究并校的机构设置、人事安排、系科设置和学校分布等问题,决定在领导小组下设立并校工作班子。四天后,正式组成"上海师范大学"22 人的工作班子。班子分设组织、教育革命、校务和秘书四个组,统一在华东师大办公。并校领导小组经过 3 次扩大会议,听取各校干部意见,提出了合并的初步方案。12 月 31 日,确定学校管理体制及系科设置方案。方案要求各校短训班按专业划归所属系科领导,各校专业教师按系科归口,各类人员的调动等并校后由上海师大党委统一处理。同时,提出《上海师范大学"四·五"规划》,一起上报上海市委。

　　1972 年 1 月 12 日,华东师大党委召开全校师生员工大会,传达市委关于五校合并的决定,对院校调整进行动员。1 月 13 日,并校领导小组召开五校校级负责人联席会议,决定各校领导班子一分为二,大部分留原校坚持日常工作,一部分参加并校工作。1 月 14 日,并校领导小组举办上海师大系级筹备班子学习班,12 个系、后勤、图书馆等部门 100 余人参加学习,讨论制订各系、各单位的合并方案。3 月 21 日,并校领导小组召开原五校两委班子会议,宣布校系各级领导班子名单以及职权范围,布置并迁任务。根据上海市委的意见,校领导小组已由 5 人扩大为 11 人。会后,各系各单位领导班子分头研究并迁工作,拟订工作计划。4 月 8 日,物理系率先进行并迁工作,原上海师范学院、半工半读师院的教学科研仪器设备和附属工厂的生产线全部合并于华东师大本部。

2　更名后的校区布局与干校并迁

　　上海师范大学本部和校部机关设在华东师大校区、分部设在上海师范学院校址。理科部分设在华东师大校区学习、文科设在原上海师范学院学习。学校大丰"五七"干校南迁奉贤。

上海师范大学筹备组在并校初步方案的基础上,1972年1月12日向上海市革委会上报《关于上海师大汇报提纲》[1],并校方案,基本以此为据进行实施。

《汇报提纲》主要包括如下内容:(一)上海师大的规模[2]:干部978名(其中局级25名,处级50名),各类教学人员2222名,各类职工759名,学员5711名(其中普通班784名,培训班4927名)。今后计划招普通班1800名,培训班5000名。(二)办事机构。校部设政工组(包括政宣、组织、武保三个组)、教育革命组、校务组和办公室。(三)学校布局:校部及理科设在原华东师大,文科设在原上海师范学院。原华东师大校址为上海师大本部,原上海师范学院校址为上海师大分部;大丰干校迁至奉贤原教育学院干校。(四)系科设置。更名后的上海师范大学设历史、中文、政教、外语、教育、革命文艺、军体、数学、化学、物理、生物、地理等12系文理两科。(五)附属单位。校办工厂(包括系办半导体元件厂、化工厂、微生物厂)、图书馆、印刷厂和五七干校。至于图书馆,五校则完全合并,作为校部直属单位,教育学院图书馆并入华东师大图书馆,半工半读师范学院和体育学院图书馆并入上海师范学院图书馆。

在此,特别记述一下学校"五七"干校设立与并迁情况。

早在1970年2月5日,华东师大就在江苏大丰县建立华东师大"五七"干校,并成立干校临时党支部,从各系各部门抽调干部教师50余人组成的"尖刀连"先遣队。6月15日,第一批"五七"干校学员200多人,赴大丰进行"劳动锻炼"和"斗批改"。不久,分别成立"五七"干校"革命领导小组"和党总支委员会。到1971年4月一年间,华东师大大丰"五七"干校有156名教师、干部经过干校"劳动锻炼"回校工作,尚在干校劳动的有305人。地理系教师钱今昔回忆[3]:"华东师范大学'五七'干校,坐落在

---

① 《关于上海师大汇报提纲》,华东师范大学档案馆藏,档号:12—4—1.

② 《华东师范大学大事记1951—1987》,华东师范大学出版社,1991年9月版,第245页.

③ 钱今昔著:《花与微笑:钱今昔文存》,上海三联书店,2015年1月版,第92页.

苏北大丰县沿海的盐碱、草荡地区。这样的土地不仅不长粮食,连棉花都很难收获。那里的蔓草,可达数丈之高。勉强种些玉米、碾成粗粉作粮食用。那里虽然经济落后,但自然风光却很旷丽。我们大约二百多人,每天早晨学习后,荷把锄头下田,开沟引水,希望能够冲刷盐分,改良土壤。"

1972 年 1 月 2 日,华东师大、上海师范学院、半工半读师院和教育学院等四校负责人召开碰头会,总结大丰"五七"干校情况,制定干校合并初步方案①:(一)基本情况:四校"五七"干校总人数 500 人,其中华东师大 200 人;总面积为 1793 亩,其中华东师大 650 亩;已耕面积 1100 亩,其中华东师大 450 亩;以及四个养猪场有生猪 220 头;四个牛棚有耕牛 17 头;农业机械有丰收 35 拖拉机 2 部等。(二)组织领导和人员编制:干校由 7—9 人组成党总支委员会,下设五个支部,设共青团支部一个。(三)1972 年的生产任务:力争做到粮、油、菜、柴自给,肉类大部自给。干校现有 500 人规模,按每人平均种植 1.5 亩,共计 750 亩。副业生产,保持养猪 200 头左右耕牛 10 头,养鸡 200 只,养鸭 300 只。(四)调整后的布局:为认真贯彻勤俭节约的方针,充分考虑到干校的原有设置和布局。减少合并后的基建及其他费用,"五七"干校做到相对集中和调整,以便领导和管理。比如:校部和各组室、广播台、小卖部、医务室,设在现师院干校。机耕机修间设在师大干校,汽车、拖拉机机房设在师大和师院干校。

根据《关于上海师大汇报提纲》,"为了便于领导,及时传达上级指示,并有利于教学结合实际和减少大量路费指出",将合并后的上海师大大丰"五七"干校,迁往奉贤的上海教育学院干校。

1972 年 12 月初,根据市委决定,上海师大在奉贤农村创办涉外人员外语培训班。学生从上海市区各中学选拔,共 199 人,实行半耕半读。《冯契年表》②印证这段迁移史:"1973 年,'五七'干校迁至上海市奉贤县,又去奉贤'五七'干校。在写给老友的信中说,'现在我们的干校是半

---

① 《关于四所干校合并初步方案》,华东师范大学档案馆藏,档号:12—4—11.
② 冯契著:《哲学讲演录·哲学通信第十卷》,华东师范大学出版社,1998 年 4 月版,第 389 页.

年轮换一批,又读书又劳动,生活很愉快。'"

1973 年 4 月,大丰"五七"干校外语培训班全部学员前往奉贤干校。1975 年 4 月 11 日,上海市委在文化广场召开全市干部学习"理论问题"经验交流会。校党委副书记杨希康在会上介绍在学校大搞"三三制",即教师定期轮换三分之一下厂、下乡劳动、三分之一到干校劳动、三分之一搞教学,"当农民"和"倒马桶"等一套"新经验"。4 月 21 日,历史系教师实行"三三制",全系 62 名教师(不包括老弱病残和借出人员),12 人到干校劳动和参加函授教育,15 人到工厂、农村锻炼,其余教师留校从事教学和科研工作。

1976 年 8 月 16 日,党委召开各系各单位负责人会议,研究教师、学员同工人农民"划等号""搞三同"问题。会议决定,继续搞好"五七"干校、"三三制"、下乡"慰问团"等工作,干部定期参加劳动;党委常委除 2 人去干校劳动外,再抽出 3 人到学校基层蹲点;机关干部除 20 人下乡锻炼外,再抽出 20 人到学校基层搞调查;抽调部分工人、学员和教师"进驻"校部机关参加工作。

1977 年 12 月 26 日,经党委研究决定,撤销师大"五七"干校。"五七"干校于 1970 年 2 月创办,先后在江苏大丰县,后迁上海市郊奉贤县,前后长达 6 年之久,共办 8 期,据不完全统计,先后去干校劳动的教师共 1960 人次。

3　更名期间的人才培养与学术研究

1972 至 1978 年间,三年制普通班毕业的学生有 5300 名左右,三届"五七"干校外语培训班,培养了一批优秀人才。河口海岸研究、海水提铀等 8 项成果获全国科学大会奖。

更名后的上海师范大学主要开设 3 年制普通班(工农兵学员)、外语培训班,以及函授和短训班。

3.1　普通班招生改革与人才培养

华东师大更名之初,正值"文革"时期,大学正常的招生和人才培养工作都被迫停止。为落实毛泽东三条办学经验,党的领导、群众路线和生产劳动相结合。1971 年 7 月,全国教育工作会议确定和重申了一整套政策,包括"工宣队"长期领导学校,让大多数知识分子到工农兵中接受再教育,推荐工农兵学员上大学成为新的招生办法,选拔工农兵上大学、管大学、改造大学,缩短大学学制,将多数高等院校交由地方领导等等。会议纪要明确指出,工农兵学员就是教育革命的主力①。大专院校招生的主要对象是具有二至三年以上实践经验的工农兵。年龄在二十岁左右,身体健康,一般是未婚的。一般应有相应于初中以上文化程度。有丰富实践经验的老工人、贫下中农和革命干部入学,可以根据情况放宽年龄和文化程度的限制。

对于入校的工农兵学员,绝大多数被推荐上大学的都是怀着求学的愿望来到学校的,然而,也有少数坚持以"上大学、管大学、改造旧大学"为口号,给学校正常的教学活动带来了一定的破坏。广大师生员工虽然身处逆境,但仍坚守岗位,使学校的教学科研与人才培养依旧取得一些进展。

1972 年 2 月,校党委根据培养中学教师的总任务,要求:(一)重建教研组;保证各科都要有教材,年内各系重点编好一些基础课教材;(二)给教师必要的备课时间;(三)对已开设的基础课作一次质量检查;(四)保证教学时间,全年教学 34 周,每周学习 52 学时,不得随意听课;(五)实行考核制度;(六)加强组织性和纪律性教育。至此,学校教学工作得以初步的恢复。

1972 至 1978 年间,上海师范大学三年制普通班毕业的学生有 5300 名左右,培养出了一批优秀人才。如:72 级数学系的李源潮,72 级中文系的魏承思,73 级政教系陈卫平,74 级外语系英语班的崔天凯,75 级外语系法语班的黄慧珍,75 级数学系的林华新,等等。

3.2 外语培训班及人才培养

1972 年,随着我国外交新局面的打开,外事任务日益繁重,外交官呈青黄不接之势,已"迫切需要培养一批坚定的执行毛主席革命路线和政策

---

① 《中共中央批发〈全国教育会议纪要〉》,1971 年 8 月 13 日.

的外语人员"①。遵照中央的指示,上海市革委会决定在应届毕业生中选拔600名德体各方面表现较好的学生,分别在上海师大、复旦和上外三校的"五七"干校进行外语培训学习。根据上海市高等院校招生毕业分配办公室提出的意见,600人中,每校各招200人。挑选时要求男女比例为70%和30%左右。选拔条件包括本人政治思想好,劳动好,无复杂的社会关系,有一定的外语基础,身体健康,无严重残疾,年龄在十七岁左右。培训期间,以参加劳动为主,同时给予适当时间学习政治、外语。两年之后再从中挑选一批政治业务好的,送有外语的院校继续培养,其余的继续留在干校或另行分配,实际一直在干校学习到毕业。培训期间,学员同农场的知识青年待遇相等,第一年每月生活费18元,第二年按21、24、27元三种标准评定工资。

上海师大的招生范围是普陀区、南市区、静安区、上海县、嘉定县、松江县和金山县。其中长宁区和松江县的学员由上海师大与复旦代招,然后由三校平分。第一批学员法语班招取25人,日语班25人,德语班25人。英语班125人分四个班。英语班有名叫姓金的学生因病退学,由黄同学替补。

1973年和1974年,上海师大又分别招收一批,三批实际招收学员595人,其中英语396人,日语75人,法语74人,德语50人。外语培训班的办学地点几经更换。第一批为1972年10月25日赴江苏大丰"五七"干校。次年4月,全部学员迁往上海奉贤滨海地区的"五七"干校。以后的第二、第三批学员入学后都在奉贤干校,最后阶段迁到上海师大分部学习。

外语培训班的办学宗旨是"一面劳动、一面学习马列和外语"。"干校外语培训班是外语学科的一种教育革命试验。"②上海图书馆原馆长吴建中曾回忆"五七"干校这段生活,他说③:"六点半还是七点起来,我记不

---

①　上海市高等院校招生毕业分配办公室:《关于从七二届中学毕业生中选拔、培训外语(翻译)人员的具体情况》,华东师范大学档案馆藏,档号:22—6—1026.

②　沪革文教(76)第308号《关于复旦、师大、外语三校外语训练班学员毕业分配的请示报告》,1976年12月30日,华东师范大学档案馆藏,档号:22—6—859.

③　吴建中:《外语培训班学习生涯回忆》,载苏智良主编:《上海"五七"干校忆往》,上海辞书出版社,2014年10月版,第157页.

清。然后就做操。早上吹哨,然后集合。外面大喇叭响后去做操,吃好玩后排队出去。上课。干农活。""读书都是半天,不是上午就是下午,基本上就是保证半天。"

外语培训班属于学校试点项目,当初没有明确的学制和学历层次。1982年7月13日,上海市高教局发布《关于对原外语培训班学员进行复习考试的通知》,要求相关学校对1976—1978年间在外语培训班取得毕业资格的学员组织考试,考试科目包括政治理论课、语文和外语。凡考试合格者,承认大学专科学历①。学校根据文件精神,随即开展此项工作,并于当年12月为考试合格的学员换发了"华东师大学历证书"。外语培训班学员在校时间相对较长,同时又经历了相对系统的外语训练,基本都具有较好的外语素养,77届毕业生曾经集体翻译出版了《玛格丽特·撒切尔》一书。三届毕业生多数分配在高校、外事和科研部门工作,在各自的工作岗位上取得相当不俗的成就,如72级法语班的王沪宁、包文英,日语班的陆留弟、陈鸿斌、季增民、江兴华,英语一班的山顺明、英语三班的余强富,英语四班的姜海山。73级日语班的吴建中、郁伟华。74级法语班的吴勇毅,德语班的刘同兰,等等。

3.3　科研成就

上海师大虽然在逆境中办学,但在科研方面,仍获得了一定的成就。1971年,生物系在微生物产品"920"、"5406"菌种的生产过程中,试制了"春雷霉素"等。1972年,标点《二十四史》,编写《教育发展史》、《世界近代史》等。1974年底,数学系试制成功中型通用电子数字计算机。1975年,物理系师生研制成功光电导向座车和光电导向无人运输车。1976年,化学系师生开展海水综合利用研究获得重要进展。同年,物理系教师为解决黄浦江渡轮雾天安全航行问题,研制成功雾天导航装置。1977年,全校共有海水提铀等22项科技成果获上海市科学大会奖。1978年3

---

①　上海市高等教育局:《关于对原外语培训班学员进行复习考试的通知》,华东师范大学档案馆藏,档号:22—7—224.

月,有河口海岸研究、海水提铀、原生动物核质关系的研究、野生动物(毛皮兽)种群生态研究、针刺镇痛的神经原理、六片可卸磁盘、场致发光屏、DJS-100 系列数字计算机等 8 项成果获全国科学大会奖。

1979 年 9 月,在上海市高教局召开的科技成果献礼大会和科学报告会上,学校有激光监测大气污染仪、DJS-130 计算机多路终端小型网络及字符显示终端、大气一氧化碳连续测定仪、数字显示携带式硫化氢测定仪、江西农业地理等 10 项科技成果获上海市高校国庆 30 周年献礼科技成果奖。有 2 项获得中央和国务院有关部委重大科技成果奖,个别达到国际先进水平[①]。所有这些成果,都极大促进了学校的教学改革和人才培养,也表明华东师大的师生员工不断奋斗前行的毅力和决心。

1980 年 2 月,上海市政府在上海体育馆举行上海市科研成果授奖大会,学校有 10 项科技成果获上海市重大科研成果奖。其中,细胞质流对细胞核质关系的影响获一等奖,消旋反式对甲氧甲醛苄菊酯、高灵敏新颖稀土显色剂偶氮氯磷——mA、大孔弱酸丙烯酸系阳离子交换树脂、数字显示携带式硫化氢分析仪、大气中一氧化碳连续测定仪、DJS-112 型电子计算机、小型计算机多终端联机系统、二氧化碳光监测大气污染试验机、上海宝山吴淞地区土壤污染环境质量评价等获三等奖。

4　三校分出,恢复原名

1978 年,上海师范学院、上海体院和上海教育学院分别脱离上海师范大学,结束了长达 6 年的并校历史。1979 年,大夏校友吴亮平分别把恢复"华东师范大学"人民信函,亲自送给中央党校校长胡耀邦和教育部长蒋南翔,加快推进校名恢复的进展。

华东师大更名"上海师范大学"后,由建校时提出的根本任务培养中等学校师资转化为培养中学教师,这种单一的师范教育在文革结束后,明

---

①　袁运开、王铁仙:《华东师范大学校史(1951—2001)》,华东师范大学出版社,2001 年 10 月版,第 165 页.

显落后于时代。为了使上海地区的高等师范教育布局更趋合理,能够适应教育事业迅速发展的需要,重建华东师大的呼声越来越强烈。

1977年6月2日,学校教工郁中秀、徐增珏等12人联名给校革委会写信①,力陈重建华东师大的必要性。10月11日,学校党委向上海市委、市革委发出《要求尽快改变我校体制的报告》②,建议市委、市革委和教育部立即着手调整上海高等师范院校的布局。设想将上海师大分为华东师大、上海师范学院、上海教育学院和上海体育学院。"华东师大以培养重点中学、高等学校师资及科研人员为主要任务。面向华东、全国招生、全国分配。上海师范学院以培养中等学校师资为其主要任务,面向上海"。

1978年2月27日,国务院转发了教育部《关于恢复和办好全国重点高等学校的报告》,原则同意《报告》所述内容。《报告》中提出确定的全国重点高校88所,其中恢复"文革"前原有的重点高校66所,新增28所③。华东师大重点高校的地位得以恢复。

学校作为重点师范大学,应对重点中学师资、华东及边远地区师范大学的师资、大学基础课教师的培养,以及开展中外教育研究、重点中学改革的试验等方面作出贡献,因此,恢复华东师大,调整学校的培养目标势在必行。与此相对应,为保证上海地区中学师资的来源和在职教师的业务培训,恢复上海师范学院、上海教育学院及上海体育学院也都十分必要。

上海市委决定将原先并入华东师大的各校分离出去,并作出要把分校作为一件大事来抓、要为分校做好充分的准备工作、落实分校原则、筹备分校组织以及安排分校步骤等五个方面的指示,特别强调要以服从党的决定和分配,同时又照顾到原来的历史情况为分校基本原则。3月4

①　郁中秀、徐增珏等:《关于重建华东师大和上海师范学院的几点看法》,华东师范大学档案馆藏,档号:12—4—286.

②　中共上海华东师范大学委员会:《要求尽快改变我校体制的报告》,华东师范大学档案馆藏,档号:12—4—225.

③　张晋藩等主编:《中华人民共和国国史大辞典》,黑龙江人民出版社,1992年11月,第841页.

日,学校党委给上海市委、市革委会上报《关于贯彻市委指示精神,搞好分校工作的请示报告》①,提出关于人员、教学科研设备、后勤物资、图书资料和文书档案等分配原则和工作步骤,争取在 5 月初完成分校工作。同时还提出有的学校在并校期间人员分散、校舍转让、物资图书散失损坏等问题,希望得到有关部门的支援。报告最后提出,原半工半读师院原则上留在华东师大。

随之,确定了各校分离的具体原则:(一)在人员方面。原则上回原校,后期进校的根据工作安排分配。(二)专业设置方面。仍然按照原来各校的专业设置。并校后新设的艺术系属于上海师范学院;德语、法语、日语等专业以及在校二、三年级学员(除艺术系属师范学院和江湾体育系属上海体院外)及干校外语培训班全部学员都属于华东师大。(三)并校期间的档案由华东师大保管。(四)其他诸如仪器设备、图书、房产等也都按照基本原则和友好协商的办法进行分配。(五)上海半工半读师范学院所有人员、物资造册后由华东师大代管,其后基本并入华东师大。

1978 年 4 月 28 日,教育部批准恢复上海师范学院建制。5 月 13 日,上海师范学院重新挂牌。6 月,上海体育学院和上海教育学院也相继恢复建制。至此,分校工作基本完成,结束了长达 6 年之久的五校合并的历史。

分校之后,华东师大继续沿袭"上海师范大学"校名。

1978 年下半年,在校党委书记施平、校长刘佛年的提议下,由施平书记出面具函,再次邀请时任陕西省委书记舒同为"上海师范大学"的校牌题字。1951 年成立时,校名就是由时任华东军政委员会文教委员会主任、华东局宣传部长舒同题写。舒同在接到施平书记来信后,很快寄来题写的校牌题字,题字是写在旧报纸上。学校接到题字后,由校办主任朱光基等负责复制成木质校牌,并悬挂在学校大门口。

虽然华东师大重新恢复到以前的本身,但对继续使用"上海师范大

---

① 　中共上海华东师范大学委员会:《关于贯彻市委指示精神,搞好分校工作的请示报告》,华东师范大学档案馆藏,档号:12—4—284.

学"校名,广大师生十分不满。

　　1979 年 4 月 27 日,应校党委邀请,中共中央党校顾问、社会科学院副院长吴亮平校友回母校作题为《形势与若干理论问题》的报告。在接待期间,吴亮平询问学校校名变迁经过,为此,校办主任朱光基专门做了详细汇报。在听取相关情况后,吴对不恢复原校名,认为不当。他嘱朱写报告,由他带去中央反映。他当时考虑,如由学校出面打报告,层层审批,麻烦很多,势必迁延时日,故决定用"华东师大部分教师"的人民来信名义。吴亮平带往北京后,亲自分别送给中共中央党校胡耀邦校长和教育部蒋南翔部长。

　　这两封人民来信,为恢复校名起到了非常大促进的作用。1980 年 8 月 15 日,经教育部批准,"上海师范大学"恢复"华东师范大学"原名。即日起,"上海师范大学"印章作废,启用"华东师范大学"印章。华东师大更名为"上海师范大学"的八年多历史正式宣告结束。9 月 22 日,校长办公会决定,师生员工使用的"上海师大"工作证和学生证,即日起一律改为华东师范大学工作证和学生证。

20 世纪 50 年代华东地区财经类院系调整与上海财经学院的发展

上海财经大学档案馆(校史馆、博物馆)　高冰冰

摘　要：20 世纪 50 年代,华东地区财经类院系的调整涉及到诸多院校,相关院校财经系科最终整体并入上海财经学院,对上海财经学院当时的兴盛和日后的发展起到了非常重要的作用。而这一历史的交集,也为当今加强华东地区高校间、特别是校史工作同仁间的密切联系提供了重要的历史根基和纽带。

关键词：院系调整　华东地区　上海财经学院　启示

对 20 世纪 50 年代开展的院系调整运动,学界已经研究的比较多也比较深入了,但正如有学者指出的,对局部细节的研究、对地区的研究、对具体系科专业的研究还有待深化。而院系调整中,华东地区财经类系科按大区集中到上海财经学院,以集中力量、形成学科相对单一的专门学院,就兼具地区、学院个案和具体系科专业的特点,因此非常有研究价值。

本文就院系调整中华东地区财经类系科的整体调整情况作简要的概述,并对其特点和影响进行一些分析和思考,更进一步的研究尚有待深化。

1　调整过程

华东地区财经类系科调整的整体步骤与全国层面院系调整的阶段和

特点是一致的,即经历了局部调整、全面调整、专业调整和布局调整等几个阶段,既有整体院系并入的情况,也有具体专业调整划出的情况。以下按阶段进行介绍。

1.1 局部小调整阶段(1950—1951年)

此阶段有5所院校的财经系科并入,分别为上海法学院财经系科(1950年8月底),华东财经学校(1951年4月),交通大学财务管理系(1951年6月),光华大学商学院和大夏大学会计专修科(1951年8月)。

(一)私立上海法学院。该院创办于1926年夏,创办之初由章太炎任校长,1948年5月褚凤仪任校长。1950年8月29日,华东军政委员会教育部给上海财经学院的"指示"称:"私立上海法学院因经济困难,曾一再请求我部补助,兹经与该院院长褚凤仪商得同意,经呈请中央人民政府教育部批准,决定将该院经济、银行、会计、统计四系及会计统计、银行二专修科暨附属中学并入你院,该院江湾路校舍由你院进行接管,褚凤仪先生参加你院校务委员会。"8月底,私立上海法学院相关系科并入上海财经学院。

(二)华东财经学校。华东财经学校原系华东军政委员会财政经济委员会领导下的开展财经干部训练的学校,校长为许涤新,副校长为姚耐,于1951年4月并入学院,其校址改设为上海财经学院研究部。

(三)交通大学财务管理系。交通大学财务管理系设立于1932年,由交通大学管理学院财务门更名而来。1951年6月,华东教育部部长吴有训发布"指示"给上海财经学院:"经呈准中央人民政府教育部,将交通大学财务管理系调整入你校办理"。同月,交通大学财务管理系并入上海财经学院。

(四)私立光华大学商学院。私立光华大学创办于1925年9月,是由圣约翰大学部分师生离校另行组建的一所大学。学校初创时设有文、理、商、工4科,1929年秋在国民政府立案,并改科为院,商科即为商学院。1951年8月,商学院并入上海财经学院。

(五)私立大夏大学会计专修科。私立大夏大学创办于1924年7

月,是从厦门大学脱离出来的部分师生在上海发起成立的。1949 年上海解放后,增设会计专修科。1951 年秋,会计专修科并入上海财经学院。

1.2 全面调整阶段(1952—1953 年)

1952 年 5 月,中央教育部拟定了《全国高等院系调整计划(草案)》,系统地提出调整的原则、重点和方针。下半年,全国高等学校进行院系大调整,华东地区共有 15 所院校的财经系科并入上海财经学院。

1952 年 8 月,并入上海财经学院的财经院系有:复旦大学财经学院,沪江大学商学院(及城中区商学院),浙江财经学院,江南大学工业管理系,立信会计专科学校(及城区部),大同大学商学院,上海学院会计、企业管理专修科(及经济系、两专修科夜班),圣约翰大学经济系,东吴大学法学院会计系(及夜班),中华工商专科学校(及夜班),震旦大学法学院夜专修科,上海商业专科夜校。1952 年 10 月,东吴大学经济系并入。1953年,高校院系调整继续进行。8 月,山东财经学院和厦门大学企业管理系并入上海财经学院。

(一)复旦大学财经学院。复旦大学财经学院是由复旦大学商学院、暨南大学商学院、大夏大学商学院合并组建而成的。1951 年 6 月,华东教育部批复复旦大学:中央教育部"同意复旦大学商学院改称财经学院"。1952 年 8 月,复旦大学财经学院的会计、统计、企业管理、银行、贸易、合作 6 个系及统计、银行 2 个专修科调整至上海财经学院。

(二)沪江大学商学院(及城中区商学院)。私立沪江大学创办于1906 年,初名上海浸会大学,1915 年改名为沪江大学。1929 年在国民政府立案,正式成立文、理、商、教育 4 学院,其中商学院设会计、银行 2 系,1931 年成立城中区商学院(夜校)。1951 年 2 月由人民政府接办,仍维持私立。1952 年 8 月,商学院及城中区商学院并入上海财经学院,城中区商学院与其他合并高校财经夜校、夜班组成上海财经学院夜校部。

(三)浙江财经学院。浙江财经学院的前身是之江大学商学院。私立之江大学于 1940 年设文、商、工 3 学院,其中商学院下设工商管理、国际贸易、银行、会计 4 个系。1951 年 2 月由人民政府接管,仍为私立,其商学院独立为浙江财经学院。1952 年 8 月,浙江财经学院并入上海财经学院。

（四）江南大学工业管理系。私立江南大学创办于 1947 年 8 月,为申新三厂经理荣一心所办,设有经济、中国文学、外国语文、史地等 9 系。1949 年 4 月后,设工业管理、语文、机械工程等 8 系。1952 年 8 月,工业管理系并入上海财经学院。

（五）立信会计专科学校。私立立信会计专科学校创办于 1937 年 4 月,原名立信会计实习学校,由立信会计师事务所主任会计师潘序伦于 1928 年春创办。1952 年 8 月,该校校本部及城区部分并入上海财经学院及其夜校部。

（六）大同大学商学院。私立大同大学创办于 1912 年,1922 年增设商学、教育两科。1928 年立案,改科为院,设文、理、商 3 学院,其中商学院设会计、经济、商学 3 系。1939 年商学院增设银行系。1952 年 8 月,大同大学商学院并入上海财经学院。

（七）上海学院会计、企业管理专修科。上海学院是由私立诚明文学院、私立上海法政学院、私立新中国法商学院、私立新中国学院、私立光夏商业专科学校等 5 所院校与上海法学院法律系合并组建而成的。1952 年 8 月,上海学院经济系夜班并入上海财经学院夜校部;会计、企业管理两专修科日、夜班并入上海财经学院及其夜校部。

（八）圣约翰大学经济系。私立圣约翰大学初名圣约翰书院,1905 年改名为圣约翰大学。1918 年设立商业经济部,1921 年该部分设经济和工商管理 2 系。1947 年工商管理系并入经济系,归文学院。1952 年 8 月,文学院经济系并入上海财经学院。

（九、十）东吴大学经济系及法学院会计系。私立东吴大学创办于 1896 年,校址在江苏省苏州市;其法学院院址在上海市。1952 年 8—10 月,私立东吴大学法学院会计系（及夜班）和文学院经济系先后并入上海财经学院（及夜校部）。

（十一）中华工商专科学校（及夜班）。私立中华工商专科学校创办于 1943 年 10 月,为中华职业教育社所办。1951 年 9 月由中央人民政府轻工业部接管。1952 年 8 月,该校会计专修科日、夜班和工厂管理专修科夜班并入上海财经学院及其夜校部。

（十二）震旦大学夜专修科。私立震旦大学创办于 1903 年，为天主教耶稣会所办。1951 年 2 月，改由中国人自办，仍为私立，由政府予以补助；3 月，其法学院增设会计、统计、企业管理、银行 4 个夜专修科。1952 年 8 月，会计等 4 个夜专修科并入上海财经学院夜校部。

（十三）上海商业专科夜校。私立上海商业专科学校创办于 1948 年夏，设银行会计、工商管理、财务行政 3 个专修科，分日夜两班。1951 年一度停顿，后由九三学社吴藻溪、蒋孝义等人接办，取消日班，改称上海商业专科夜校，设会计、企业管理、合作管理 3 专修科。1952 年 8 月专科夜校并入上海财经学院夜校部。

（十四）山东财经学院。山东财经学院创办于 1948 年 11 月，初为山东省立商业专科学校，至 1952 年 10 月，几经调整后最终更名为山东财经学院，设有经济计划系、会计系和统计专修科。1953 年 8 月，山东财经学院整体并入上海财经学院。

（十五）厦门大学企业管理系。厦门大学创办于 1921 年 4 月，为陈嘉庚邀集蔡元培、黄炎培、郭秉文等人筹建。1950 年 8 月，王亚南任校长，将原商学院改为财经学院。1952 年 8 月，福州大学财经学院企业管理等 5 个系并入。1953 年 7 月，厦门大学财经学院企业管理系并入上海财经学院。

1.3　专业调整及战略布局调整阶段（1954—1955 年）

这一时期，主要是专业和学生的调出。1954 年，上海财经学院贸易系国外贸易专业并入新组建的北京对外贸易学院；1955 年 9 月，经济计划系（含国民经济计划专业）停办，学生转入中南财经学院学习。

2　院系调整对上海财经学院的影响

2.1　学校规模和实力大幅提升，办学特点也发生变化

院系调整中，华东地区有 20 所院校的财经系科并入上海财经学院，

使得学院的师资实力和办学规模都大幅提升。1953 年上海财经学院的教职工人数一度猛增到接近 700 人,其中教授最多时达 138 人,学生由解放前的 300—400 人增加到 1447 人。学校的办学也从民国时期的小规模精英教育向大规模为新中国经济建设培养专门人才的转变。

2.2 云集的名师为日后上海财经大学的发展和兴盛奠定了重要基础,并成为上财文脉传承的重要组成部分

1956 年全国教师定级时,学院共有教授 114 位,其中在院系调整中调入的占 87.7%;调入教授中,评为四级及以上的比例为 65%。这些教授为相关学科所做出的奠基性贡献为日后上海财经大学有关学科获得博士学位点、入选国家重点学科乃至推动学校进入 211 工程等国家重大发展战略都发挥了重要作用。他们优良的学风、教风,"经济匡时"的担当精神,通过他们直接培养的人才或间接的潜移默化,影响着几代上财人,成为上财文脉的重要组成部分。

2.3 "海纳百川"的办学品格在院系调整中得到充分展现,并成为今日上财的重要办学特色之一

在院系调整中,学校充分发挥并入高校财经院系及其他单位调入的所有教师,特别是教授们的才华和积极性,不同学缘背景、各有学派专长的学者互为融合、相得益彰,充分体现了学校"海纳百川"的气魄与胸襟。今日的上财,更是秉承"海纳百川"的开放胸怀,放眼世界延揽人才,全面实施"Global SUFE"战略,不断开辟国际化办学的新境界,已成为学校办学最鲜明的特色。

3 思考与启示

华东地区高等院校财经系科的调整,影响到华东地区很多高校的发展历史,具体对各高校的影响如何,是积极的还是负面的,不少研究已经给出结论,不同院校的所得与所失也各不相同。但这一历史进程,客观上

也造成了华东地区(甚至超出地区的范围)高校之间历史发展脉络的交集:院系学科变迁你中有我、我中有你,师资人才之间的密切流动和共享,乃至校址院舍的相互划拨使用等。这一历史的交集无论在主观上还是在客观上都是推动当前华东地区各高校加强协作与交流的历史根基和情感纽带。

就校史工作和校史研究来说,这一历史交集使得校史研究的档案史料有了共享的必要与可能,合作研究的开展有了共同的线索和课题,校史工作的协同与合作也有了共同的基础与纽带。因此,我们期待也坚信,前有院系调整的历史交集,后有华东地区校史研究组织的协同和联络,华东地区高校间的校史工作同仁,一定能够进一步密切联系、深化合作,共同推动华东地区校史工作更好的发展,并力争成为华东地区高校密切联系的一个重要纽带。

参考文献:

[1] 卢立菊、付启元.1990 年代以来关于五十年代高校院系调整研究综述[J].历史学研究.2003(5).

[2] 郑璐.建国初期高校院系调整的评价与反思[J].教育评论.2011(6).

[3]《复旦大学百年志》编纂委员会.《复旦大学百年志(1905—2005)》[M].复旦大学出版社.2005(09).

[4] 上海交通大学校志编纂委员会.《上海交通大学志(1896—1996)》[M].上海交通大学出版社.1996(03).

[5] 厦门大学校史研究室编.《厦门大学校史(第二卷)》[M].厦门大学出版社.2006(05).

[6] 上海财经大学档案馆(校史馆、博物馆)馆藏史料和档案[Z].

再探近代中国高等教育与社会流动

——基于南京高等师范学校商科学生档案的考察

上海财经大学档案馆（校史馆、博物馆）　罗　盘

　　摘　要： 南京高等师范学校是近代中国高等教育发展的早期代表之一，其于 1917 年开设并招生的商业专修科是中国商科高等教育的重要起源之一。而商科作为中国教育体系中的新兴学科，不仅响应了中国经济的现代化需求，还帮助制造了中国社会的新阶层。通过对商业专修科招生和就业等档案材料的梳理考察展示出学生籍贯来源、家庭背景、就业发展等情况以及相互间关系，这项微观研究或可以从一个侧面反映新式教育兴起之后教育选拔与社会分层的一些新趋向。

　　关键词： 商科教育　招生就业　阶层流动

　　关于高等教育与社会流动这一话题，国内外学术界已经有大量研究[①]，但是针对 20 世纪早期中国高等教育与社会流动历程的研究尚不多见[②]。另外，关于民国时期大学招生生源或学生就业数据的整体分析或

---

① 可以参阅王晨、张贤斌. 大学：社会分层与社会流动[M]. 北京：北京师范大学出版社，2007：232—271. 陈新忠、董泽芳. 高等教育分流与社会分层流动研究回溯和展望[J]. 华中师范大学学报（人文社会科学版），2010（3）：149—155. 其中对相关议题有学术史总结，本文在此不再赘述.

② 代表者有梁晨、任韵竹、王雨前、李中清. 江山代有才人出——中国教育精英的来源与转变（1865—2014）[J]. 社会学研究，2017（3）：48—70. 王晨、张贤斌. 大学：社会分层与社会流动[M]. 北京：北京师范大学出版社，2007：1—51.

是对某所大学的个案研究也不多见①,针对某种新兴学科与社会流动、社会转型关系的研究亦属罕见。

晚清以降,西潮冲击之下,以士农工商四大群体为基本的传统中国社会经历着急剧变化,社会结构不断演变,身份等级社会逐步解体。传统的社会流动通道和教育制度发生巨大改变。伴随社会经济发展,新的职业和阶层不断出现②,社会流动性加快,而仿照欧美学制创办的现代中国大学不仅提供了新的学科,也提供了新的专业人才,在此过程中参与制造新的社会阶层。除去原有家庭社会资本的代际传承和影响,不论传统科举教育或新式学校教育,教育对社会阶层分化和流动的重要性持续凸显③。

从晚清开始已经有新式学子向商人阶层流动,商业发展要求加强商业专门教育,大大改变"商而不士"的现状,商科教育进一步发展,地位得以提高④。作为中国高等教育发展初期的重要代表,南京高等师范学校建校即成为东南地区唯一公立高等学府⑤,而其于1917年设立的商业专修科也是中国高等教育机构中最早一批设立的商学系科⑥。其目标是"以应社会需求为根本,培植商业专门师资充实中等学校之用"⑦,反映了当时中国社会从"重商"到"实业救国"的思潮和不断发展的现代工商业对专业人才的需求。而彼时西方主要发达国家的高等商科教育兴起不久,

①　梁晨、李中清等人主导的对京沪等地各大学学籍卡的整理、研究取得了显著进展,已经形成包括24所大学8.5万名学生信息的"民国大学生学籍数据库"(CUSD-ROC)。参见梁晨、任韵竹、王雨前、李中清.民国上海地区高校生源量化刍议[J].历史研究,2017(3):76—92.梁晨.从教育选拔到教育分层:民国大学院校的招生与门槛[J].近代史研究,2018(6):24—42.

②　李明伟.清末民初中国城市社会阶层研究(1897—1927)[M].北京:北京社会科学院出版社,2005:307.

③　[美]何炳棣著,徐泓译注.明清社会史论[M].北京:中华书局,2019.

④　章开沅、马敏、朱英.辛亥革命前后的官绅商学[M].武汉:华中师范大学出版社,2011:516—525.

⑤　王德滋.南京大学百年史[M].南京:南京大学出版社,2002.

⑥　同期复旦大学1917年在上海开设大学商科,第一批学生15人于1921年毕业。参见复旦大学百年志编纂委员会.复旦大学百年志(1905—2005年)[M].上海:复旦大学出版社,2005.

⑦　郭秉文.添设农工商各专修科报告书[A].教育与职业[J].1918(4):1—6.

还在不断发展中,如商科教育最发达的美国 1881 年建立第一所沃顿商学院,1895—1915 年间,沃顿相继开设一系列商学专业和课程,1921 设立了 MBA 学位①,所以此时开设的商业专修科类商科学系即便在全世界高等院校中也称得上一门新兴学科。在资本主义经济不断发展的中国近代社会,以职业和经济地位为标准的社会阶级分层体系出现,商人阶层和新出现的专业技术精英阶层在社会的地位都不断上升。

本文依靠目前发掘到的相关档案史料②对南京高等师范学校商业专修科三届毕业学生的籍贯、受教育经历、就业去向等基本信息做一个初步整理与分析③。针对现代中国大学的学生从何处来、毕业后的职业发展两个问题做一次历史的个案讨论,以此管窥现代中国高等教育兴起之后教育选拔与社会阶层流动的一些趋势。

1　南京高等师范学校商业专修科的招生

据档案资料,商业专修科共招生三届,招生 93 人,毕业 82 人④,其中没有一名女生。本次统计包含 84 人的基本信息,包括全部毕业生和部分当时在读学生。首先看学生籍贯,录入有效信息 84 条,具体信息见下表。

---

① https://www.wharton.upenn.edu/history/2019 年 6 月 30 日获取.
② 本文所涉档案资料包括:各科毕业生一览[A].中央大学全宗.档号六四八.案卷号 70,上海商科大学学生履历调查表及毕业生一览表[A].中央大学全宗.档号六四八.案卷号 408、国立东南大学一览[A].国十二年四月、国立东南大学毕业名册[A].民国十四年七月、国立南高、东大、中大毕业同学录[A].民国二十二年十二月、国立南高、东大商科、中大、上海商学院校友录[A].国立三十五年九月。其他个人传记或文书档案资料不再赘述.
③ 本次研究涉及的档案资料来源较为复杂,笔者经过反复登记、比对原始数据,最终形成的数据表中所含信息是"姓名、年龄、籍贯、受教育经历、个人经历、通信地址、就业去向",其中商业专修科第一班学生的年龄信息和受教育经历暂无信息.
④ 朱斐.东南大学史第一卷(第 2 版)[M].南京:东南大学出版社,2012.

表1　南高师商业专修科学生籍贯来源

籍　贯	人数
江苏（上海）	49人
浙　江	13人
安　徽	10人
江　西	4人
湖　北	3人
湖　南	2人
山　西	1人
河　南	1人
贵　州	1人

　　从入读学生籍贯看来，江苏（包含上海）籍学生占绝对优势，总计49人，占58.3％，浙江籍学生占15.4％，安徽籍学生占11.9％，三省合计72人，占85.7％。出现江浙沪皖省份学生占绝对多数局面其实正常，一方面根据教育部队国立高等师范学校的招生的规定，招生采取名额分配制，即"每次学额四分之三由各省选送之额，四分之一为各校直接招考之额"，而各省学额分配又根据其与该高师的距离，自身省份大小等标准制定①，接近南京的江浙沪皖考生自然占有先天优势，另一方面南高师名为国立，当由北京政府拨款支持，现实中却几乎全仰望江苏一省财政，不论是经费还是人力，多受当地军阀政权、江苏省教育会操控②，倾斜本省学子，实属正常。更关键因素则在于明清以来，江南地区的经济、文化及教育长期保持当时中国的前列，即便科举停废、新式教育兴起，江南地区学子在教育竞争依然保持强势。

---

　　①　南京高等师范学校招考学生简章[A].上海财经大学校史研究室.国立上海商学院史料选辑.[C].上海.上海财经大学出版社，2012；16—18.
　　②　该会成立于1906年，由江苏当地士绅商教各界头面人物构成，系江苏地区教育发展背后最大推手，同时积极鼓吹职业教育，南京高师设立商业专修科亦受到其影响。参见谷秀清.《清末民初江苏省教育会研究》[M].桂林：广西师范大学出版社，2009年.

再看入读时学生年龄,录入有效信息 57 条,其中入学时年龄最小者 17 岁,年龄最大者 26 岁。入学时各年龄段统计:17—19 岁(12 人)、20—22 岁(38 人)、23—26 岁(7 人),平均入学年龄约为 20.26 岁。入学年纪最长者出生于 1892 年(清光绪十八年),入学时年纪最小者系著名物理学家严济慈和著名会计学家戴靖①。商业专修科学生当时平均入学年龄超过一般正常入读大学的年纪。以平均年龄 20.26 岁看来,1905 年清廷宣布科举停废时这三班学生应在 2—13 岁,有的人还未开蒙,年纪较长者已经完成了初等教育,不过所有学生几乎在清朝末年已经开始自己的教育经历,大多经历过私塾或各种新式学校并存等学制混乱的局面。如年轻者戴靖的初等教育全靠私塾和补习老师完成,而严济慈完全没有接受过初等教育。再如年长者许祖烈(1894 年生)初进私塾,又入吴江木渎高小(1911 年 17 岁小学才毕业),18 岁再入吴江县立中学,毕业后又充任小学教员数年才来投考。而参阅郭秉文 1918 年所作报告,可见商业专修科的学生情况基本符合南京高等师范学校全校学生情况特征。同时,笔者参阅档案发现入学者的过去经历中有充任小学教员之类经历者不在少数,甚至有学生高振雯曾经充任小学教员 8 年之久,入读商业专修科时已经24 岁。因为政局更替和学制混乱以至于不少学生的教育经历复杂或者曾经有过就业经历使得入读年纪差距加大变得可以解释。

再看个人教育经历,录入有效信息 56 条,其中从名称上看可以分为三类,分别是普通中学毕业 41 人,师范学校毕业 8 人,中等商科学校毕业7 人,大部分学生都从普通中学升学进入南京高等师范学校。当时南京高等师范学校的招生标准和要求着实不低②,不仅要求"具有完全师范或

---

① 严济慈,1901 年生,1918 年夏考入南京高等师范学校商业专修科第二班,后因兴趣转移,转学文理科。参见金涛. 严济慈先生访谈录[J]. 中国科技史料,1999(3):227—245.戴靖,又名戴铭巽,1903 年生,1920 年夏考入南京高等师范学校商业专修科第三班,参见铭巽自述(油印稿).

② 1918 年具体要求参见南京高等师范学校招考学生简章[A]. 上海财经大学校史研究室. 南京大学校史资料选编 第二卷. [C]. 上海. 上海财经大学出版社,2012:16—18.1919 年具体要求参见南京高等师范学校招考学生简章[A]. 南京大学校史研究室. 国立上海商学院史料选辑. [C]. 南京. 南京大学出版社,2019:582—586.

中学及同等程度之学校毕业",还要测试国文、英语、博物、物理等 8 门科目,这就意味投考者没有相应初中等教育为基础并具备较高的文理、科学等知识背景显然是无法通过南高师相对严苛的考察①。

另据郭秉文 1918 年所作报告可知当时在校学生 357 人的家庭背景,其中 57% 的来自学界,28% 来自商界,9% 来自农界,3% 来自政界,剩下来自工商业,医界家庭的学生数都是个位数,占比极少②。目前笔者没有发现南高师商科学生的详细家庭背景,但是日后名显的商科学生严济慈、陈庆瑜、戴靖、许祖烈四人倒是留下了自己的家世背景③。四人分别属于当时常见的农村自耕农、小城镇商人以及富裕地主家庭:

"我家世代务农……我家六口人共分得 37 秤地,16 秤等于一亩地,才两亩多地。另外只有一间房,全家人挤在一间房里"(严济慈)

"先生讳庆瑜,字瑾功,江苏省常熟人……耕读传家,其祖友梅公改业商;父石洲公承其业,誉闻商场"(陈庆瑜)

"余生於优裕富厚之家……余父伉爽豪迈,不事生产"(戴靖)

"世代耕读"(许祖烈)

通过对南京高等师范学校的延续——国立上海商学院 1921—1945 年的 1691 张学生学籍卡的分析,学者发现学生家长主要职业构成如下:商人:48.05%、专业技术人员:26.93%、官员:18.18%、农民:4.94%、军人:0.78%、工人:0.52%。而同时期上海其他大学学生家长职业中占比最高的都是商,这个商包括了大商人、经理人也包括基层的商店店员、小店主,其次是专业技术人员、官员④。

①　1918 年当年南高师各科直接招生 35 人,投考者约 250 人,几乎是 1:7 的录取比例,而且以考商业专修科者为最多,申报[N].1918—7—25.

②　代理校长郭秉文关于本校概况报告书[A].上海财经大学校史研究室.国立上海商学院史料选辑.[C].上海.上海财经大学出版社,2012:22—31.

③　分别参见金涛.严济慈先生访谈录[J].中国科技史料,1999(3):227—245.、陈庆瑜先生行述[J].江苏文献,1982(21):134—135、铭巽自述(油印稿)[M].三余丛稿(油印本)[M].

④　梁晨、任韵竹、王雨前、李中清.民国上海地区高校生源量化刍议[J].历史研究,2017(3):76—92.

应该说,当时南京高等师范学校的收费已属于高等学校中低廉者,一般来说不收学费和膳食费用,但是需要缴纳保证金20元,另有各科不同的第一学年制服费及课业用品等费①(商业专修科30元最低),甚至1919年还要求额外添缴如图书馆、参观等费用合计40元②,着实很高。对于严济慈这样的农村子弟而言,入读大学已经是举全家之力供应,"河海工程学校食宿要自己花钱,所以我选择了南京高等师范。为了我上大学,叔祖父卖掉祖产,为我筹措川资,同窗好友也解囊相助,使我如愿上了大学。"③当时正常情况下一名民国大学生的花费包括学费、住宿费、膳食费、图书费、服装费、交通、娱乐等杂费,当时最著名的北京大学1917年仅学费一项就需要60元④。可见大学几年的花费,就已经绝不是普通农家所能承担⑤,考虑培养一个学生前期完成初、中等教育的花费和作为家庭青壮年劳动力缺失对家庭经济造成的负面影响⑥,1918年南高师全校在校生357人只有31人来自农民家庭,仅仅9%的比例也不足为奇。除了严格的入学标准和考试的筛选,这种高昂的经济成本也成为一道隐形门槛,足以将天资不足及没有足够家庭经济条件的学子从类似南京高等师范学校这样的高等学府排除出外⑦。夏丏尊就在1930年撰文指出:"至于入大学,费用更巨,年须三四百元以上,故做大学生的大概是富家儿,即

---

① 南京高等师范学校招考学生简章[A].上海财经大学校史研究室.南京大学校史资料选编 第二卷.[C].上海.上海财经大学出版社,2012:16—18.

② 南京高师为续招新生拟令添缴用费呈教育部文[A].南京大学校史研究室.国立上海商学院史料选辑.[C].南京.南京大学出版社,2019:580.

③ 金涛.严济慈先生访谈录[J].中国科技史料,1999(3):227—245.

④ [美]叶文心著,冯夏根、胡少诚等译.民国时期大学校园文化(1919—1937)[M].北京:中国人民大学出版社,2012.

⑤ 关于近代江南地区中国农民家庭收入可以参考关永强[J].安徽史学,2009(4):24—34.;曹幸穗.旧中国苏南农家经济研究[M].北京:中央编译出版社,1996年;周中建.二三十年代苏南农家收支状况研究.[J].中国农史,1999(4):81—89.

⑥ 对于民国建立前后初中等教育的入学难、学费筹措等的个人回忆可以参阅:刘训华.困厄的美丽:大转局中的近代学生生活(1901—1949)[M].武汉:华中科技大学出版社,2014.

⑦ 梁晨、任韵竹、王雨前、李中清.民国上海地区高校生源量化刍议[J].历史研究,2017(3):76—92.

使偶有中产者的子弟蛰居其间,不是少数的工读生,即是少数的叫父母流泪典质了田地不惜为求学而破家的好学的别致朋友罢了。"①

2　南京高等师范学校商业专修科的就业

让我们再来看看商业专修科学生的日后就业情况,根据 1923 年、1925 年、1933 年、1946 年四次校友(同学)录等档案看来,82 名毕业生中 11 人毫无就业信息,71 人有单次或多次就业有效信息。只是尚未发现每班毕业时就业信息,不过档案保存有两班所有学生毕业初期的职业资料。从现有档案看来,曾在各级教育系统充任教员者多达 42 人,而其中 41 人毕业后 2—3 年间的职业为教员,占到全部学生的 57.7%。充任教员的毕业生中于各类实业、商业学校教员者为 18 人,普通中学教员为 17 人,于师范学校教书者 3 人,于大学教书者 4 人。由此可见,绝大多数学生毕业初期的出路还是担任教员,与当时学校规定和设科宗旨相吻合——根据 1916 年教育部关于师范毕业生的服务任用办法:"高等师范毕业者,由部按等第及学力所长,列为一表,通告各省长官。如中等学校需用教员,应按序聘充。"②。毕业后 2—3 年能在企业立足者 12 人,能在银行等金融机关任职者有 8 人,在公职机关就业有 4 人。

等到 1933 年再次统计时,有效信息为 35 人(其中 29 人有前序就业记录),35 人中在教育界工作者 9 人,在工商业工作者 6 人,在各种公职机关就业者达到 20 人。与 1923 或 1925 年毕业初期就业情况相比,29 名学生中仅有 6 人继充任中等教育阶段教员。即便作为知识阶层一名中学教员的收入也是远超过当时的工人、农民等一般劳工阶层③。20 世纪 30 年代上海中学教师的月工资根据资历可以达到 100—200 银圆不等,

① 参阅:刘训华. 困厄的美丽:大转局中的近代学生生活(1901—1949)[M].武汉:华中科技大学出版社,2014.

② 教育周报[N].(No.122),1916—4—8.

③ 具体见第四编第二章工资水平部分,上海工运志编纂委员会编. 上海工运志(上编:1840—1949)[C].上海:上海社会科学院出版社,1997.

而一般低薪工人家庭的年收入不过 200—300 元。但是大部分在职业发展上都出现从教师行业进入公职机关工作的转向或者说提升。考虑到民国时期同为脑力劳动者的中学教师和政府等公职机关待遇之间的较大差异,不得不说这又是一种提升①。根据 1927 年的"上海特别市市政府暂行职员俸给等级表"规定:一名办事员都可以拿到 40—80 元的月工资,科员可以拿到 100—180 元的月工资;而 1929 年上海市中学教师月薪平均 43.03 元;1927 年"大学教员薪俸表"显示讲师就可以拿到 160—260 元的月薪,仅工资差距就不可谓不大,更不要提社会地位和职业发展的前途②。另外值得一提的特征是不少学生亦官亦学,亦商亦学,在商科研究方面颇有专长。他们在做官同时从事学术研究或教学,甚至取得会计师等执业许可证,这方面以邹增侯、许祖烈、朱祖晦三人最典型,一方面他们是国民政府中层会计、审计、统计类技术官员,一方面在学术机关兼职,上课、写作专门学术文章、著作。

有 9 名商业专修科毕业生在三次就业统计中都提供了职业信息,显示出完整的职业发展链,直观显示新学科毕业生的职业发展与社会阶层的提升之路。9 名商业专修科毕业生中 6 人在政府任职,2 人在政府主导的研究机构任职,只有 1 人在大学执教。9 人中社会地位最高者系陈庆瑜,通过多年在政府机构的累迁,官至省财政厅厅长一职,陈庆瑜也是所有现存就业资料或生平简介的学生中社会地位最高者③,极大提升了自己的社会阶层。其他 7 人也基本都成为当时社会中层④。作为中国最早

---

①　连连.萌生:1949 年前的上海中产阶级[M].北京:中国大百科全书出版社,2009 年.

②　具体差距参见陈育红.战前中国教师、公务员、工人工资薪俸之比较[J].民国档案,2010(4):68—79.

③　陈庆瑜最后官至国民政府财政部部长.

④　1927 年资料显示,上海一个典型市民五口之家的生活水平,以每月 200 元为中上等之分界线;每月 100—200 元左右为中等生活,每月 66 元为一般市民阶级状况,每月 30 元为贫民的下等生活分界线。据此看来,66 元月收入的上海市民家庭在上海工人中只占约 4%,而商业专修科毕业生从事的工作,月工资远远大于此,生活可以相当轻松。参见陈明远.文化人的经济生活[M].上海:文汇出版社,2005.

的一批商科专业大学毕业生,他们逐步利用文凭优势和所学全新的专业知识和技能成为当时社会短缺的专业精英人才,通过顺应中国经济和社会的现代化之路,专业精英按照各自的专长在政府、工商、文教方面找到合适的出路和发展,逐步从社会中下等小康家庭出身的大学毕业生成长为并最终稳固为中上等的中产阶级①甚至形成一个具备文化、经济特权的专业精英阶层。

表2   商业专修科毕业生连续就业情况表

姓　名	1923/1925 年就业情况	1933 年就业情况	1946 年就业情况
王锡焕	江苏南通滨海实业银行	南京中央研究院	国民政府经济部
袁锡瑀	上海 xx 甲种商业学校	国民政府实业部商业司	中央农业实验所
叶华	上海美华利总号	国民政府建设委员会	国民政府粮食部
郭庆林	河南信阳第三师范学校	南京中央研究院社会研究所	南京中央研究院社会研究所
潘伦	江苏苏州女子职业学校	国民政府立法院财政委员会	国民政府军政部设计委员会
陈庆瑜	福建厦门集美师范学校商科教员	国民政府财政部整理地方税捐委员会	陕西省政府财政厅厅长
朱祖晦	山东东昌第二中学	国民政府主计处	中央银行
戴靖	上海商务印书馆总馆会计科职员	武汉大学会计学教授	武汉大学会计学教授
许祖烈	江苏吴江中学商科教员兼主任	国民政府审计院核计员	安徽省审计处处长

---

①   一般而言,职员、科层制管理人员、政府公务员、知识分子等被称为新中产阶级。参见【美】C. 赖特·米尔斯著,周晓虹译. 白领:美国的中产阶级[M]. 南京:南京大学出版社,2016.

3 余论

1905 年科举停废以后,伴随着现代学校体系和文凭制度在中国的扩展和被广泛认可,现代的学校体系逐渐取代传统官学书院系统,成为中国社会精英生长和社会流动的主要渠道①。现代社会,个体从事的职业和其受教育程度直接关系。20 世纪上半叶的中国经济与社会都在急速走向现代化,原来的文化精英"士"演变成"新知识人"这一新角色,不再享受原有的政治文化优势,但是新的社会职业出现和社会阶层分化加速,使得接受学校教育的"新文化人"成功利用自身的文凭或专业技能再次在社会上谋取相应的社会地位,成为新的社会中坚甚至部分跻身精英阶层。尽管现代中国通过教育实现阶层流动的可能性一直存在,但前提是必须先接受一定程度的教育,但是近代各级学校的办学费用不断攀升,学子读书的成本不断增加,使得受教育的可能性和程度与家庭财富多寡紧密联系,也就是让现代教育更加成为中国社会分层的重要手段之一。而"教育系统促进着阶级关系结构的永续,并且由此通过掩饰它生产的学校等级再生产着社会等级一事,来促进阶级关系结构的合法化。"②从南高师这所江南地区高等学府的学生出身看来,原始家庭的经济与文化积累或许才是对他们能否接受足够的教育起决定性作用的。

通过对南京高等师范学校商业专修课,甚至后续 1921 到 1945 年的学生档案持续的数据观察与分析,我们或许可以得出一个结论:民国时代大学教育绝非普通人成功的阶梯,家庭财富的多寡和文化资本的积累起到了决定性的作用;而能够完成大学教育者,通过拥有新职业,逐步成为有知识或专业技能的专业精英,他们有极大的可能增加自己的个人财富、提升自己的社会地位,同时形成占有更多政治、经济、文化资本优势的社

---

① 关晓红.科举停废与近代中国社会[M].北京:社会科学文献出版社,2013.

② [法]P.布尔迪尔等著.邢克超译.再生产:一种教育系统理论的要点[M].北京:商务印书馆,2004:219—220.

会阶层,而这些各类资本优势将不断通过合法的社会制度和教育体制掩盖下的家庭代际传递予以确认和巩固,以至于社会结构趋于持续分化,社会不同阶层之间的差异将不断持续,社会流动的可能性不断降低。

夏鼐光华附中求学考略

华东师范大学档案馆/校史党史办　陈华龙

摘　要：夏鼐先生是新中国考古工作的主要指导者、组织者以及中国现代考古学奠基人。目前出版的《夏鼐日记》缺失高中部分，同时夏鼐根据回忆所撰早年年谱等文章对高中经历记载较为简略且有遗漏之处。文章结合华东师范大学档案馆所藏光华大学档案以及《夏鼐日记》所载后期日记等资料，对1927—1930年夏鼐在光华附中的求学情况予以考证，以期更完整地展现这位考古学人的早年求学岁月。

关键词：夏鼐　光华附中　奖金证　档案

1985年6月19日，著名考古学家夏鼐因病在北京逝世，终年75岁。消息传来，一位时年86岁的老者挥泪撰写挽联《哭夏鼐学弟》："讲授茅茨，早识茂才，天祝奈何先我去。通邮邃古，谁继绝学，才难岂为一人哀。"①这位老者便是历史学家、哲学史家以及书法家王蘧常，而逝者夏鼐是他早年在光华大学附属中学任教时的得意门生。

谈及新中国的考古学，就不得不提一个人，他就是新中国考古工作的主要指导者和组织者、中国现代考古学奠基人之一夏鼐。夏鼐1927—1930年间曾在位于上海的光华大学附属中学高中部就读。目前虽然已

---

① 光华大学暨附中校友会编：《光华精神光华人：光华大学暨附中建校80周年》[M]，2005：121.

经出版了多卷本的《夏鼐日记》(华东师范大学出版社,2011 年版),但由于留存的日记起始于他高中毕业之后,故缺乏光华附中期间的记录。另外,夏鼐晚年为补大学之前日记缺失,根据回忆所撰早年年谱等文章虽对光华附中时期有所追忆,但较为简略且有记忆遗漏或失实之处。本文根据华东师范大学档案馆所藏光华大学档案以及其他史料,对夏鼐的光华附中求学岁月略作考证。

1　在茅屋中开始高中生活

1910 年 2 月 7 日,夏鼐生于浙江温州府城内一经营丝线的富商之家,为家中次子。夏家十分重视子女教育,于族中设有私塾,延师训课。后家人以新式学校教育胜于私塾,因此夏鼐先后入读当地的瓦市殿巷模范小学、省立第十师范附小。在附小期间,夏鼐成绩优异,凡试皆为第一,故被推为级长。期间,他开始学作文,并阅读新、旧小说。1924 年,夏鼐投考省立十中初中部时,投考者有八九百人,他名列第二。1925 年,五卅惨案发生,夏鼐作为年级代表前往街头演讲。初三时,又被推选为学生会会长。1927 年初中毕业时,夏鼐成为学校保送省立十中高中部的五名学生之一①。然而他并未满足于继续在温州小城就读,在取得初中毕业证书后即前往上海,考入光华大学附属中学高中部。

1925 年,光华大学附属中学(简称光华附中)与光华大学同时建立。光华附中最初的学生主要来源于因"六三事件"而离校的圣约翰大学附属中学。由于光华附中与光华大学一体办学,故不另设校长,由中学主任总辖一切校务。陆士寅、钱基博先后担任光华附中主任。1927 年 7 月,著名教育家廖世承应邀担任光华大学附中主任。廖世承早年留学美国,攻读教育学。1919 年回国后曾任南京高等师范学校(后改东南大学)教授兼附中主任,办理中学颇有名气。廖世承到任后制定《三年教育计划书》,推行系列改革,使得光华附中得以迅速发展。在 19 世纪 30 年代初的上

①　夏鼐:《夏鼐日记·温州篇》[M],上海:华东师范大学出版社,2013:7—9.

海市中学毕业会考中,光华附中两次荣获第一,从而与省立上海中学、南洋模范中学一起被称为上海三大中学。当时光华附中设有初中部和高中部,学制均为三年。1927 年 9 月,夏鼐考入光华附中时,正值廖世承开始职掌附中。

最初光华大学大学部在霞飞路(今淮海中路),附中在丰林桥路(今枫林路)租房办学。1926 年,光华大学大西路(今延安西路)校园建成,大学部迁入。1927 年,中学部亦迁入大西路校园,与大学部共用食堂、运动场等设施。由于当时中学校舍尚未建设完备,在廖世承主持下将教室改为宿舍,另建茅屋十余间为临时教室,至 1928 年 12 月宿舍落成后茅屋始撤①。因此,夏鼐最初的高中课程学习是在茅草屋中进行的。这也正是他的国文老师王蘧常在挽联中提及"讲授茅茨"的缘由所在。茅草教室虽条件艰苦,然而当时却没有学生叫苦,时任光华大学校长张寿镛赞叹道:"寒天暑地,弦诵其间,师若弟宴如也。"

2 一份奖金证及其背后

光华附中高中部实行分科制,最初分普通科和商科。1928 年春季开学后,又将普通科划分为文、理两科。文科侧重国文与英文,理科重在数理化,而商科在一般高中课程外增加会计等科目。因 1927 年寒假期间岳父过世,夏鼐请假归乡而晚到学校有半月之余。由于错过选科时间,当时室友庞元龙替他选择了文科。这年暑假期间,夏鼐突然产生学工科的念头,因此想转学浦东中学,以便将来考交通大学。只是这个想法后来无果而终,否则中国便可能少了位考古学家而多了位工程师。

对于在光华附中期间的学习成绩,夏鼐曾在自订年谱中不无自得地回忆道:"是年(1928 年)上下两个学期,余之成绩皆为全级第一名"②。

---

① 张振庸:《〈光华附中〉校史》[A],《光华大学附属中学十周纪念册》,1935:1、2.

② 夏鼐:《夏鼐日记·温州篇》[M],上海:华东师范大学出版社,2013:11.

对于夏鼐成绩"双第一"的回忆,目前华东师范大学档案馆所藏的一份珍贵档案——由光华大学校长张寿镛和附中主任廖世承签名、盖章的光华附中学生奖金证,恰可作为佐证:

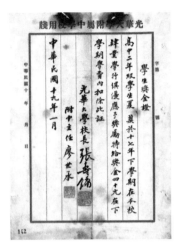

学生奖金证

高中二年级学生夏鼐,于十七年下学期在本校肄业,学行俱优,应予奖励,特给奖金四十元,在下学期学费内扣除。此证!

光华大学校长　张寿镛(印)

附中主任　廖世承(印)

中华民国十九年一月

上面这份"学生奖金证"表明,夏鼐在光华附中的成绩确实很优秀,因而获得奖学金。然而,这份奖金证似乎还不能完全坐实他"全级第一名"的说法。另查《私立光华大学附属中学章程》所载"奖励规则":"上学期各级学生学行优良,第一名得奖金四十元,第二名得奖金十元。"①据此,夏鼐在1928年下学期的学习成绩为年级第一则无异议。

那么1928年上学期夏鼐是否也是"全级第一名"呢? 由于没有另一份奖金证,暂时无法给出最直接的证明。而根据《光华大学附属中学十周

---

① 严善言:《教务》[A],《光华大学附属中学十周纪念册》,1935:36.

纪念册》所载《历年得奖学生一览表》,1928年上学期高一年级仅有第二名获奖者姓名,第一名获奖者则空缺。据光华附中章程规定,获得奖金的若干条件中除了成绩优秀,还有一条是学期内请假须在一周之内。而1928年上学期,夏鼐曾因岳父丧事请假晚到校超过一周。因此,他很可能该学期学习成绩名列全年级第一,但因请假超期而没能获得第一名奖学金。根据《历年得奖学生一览表》,在夏鼐回忆之外,他还曾获得过1927年秋的第二名奖金和1929年春的第一名奖金①。

夏鼐之所以取得如此优异成绩,他的温州同乡、光华附中时的同学王祥第曾对此有所回忆:每次学期开学之时,夏鼐就把这学期主要的课本从头至尾自学一遍,打好基础,等到正式上课时又听的十分认真。除了自修能力,当时夏鼐学习的专注力也十分了得。光华附中地处沪西郊区,当时大部分学生都住校。由于校舍空间有限,寝室又兼做自修室。有一学期,同寝室的同学经常在寝室内吹拉弹唱,然而夏鼐却身处其间读书自若②。

3 学生会以及学术上的积极分子

除了在学习上表现优秀外,夏鼐在各类课外活动与学生自治团体中也很活跃。不过,夏鼐所从事的工作大都和他的专长与兴趣相关,即爱好阅读与为文。

光华大学及附中有国文以及英语演讲与翻译比赛的传统。1930年《光华年刊》所载《甲戌级校史》记载,"其他课外活动如国语演讲比赛、英语演讲比赛等,也都是我们级友做中心的柱石。这些都足以证明我级活动范围的光大和成绩的优良。"实际上,该级优良成绩的取得,离不开作为其中一分子的夏鼐的重要贡献。在1928年的高中英语翻译竞赛,夏鼐摘得全校第二名。1930年春季,光华附中举行首届全校国文作文比赛。当时光华大学请大学部国文系教授童伯章和钱基博拟定作文题目两则,一

---

① 严善言:《教务》[A],《光华大学附属中学十周纪念册》,1935:36.
② 王祥第:《夏鼐在光华附中的日子里》[N],《温州日报》,1985—7—27.

为"品与学孰重",一为"大西路边"。比赛结束,复经童、钱二人评定成绩,夏鼐名列全校高中组第二名,并获银质奖章①。

夏鼐在自己所在的一九三四级(当时以大学毕业年份计算级数)担任文书一职,同时还参加了光华附中学生会工作。建校之初,光华大学及附中就组织成立了学生会,以指导、组织全体学生参加各类文体活动。最初,大中两部学生会一体,1928年下学期分立。1928年冬,光华附中学生会组织出版周刊《旭刊》时,夏鼐为编辑部编辑主任之一,并同时担任文艺组职员。该刊次年二月正式出版,刊有论著、译述、文艺、报告、校闻等信息。由于内部意见不一,附中学生会会务曾一度停顿。

1929年上学期,经学校当局指导赞助,附中学生会重新成立,夏鼐担任文书部部长。当年年底,附中学生又重新召集大会并修订章程,产生了新的附中学生会,夏鼐任编辑部部长,负责出版《光华附中月刊》。该刊注重学术研究及文艺小品,但仅出版一期后因经费问题而停刊。后学生会再次改组,《光华大学附中周刊》接续为学生会会刊,先后出版三期,刊载有议评、文学诗歌和光华附中动态等,徐志摩、廖世承等人被聘为顾问。此时夏鼐已不再是该刊物编辑部成员,而是以"特约撰述"的身份积极为刊物撰稿,除整理有名人演讲记录,还发表了学术文章。

1929年,"现代四大史学家"之一、光华大学历史系主任吕思勉在光华大学社会学会所编刊物《社会期刊》创刊号(1929年5月20日)上发表《饮食进化之序》等文。而在1930年1月1日出版的《光华大学附中周刊》第一期上,夏鼐发表了《吕思勉先生〈饮食进化之序〉的商榷》一文。该文从生物学以及文字训诂等角度就"茹毛"一词的含义等方面与吕思勉展开了商榷。时过多年,夏鼐将此文其中一节《"茹毛"是否指食兽之毛》在《社会科学战线》(1982年第3期)上重新发表,可见他对这篇光华附中时代作品的珍视。这篇高中时代的商榷文章,或可看作夏鼐走上学术之路的开始。此外,该文的撰写还引起了夏鼐对生物学的兴趣,因此后来在燕京大学社会学系以及清华大学历史系就读期间,他均曾有过转学生物学

---

①　马厚文:《国文教学》[A],《光华大学附属中学十周纪念册》,1935:56.

的想法。

每年毕业前夕,光华大学都会组织大学以及附中毕业生组建编撰小组,出版《光华年刊》,以便刊载毕业生的相关信息,以资留念。1930 年,作为毕业生的夏鼐以光华大学刊社事务部职员身份,参与了《光华年刊》(1930)的编撰工作,并为我们留下了一帧高中毕业纪念照。

上述夏鼐在光华附中时期的刊物编撰实践,可以说是为他日后参编《清华周刊》、主持《考古学报》、创立《考古》杂志等办刊工作奠定了一定的基础。

4　附中以及大学部的老师们

夏鼐在光华附中期间的优异表现,除了个人努力,与附中以及大学部老师们的影响不无关系。在国文教学方面,光华附中以经、史为国文学习材料,且重在作文技能的练习以及欣赏趣味的养成①。目前所知,在光华附中教过夏鼐国文的教师有两位:顾荩丞、王蘧常。顾荩丞为南高师毕业,后先在江苏省立第三中学、南开附中、圣约翰附中任教,后随"六三事件"脱离圣约翰,任教于新创立的光华附中。夏鼐考入光华附中之初,顾荩丞担任他的班主任兼国文教师。任教光华期间,顾荩丞著有《文体论ABC》《说文综合的研究》《国学研究》等。另一位国文教师则为身兼哲学史家、历史学家以及书法家的王蘧常,他著有《诸子学派要诠》《严几道年谱》《沈寐叟年谱》《抗兵集》等。有一次国文课上,王蘧常给学生出了一个作文题目"我所钦佩的一个人"。由于从初中开始,夏鼐就钦佩鲁迅的人格与文笔,便以鲁迅为对象写了一篇杂感。班上其他人所写钦佩对象为郭沫若等人,而有一个同学所写却是夏鼐,对此王蘧常还专门在班上提到这篇以夏鼐为对象的作文②。

---

① 马厚文:《国文教学》[A],《光华大学附属中学十周纪念册》[M],1935:53—55.

② 夏鼐:《夏鼐日记·卷二》[M],上海:华东师范大学出版社,2011:79.

夏鼐在高中三年接受了两位文史大家的国文课程,在作文以及文史兴趣方面有很大提升。对此,多年后王蘧常仍有"早识茂才"之叹。此外,夏鼐就读光华附中之时,还有沈昭文、苏福应教授英文,倪若水、桂叔超教授算学,潘序祖教授西洋史,姚舜钦教授人生哲学等。高中毕业多年后,夏鼐还曾多次拜访过这些光华附中时期的老师们①。

由于光华附中和光华大学在同一校园办学,因而附中学生得以共享大学师资。作为高中生的夏鼐,曾去旁听光华大学哲学系教授胡适的《中国哲学史》、文学院院长张东荪的《西洋哲学》、国文系教授吴梅的《中国戏曲史》等课程。不过因为光华附中课程较多,夏鼐又不愿旷课,所以有的大学课程只在讲堂外一观风采,没有进去听课,如张歆海、徐志摩、钱基博、吕思勉等人的课。

初中时夏鼐就阅读过鲁迅的《呐喊》,所以当 1927 年 11 月 16 日鲁迅应邀在光华大学发表演讲时,他特意慕名前往现场聆听。演讲原定下午两点,不过由于鲁迅住处距离光华路途遥远等原因,至两点半方才开讲。因此,鲁迅在演讲开头首先自嘲道:"我今天是汽车搬来的,但我很惭愧,觉得自己还没有被汽车搬的价值。"②此次演讲内容后来由光华大学学生洪绍统、郭子雄合记,以《文学与社会》为题登载于《光华周刊》第二卷第七期(1927 年 11 月 28 日)。少年时期开始,夏鼐便开始阅读鲁迅著作,而聆听鲁迅演讲让他对鲁迅的为人与为文格调愈发欣赏。1936 年,在英国留学的夏鼐得知鲁迅去世的消息后,在日记中写道:"对于他笔锋的尖刻,对于他在思想界中的奋斗,也极其倾倒。"或许正因为如此,夏鼐对生活中以及社会上的不良现象,常在日记中予以批判。

1928 年 5 月 4 日,胡适在光华大学公开讲演"五四运动纪念"。对于此次演讲,夏鼐后来在文章中虽有提及,但称没有印象。然而高中时好友王栻是胡适的崇拜者,购入许多胡适的书,而又多为夏鼐借去,据

---

①　夏鼐:《夏鼐日记·卷四》[M],上海:华东师范大学出版社,2011:33.

②　洪绍统、郭子雄合记:《文学与社会》[J],《光华周刊》,1927(2):3.

此揣测他也很有可能前去聆听,但因不及鲁迅对他影响之深而"没有印象"。或许正如他在回忆中没有提及在光华附中时聆听张东荪的一次演讲,其实他不但去了还对演讲内容做了整理。1929 年,光华大学文学院院长、哲学系教授张东荪为光华附中学生开讲座,演讲主题原定为"求学的方法",后改为"修学的方法"。夏鼐聆听此次演讲后,对演讲内容专门做了整理并交由张东荪校阅,以《修学方法拉杂谈》为题发表在《光华大学附中周刊》第二期(1930 年 1 月 10 日)上。张东荪在演讲中对自修方法与重要性的强调,当深为夏鼐所认同,因此他积极整理演讲稿,并且在求学生涯中很注重自修。以至于在夏鼐大学时期的日记中,我们还常能看到"上课还不如看书""考试还不如看书""为什么自己不早点辍学自修"等诸如此类的记载。同时,张东荪的演讲还强调了英文作为求学问的工具。光华附中时代的夏鼐已十分重视对于英文的掌握,曾参加英语翻译竞赛并获奖。在夏鼐大学时期的日记中,也留下了多处他自我训练英语阅读速度的记载。此后,在北京求学期间,夏鼐还曾专门前去聆听已北上燕京大学任教的张东荪关于"哲学与科学"的演讲。

5 高中生涯的完结

1930 年 4 月,夏鼐顺利通过上海市教育局主持的毕业会考。6 月 28 日,光华大学举行第五届大中学生毕业典礼。在毕业典礼上,光华大学教授、原中国公学校长(1930 年 5 月 19 日离任)胡适做毕业演讲[①]。胡适的毕业致辞内容虽不可知,但巧合的是,四年后(1934 年 6 月 22 日)清华大学的毕业典礼仍是胡适致辞。对于胡适的致辞,夏鼐在日记中有清楚地记载:"上午十时行毕业礼。来宾演讲是胡适。4 年前在光华时曾听过他在毕业礼中的致辞。这次也不外那套陈话。说'自己有三张药方,好比观音赐予孙行者的三根毫毛,可以给你们将来救急用:(1)多找出几个问题,

---

① 《光华大学毕业典礼纪》[N],《申报》,1930—6—30(12).

以作研究；(2)多弄点业余的玩样，在职业外发展自己的天才；(3)要有自信心，自强不息，不问收获，但问耕耘。'"①据日记中所谓"不外那套陈话"的评价，可知此次演讲当离光华附中毕业那年的致辞之意不远。当时夏鼐正处在大学毕业后前途未卜的迷茫之中，不免对胡适的演讲有"局外人的风凉话"的感慨。但实际上，在夏鼐后来的求学生涯中胡适的毕业演说却又深有体会，如他在日记中所记在英国留学时关于读书与娱乐关系的思考、以学术研究为终身事业的考量等。

对于三年的光华附中求学岁月，他在"1930 年日记片断"中写道"枯燥无味的中学生涯已经完结了，崭新的大学生涯方将开始，在生命史上似乎重新掀开了一页，想象到未曾经历过的境界，常使人起了一种憧憬。"②发出这种感慨，正如今日高考结束后，莘莘学子对未来大学生活的渴望。也正是这种渴望，让他在"无聊"的求知道路上越走越远！因成绩优良，夏鼐获得了免试升入大学部的机会。然而，他像当年初中毕业时一样有着更高的追求，再次选择放弃保送，报考了中央大学和燕京大学，均获录取。最终，夏鼐选择北上，前往燕京大学社会学系学习，一年后转学清华大学历史系。大学毕业后，夏鼐又考取公费留学资格，前往英国伦敦大学深造，从而踏上了以考古学为终身事业的漫漫之路。

---

① 　夏鼐：《夏鼐日记·卷一》[M]，上海：华东师范大学出版社，2011：245.

② 　夏鼐：《夏鼐日记·卷一》[M]，上海：华东师范大学出版社，2011：14.

电影大师桑弧负笈沪江考

上海理工大学档案馆　　吴禹星

摘　　要： 电影大师桑弧（原名李培林）在《回顾我的从影道路》(1995)一文中，谈及 1930 年代曾在沪江大学新闻学就读。笔者根据该线索，找到了李培林当年就读沪江大学时的部分原始档案。本文拟在这些新发现的档案材料基础上，全面考证桑弧负笈沪江的起讫时间，以及沪江大学新闻学科的课程设置、师资情况及其他教学细节。本选题对于沪江大学校史研究、电影大师桑弧研究，以及近代新闻学教育史研究都有重要意义。

关键词： 李培林　沪江大学　校史　新闻

1　李培林就读沪江大学的起讫时间

1933 年左右，李培林曾就读于夜大学性质的沪江大学城中区商学院新闻学科。在桑弧的人事档案中，可以找到关于这段经历的记载。比如在 1960 年 3 月填写的《干部简历表》"文化程度/学历"一栏，就写的是"沪江大学商学院一年级"。不过，不同时期所填的履历表，对于这段求学经历的起讫时间却有三种说法。1960 年填的是"1933 年 9 月至 1934 年 6 月"，稍后的天马电影制片厂《社会主义教育运动职工登记表》上只写了"1933 年"。到了 1980 年代，上海电影制片厂《干部履历表》上填的是"1932 年至 1933 年"。

　　由于桑弧对这段大学生活较少谈及，所以要考证出他就读沪江大学商学院准确的起讫时间，只能依靠沪江大学留下的相关教学档案。

　　1932年《沪江大学商学院附设新闻学科简章》的《缘起》中记载，沪江大学商学院附设新闻学科的开办时间是1932年秋季学期。根据《简章》中《校历》，新闻学科首届学生当年秋季学期注册缴费时间是9月1日至3日，上课时间是9月5日。

　　档案显示，该学期沪江大学商学院夜校为新闻学科学生开设的主修课程为：新201《报学概论》、新205《采访》、新206《新闻编辑》、新211《时事研究》，及新213《新闻评论》。经反复查阅，这5门课程《教员学期成绩报告单》的学生名单中均未出现李培林。可知1932年秋季学期，李培林尚未入校注册听课。

　　到了1933年春季学期，商学院夜校为新闻学科学生开设的主修课程为：新202《报学概论》、新203《新闻文艺》、新204《翻译》、新303《新闻心理学》、商303《广告学》。开设的选修学程为：社304《社会问题》。经仔细辨认，在新202《报学概论》、新203《新闻文艺》、新204《翻译》、新303《新闻心理学》、商303《广告学》5门课程的《教员学期成绩报告单》的学生名单中均发现了李培林的名字。根据《校历》，当年春季学期注册缴费日期是二月十日至十一日，开始上课时间是二月十三日。可知，李培林是1933年2月中旬插班进入了沪江大学商学院夜校新闻学科一年级。

　　最新发现的一则《沪江大学（城中区）商学院通告》也佐证了这一推测。这则通告刊载于1933年2月14日《申报》，公布了录取新生名单，"兹将第二次录取新生姓名揭晓于后（以报名先后为序），黄建其、董秀钦……"李培林名列第13位。通告有三则附告，也透露了不少信息。"（一）上列新生统限于今日（十四日）上午九时起至十一时半止前来缴费注册，毋得过期自误。（二）凡旧生尚未注册者，统限于今日（十四日）下午一时起至四时半止前来注册。（三）今日（十四日）下午四时半起本院正式上课。"

　　可见，李培林注册入读沪江大学商学院新闻学科的准确日期是1933年2月14日。

　　李培林离开沪江大学商学院的时间，也可从《教员学期成绩报告单》中发现线索。1933 年秋季学期沪江大学商学院夜校新闻学科开设的主修学程为：新 207《杂志文》、新 208《报业经营》、新 209《中国报学史》、新 212《通信》。开设的选修学程为：史 305《欧洲近百年史》。此 5 门课程的《教员学期成绩报告单》学生名单中均未发现李培林。1934 年春季学期及以后各学期各门课程《教员学期成绩报告单》学生名单中也未再发现李培林。可以推断，1933 年秋季学期起，李培林已离开沪江大学商学院新闻学科，未再注册听课。

　　初步的结论是，李培林在沪江大学商学院新闻学科只读了一个学期。这与后来他 1960 年在"文化程度/学历"一栏填写的"沪江大学商学院一年级"是吻合的。

　　另据桑弧的人事档案中显示，李培林在 1933 年至少记下了两大本日记，所记"均系桑在上海沪江大学商学院念夜校（未毕业）期间记述日常生活、读书、与一些一般师友交往、到亲友处活动情况……"原日记系一半用速记文，一半用汉文所写。1982 年 8 月，曾有人从中抄录了李培林 1933 年 9 月 18 日所记一页日记，并归入档案。【日记一页】

　　九月十八日　雨

　　九一八悲痛的纪念，今天又轮到第二遭的降临了。我国政府处在目前的情形之下，还在那里说什么"整顿内部""精诚团结"，可是，事实上表现的却是国内斗争的现象，一天一天加甚，说什么团结，说什么安内？固然空口的纪念是无济于事的。但是一方面缄口不言，一方面又不谋雪耻的方针，这种阿 Q 式的精神较之空口高谈救国，又是谁胜一着呢？唉，不忍言！不忍言！

　　早上往洗澡。

　　这页日记的抄写者显然是仔细阅读过李培林的两本日记的。根据他的记录，所抄的日记出自桑弧 1933 年日记的第二本。这本日记从 1933 年 7 月 1 日开始，至 9 月 30 日结束，共 117 页，内容是桑弧在沪江大学商学院念夜校期间的读书生活以及一般师友交往。

　　这两本日记无论是对桑弧本人的研究，还是对沪江大学校史的研究，都是很宝贵的史料。可惜由于日记本太厚,当时存到了上海市电影局组织处的文书档案一起,现在已不知所踪。

根据抄写者对日记的描述,在 1933 年春季学期结束后的 7、8、9 三个月里,李培林还是与沪江大学的师友有交往,不能确定其已离开沪江大学。不过 9 月初秋季学期开学,李培林显然没有去注册入学。

可以猜测,很可能当时发生了一件重要的事,导致李培林放弃了大学学业,不久又停止了记日记。李培林在沪江大学学生信息表中登记的学生最近地址是广东路 57 号新华纸板厂,根据其人事档案中的履历表,他就读沪江大学夜校时,白天是在新华纸板厂门市部做店员。在新华纸板厂之后,他工作的单位是安徽商业储蓄银行上海分行,做练习生,时间是 1933 年到 1934 年。那么,有可能是因为去了银行做练习生,或者我们不知晓的原因,李培林离开了沪江大学新闻学科夜校。

这个我们不知晓的原因最近也找到了。1945 年 8 月 17 日,桑弧曾以笔名叔红在《光化日报》发表了一篇题为《我是记者》的短文。文中说,"十年前从中学校里出来,醉心于无冕帝皇的荣耀,便考入沪江大学的新闻学系。当时的教授有潘公弼、谢六逸、汪英宾、俞颂华的,都是很优秀的师资。我读得很有兴味,可是当我被派往一家报馆实习时,因为熬了个通宵,竟至病倒了几天。家里的人认为我的身体太蹩脚,绝对不宜于做一个新闻记者,便不许我再读下去。我只得中途辍学,到一家银行里去服务了。"原来他是因为到报馆实习病倒,在家人劝告下辍学的。

据桑弧后来回忆,他最初就业的三个单位,润安证券号、新华纸板厂和安徽商业储蓄银行上海分行,由于当时上海市面不景气,这些单位先后闭歇,所以他在职时间都很短。安徽商业储蓄银行上海分行停业后,李培林由亲戚刘彤云介绍,考进上海中国银行上海分行当练习生,才使他有了一个比较稳定的金饭碗。时间是 1934 年,这一年他十九岁。

2　求学细节,同窗与教员

李培林的中学学业是在上海市商会商业补习夜校完成的。由于市商会方面提供经费补贴,市商会夜校收费很低廉,李培林在读书时每学期学杂费约为银元10元上下。而沪江大学商学院夜校的学费则是其四倍,根据1932年《新闻学科简章》,每一学期每一学生应缴洋四十元正,得读十至十二学分。如想多读一些学分,则须照每一学期每一学分四元递加。另外,每一学期每一学生还应缴杂费洋四元。学生必须缴齐各费,方得入学上课。一下子缴纳这样一笔学费,对于李培林来说并不轻松。

夜校规定不收住读生,一律通学,即走读上学。上课时间为每晚五时半至九时半。李培林白天在广东路57号新华纸板厂门市部做店员,傍晚到圆明园路沪江大学商学院上夜校,距离也不算远。

1933年春季学期,李培林共修完新202《报学概论》、新203《新闻文艺》、新204《翻译》、新303《新闻心理学》、商303《广告学》5门课程,每门课程均为二学分,一共十个学分。这基本与商学院《新闻学科简章》的规定相符。

目前所发现的这五份记录了李培林求学细节的1933年度春季学期《沪江大学商学院教员学月与学期成绩报告单》上,设立了诸多栏目,包括学生姓名、号码、第一月(缺课次数、平日成绩)、第二月(缺课次数、平日成绩)、第三月(缺课次数、平日成绩)、月考(第一次成绩、第二次成绩)、其他成绩(参考书籍、论文、学期论文)、学期总录(总缺课数、平日成绩平均、月考成绩平均、学期考试成绩、教员评判、学期成绩)数栏。但除了讲授新303《新闻心理学》的任课教师几乎每栏都用到外,其他教员一般只用到姓名、号码及学期总录三栏。

先来看学生姓名一栏。

孟韫佳	刘梅心
冯显信	蔡之华
黄逸刘曾慰	
孙德鑫	谢祖安
陈善祥	顾文林
黄静庵	磨金质
刘元钊	陈君冶

朱一熊	萧琼华
俞保廷	吴承达
张仁英	刘涵芬
丁芸生	李季宏
王纪元	刘友直
张为元	沈真如
潘伯成	仇馨
潘瀛桥	左伊丽
王锡九	吕哲

这批从 1932 年秋季学期即注册入读的学生,人数约 30 人左右,是新闻学科第一批学生,均为职业青年。因职业或谋生的关系,有部分像李培林那样中途入学或未能坚持到结业,班上人数时多时少,有增有减,但左伊丽、王纪元、陈君冶、吴承达、陈善祥、孟韫佳、吕哲等人都差不多坚持到了最后。

王纪元和吴承达当时在同窗中是大家膜拜的对象。

王纪元生于 1910 年 5 月,浙江义乌人。他在就读期间的 1933 年即已进入《申报》社工作,从事国际评论评论的写作。当年他还出版了《美国经济复兴运动》一书(上海生活书店 1933 年 10 月初版),介绍 1929 年美国经济危机简况及 1933 年罗斯福当选美国总统后的新政计划执行情况。

王纪元后来成为著名华侨报人和国际问题专家。建国后他是第二、三、四、五、六届全国政协委员,曾任全国侨联副主席,中国新闻社党组成员、副社长。

吴承达一开始是在复旦大学读新闻,后来离开复旦到沪江大学夜商学院就读,白天则在一所小学执教,算是半工半读。1933 年春季学期,他开始为《新闻报》的副刊《艺海》撰写影评、编译外稿,得到副刊编辑的推荐,经报馆总经理汪伯奇考察后,成为《新闻报》电影栏目的特约记者。1933 年 9 月,他辞了小学的教职,正式进入《新闻报》,担任了《艺海》副刊的助理编辑。后来他成为了上海滩广告界三剑客之一。

左伊丽原在北平燕京大学就读,九一八后转学到沪江大学,身份是特别生。在沪江新闻学科结业后又去法国深造，成了名记者。

陈君冶也是李培林同班同学中比较出名的。

三十年代的上海滩曾流星般划过一位才华横溢的文学青年，名叫陈君冶。根据姚辛编著的《左联辞典》，陈君冶是扬州人，生于1914年，是左联闸北支部成员。1932年与江上青在扬州创办过《新世纪周刊》，后到上海从事写作与翻译。1934年3月，他与左联盟员庄启东一起创办了左翼文学月刊《春光》。虽说到5月被禁夭折，《春光》只出了3期，但办得非常成功，得到了鲁迅的关注和推荐。艾青的成名作《大堰河——我的保姆》就发表在《春光》上。（参庄启东《我参加"左联"时期文学活动的回忆片段》）1935年3月，陈君冶赴日本留学，5月因肺结核病逝于东京。

1933年到1934年，也就是陈君冶19到20岁期间，他发表了《论朱湘》《关于沙汀作品底考察》等多篇作家评论，还创作和翻译了多篇小说，1935年又由合众书店出版了《新文学概论讲话》一书。这确实是一个早夭的天才。那么，他与沪江大学新闻学科成绩报告单上的陈君冶是否是同一人呢？

王季深在1981年11月5日发表于《文学报》的《叶紫和〈奴隶丛书〉》（收入《中国文学史资料全编　现代卷30叶紫研究资料》）一文中回忆，1934年杭州的文学刊物《潮音》曾委托他到上海组稿，立达学园的方珍颖和他在沪江大学新闻专科的同窗陈君冶，一致向他推荐了叶紫。

1939年旧历8月23日叶紫在湖南益阳老家因肺病去世后，1940年2月出版的《长风》月刊第1卷第2期，发表了一篇署名满红的悼念文章《悼〈丰收〉的作者——叶紫》，文中也提及杭州的几个朋友要办一个纯文艺杂志《潮音》，嘱他赴沪拉稿。可以推断，这个满红应是王季深当年的笔名。（而王季深晚年回忆当时确曾编辑过《第一线》《长风》等杂志。）文中说，当时陈君冶正主编《春光》，可巧就在《春光》书局编辑部又遇到叶紫。而他与叶紫的第一次见面是方珍颖陪他去叶紫的住所拜访。

相距四十年的两篇回忆文字，有些细节出入是很正常的。但作为沪江大学新闻专科同窗身份的陈君冶与作为《春光》月刊主编身份的陈君冶，却通过王季深约稿叶紫这一环节而得以重合。显然，沪江大学新闻学科成绩报告单上的陈君冶,与作为左联重要作家的陈君冶是同一人。

再来看李培林所修的 5 门课程的教员情况。

5 位教员虽多用中英文同时签名,但往往中文名龙飞凤舞,英文名也只是缩写,档案馆提供的又都是复印件,所以笔者颇费一番心血,反复辨认考证,才有了确定的结论。

《新闻文艺》教员的中文签名相对清晰,可确定为黄天鹏。商 303《广告学》的教员是陆梅僧。《翻译》课程教员的英文签名是 W. H. Zia,颇难确定,幸而盖了一枚印章比较醒目,经辨认为"谢武衡印"。《新闻心理学》教员只有英文签名 W. T. Zen,正是商学院秘书长慎微之英文名 Wei-ts Zen 的缩写。《报学概论》教员的中文签名用的是草书,英文签名则隐约凌乱。经反复辨认揣摩,初步判定为梅其铨。

这几位教员,在三十年代的上海曾经是炙手可热的学界明星,但经过近百年岁月的淘洗,沧海桑田,他们的生平资料已很难搜寻完整,笔者只能就一些现有零星资料进行拼接。

梅其铨,生平不详。据 1932 年 12 月出版的《上海市民地方维持会报告书》,1932 年淞沪抗战中,梅其铨曾担任上海市民地方维持会交际组下属的国际宣传股股员。

当时梅其铨身在纽约,报告书中《交际组国际宣传股工作报告》称,"自一二八战事发生后,本股为使国际人士明了日军侵沪之种种兽行起见,特将每日所得各种消息,分电报告驻外代表颜惠庆、欧美通信社及个人等,请就近广为宣传,主持正义。……至于欧美通信社之电讯,均托由留美梅其铨君 Herbet May 用美国通讯社名义,代为转电伦敦及美国十大名城之各日报,请为采登。在二月分一个月中,发出上项新闻电讯,计二十八通,共三千七百零三字。其已经披露者,约占十分之八。"

"梅其铨君除在纽约协助本股办理对外宣传外,并随时由纽约电告国际对华情形,计二月分来电报告八次,共七百二十字。三月分报告四次,计三百五十三字。该项电讯,均经译登本埠中西各报。关于梅君留美所需电费等,经本股先后汇寄美金一千五百圆。"

梅其铨 1933 年春季学期受聘担任了沪江大学城中区商学院新闻学

科《报学概论》的教职。根据《校历》,春季学期的注册缴费时间在 1933 年 2 月 10 日和 11 日,2 月 13 日正式上课。6 月 17 日起放暑假。可推断其在 1933 年初前后,应已回国

档案显示,梅其铨在沪江大学商学院新闻学科的教学只有这一个学期的《报学概论》一门。他的名字再度出现,是在 1935 年 12 月 1 日《申报》的一则报道《上海万国总会筹备就绪》,梅其铨与陆梅僧、松本茂、马勒等均名列万国总会筹备委员会委员。其后他似乎径直从历史的长河中消失了。

慎微之,1896 年生于吴兴(今湖州)八里店镇潞村,1915 年毕业于杭州蕙兰中学。1923 年他毕业于沪江大学教育科,获学士学位。1927 年,慎微之又与钟鲁斋、钱嘉集一起获得沪江大学教育科硕士学位,1927—1928 年任沪江大学国文部讲师,后任沪江夜商学院秘书长。在担任沪江商学院秘书长之前,他应该回母校蕙兰中学任教过,故一直兼任蕙兰校董。

1940 年,慎微之赴美国宾西法尼亚大学留学,1945 年获博士学位。回国后曾任之江大学教育系主任、教授等职。解放后他先在湖州一个小镇的初中教书。不久被当地文化部门借去负责吴兴县区域内的田野调查。1958 年到吴兴博物馆从事考古工作,对湖州钱山漾遗址的发现和保护工作作出过巨大贡献。

谢武衡,1909 年中西书院正科毕业,后赴美留学。回国后在多所大、中学校任教,曾担任南京基督教青年会求实中学校长,上海私立华东中学副校长。解放后则在上海育才中学高中部任代数课教师。

黄天鹏则是当时如日中天的新闻巨子。原名黄鹏,字天鹏,别号天庐,1909 年 2 月生于广东普宁,1923 年就读于北京平民大学报学系。1926 年起发成立北京新闻学会,并于 1927 年创办和主编会刊《新闻学刊》,是为我国最早的新闻学刊物。1928 年 8 月又主编出版《新闻周刊》。1928 年底,黄天鹏南下上海任《申报》要闻主编,《时事新报》副刊《青光》主编。1929 年夏留学日本东京新闻研究所和早稻田大学,专攻新闻。1930 年回国任《时事新报》通信部主任。他以函授方式训练该报通讯记

者,并参照日本报纸,将《时事新报》第一版改为国内外及地方要闻版,为中国报纸版面创举。同时,他又担任复旦大学新闻系教授,开设新闻学必修课、选修课多种,将历年收集的中外新闻学资料数百种,捐助该校成立"新闻学研究室",兼任主任。同时,他还兼任上海沪江大学等校新闻学教授。

陆梅僧是上海工商界名人,中国近代广告业的先驱。1896年12月生于江苏宜兴,1913年考入清华庚子赔款留美预备班。1920年赴美留学,先后在科罗拉多大学、哥伦比亚大学、纽约大学攻读商业经济,先后获得哥伦比亚大学经济学硕士和纽约大学商科硕士学位。在读期间,曾任纽约寰球广告公司华人主任。1925年回国后,陆梅僧先后担任国立东南大学商学院、大夏大学、东吴大学、沪江大学商学院等校广告学讲师。1927年,他创立了大华广告公司,不久又联合其他四家广告公司成立联合广告公司,并担任了总经理。同时仍兼任暨南大学、大夏大学、东吴大学、沪江大学等校广告学教授。此外,他还与人合资经营梅林食品公司及通惠机器公司,并任上海儿童医院、平民妇孺医院、中华基督教青年会、青年会全国协会、上海防痨协会、沪西扶轮社、中华麻风救济会等机构董事,以及工部局社会服务委员会委员等职务。

这些学养深厚,又极具社会影响力的老师,深受17岁的少年李培林的崇拜。他在新闻学科夜校读的有滋有味,学业成绩优异。

3　李培林的学业成绩

《沪江大学商学院教员学月与学期成绩报告单》的填写说明规定:

"学生注册迟到及缺课时数无论因事因病超过一学期授课时数四分之一者不得参与学期试验,教员烦逐日将学生缺课报告办公处,并于每学月及学期结束时填入各生缺席总数以便照对。

本院成绩用等第制,计1、2、3、4、5,五等。5等为不及格,苟有成绩较5等更劣者,可用6表之。若学生功课有遗缺者,请注(未完备)字样。等第制之1、2、3、4、5应代表在一级内比较的地位。例如百人为一级,则其成绩之常常分配为：得 1 者应有 5 人。得 2 者 20 人。得 3 者 50 人。得 4 者 20 人，得 5 者 5 人。惟因各级人数不等，及程度相差，以致不能限于常态分配时，上开比例得伸缩之。

学期成绩为下列四项之总平均，(1)平日积分平均(2)月考平均(3)学期考试成绩，(4)教员之评判。按教员评判一项，系根据学生平时勤惰及对功课之态度而定。"

反复查看这几份成绩报告单，可以发现，沪江大学商学院新闻学科的课程考勤和考核是非常严格的，各门课都不乏缺课太多或考试成绩太差而得 0 分或等第为 6 的同学。

成绩单显示，李培林学业成绩优异，多门功课均名列班级前茅。

《广告学》教员陆梅僧给分颇严，全班只有两人得 1，分别是学期成绩 94 分的孟韫佳和学期成绩 92 分的王锡九。陈善祥学期成绩 88 分，等第为 2。李培林学期成绩 85 分，排名全班第四，等第也为 2。

《新闻文艺》教员黄天鹏治教更严，给分普遍不高，全班没有 1，有五个 2，三个 6，其余皆为 3。李培林和陈君冶、王纪元、吴承达、左伊丽都得了个 3。【插黄天鹏《新闻文艺成绩报告单》】当时陈君冶、王纪元已从事翻译、写作多年，李培林也已在《申报》发表过两篇短篇小说《满师》和《泥囡囡》，文学造诣颇深，但在黄天鹏看来也只是刚够及格。

《报学概论》成绩单，梅其铨记录平时成绩用的是特殊表达方式，good(良好)、fair(及格)、poor(差)、nil(零分)。李培林平日成绩平均、月考成绩平均、学期考试成绩都是 good(良好)，所以总评等第为 1。同样得 1 的，只有一个女同学孟韫佳。陈君冶和王纪元得了 2，吴承达和左伊丽都得了 3。

《新闻心理学》成绩单，慎微之记录成绩比较详尽，李培林一学期三个月的平日成绩分别为 3、1、2，没有缺课记录。两次月考成绩为 1 和 1.5。参考书阅读和论文成绩均为 1。总缺课数为 0。平日成绩平均、月考成绩平均、学期考试成绩、教员评判分别为 2、1、2、1，总评等第为 1。王纪元、孟韫佳总评等第为 2，吴承达为 3，陈君冶为 4，左伊丽的总评等第则是不及格的 5。

《新闻翻译》成绩单有两人得 1,是李培林和孟韫佳。谢武衡给他俩的平日成绩平均、月考成绩平均、学期考试成绩、教员评判都一样,分别为 2、1、1、1,总评等第为 1。王纪元总评等第为 2,陈君冶为 3,左伊丽为 4,吴承达则是不及格的 5。

总结来看,李培林在《新闻翻译》《新闻心理学》《报学概论》三门课总评等第均为 1,《广告学》成绩也是名列前茅,他在整个班级中学业是很突出的,也深受老师的关注,说明了他学习的勤奋以及中学的课业基础比较扎实。

桑弧负笈沪江大学新闻学科虽然只有短短一个学期,只修了五门课程,但这段学习经历对他后来的艺术和人生道路的开拓,最终成为电影大师,却有相当关键的作用。

沪江大学新闻学科为李培林完成了新闻记者基本素质和职业能力的培训,使他取得了进入新闻界的资格。他离开沪江后当了十年银行职员,不过所有的业余时间和精力却都倾注在报刊和出版领域。他 1934 年起投身潘文安等组织的长城投资会旗下《长城》半月刊与长城书局,是采、编、写与出版方面的多面手。同时他还进入了陈灵犀、曹聚仁和唐大郎等人的小报文人圈,在《社会日报》《光化日报》等小报担任撰稿或记者,成为当时颇为活跃的小品文作家。

沪江大学新闻学科开办后,聘请了当时沪上各大报社的首脑组成指导委员会,计有史量才(申报)、张竹平(时事新报)、汪伯奇(新闻报)、潘公展(晨报)、汪英宾(时事新报)、董顯光(大陆报)、梅其驹(申时通讯社)、潘公弼(时事新报)等,潘公弼、俞颂华、黄天鹏等新闻界巨子亲自授课。李培林接触的老师都是当时新闻界的名宿,他的眼界得以开阔,在新闻界的人脉得以拓展。在中学时,李培林已经经常为商界名流的演讲做速记。离开沪江后,十九岁的李培林开始以速记专家的身份频繁出现在《申报月刊》社举办的各种名流云集的座谈会上,而《申报月刊》的主编是俞颂华,这说明沪江大学新闻学科的教育背景使李培林的社会交往面大大扩展了。再加上他通过记者的身份和银行界的从业背景结识的文化界、教育界、金融界、实业界的名流,他接触到的社会层面之丰富,为他后来的电影编导工作提供了不少人物原型和生活场景。

　　总之，负笈沪江是电影大师桑弧走向成功的人生道路和艺术创作生涯的一个重要节点。

大师之路

——纪念著名体育教育家、上海首批社科大师吴蕴瑞先生

上海体育学院档案馆　贾颖华

摘　要：我国著名体育教育家、上海首批社科大师吴蕴瑞先生是我国近现代体育教育事业的开拓者、体育理论研究的奠基人。本文通过对其生平的梳理，从其求学经历、学术成就、体育教育实践等方面，简要概括其从事体育教育事业的一生，反映吴蕴瑞为中国近现代体育事业做出的卓越贡献。

关键词：吴蕴瑞　体育教育　生平

吴蕴瑞（1892～1976），字麟若，江苏江阴人，我国著名体育教育家，中国体育理论研究的奠基人，中国近现代体育教育事业的开拓者。吴先生于上世纪二十年代开始投身于中国体育事业，是中国第一批体育专门人才。他是中国第一届体育专修科毕业生、中国第一位体育专业官费留学生、中国近代年轻的体育学教授兼中央大学体育系主任。1952年，新中国建立第一所高等体育学府上海体育学院，吴蕴瑞出任首任院长。2018年5月，上海市社会科学界联合会首次选出68位"上海社科大师"，先生位列其中。

此文简要梳理和回顾先生从事体育事业的一生，以纪念其为推动中国体育尤其是中国体育高等教育事业发展做出的卓越贡献！

1　时代先锋，投身"体育救国"浪潮

1892年2月20日，吴蕴瑞出生在江苏江阴县峭岐乡笆斗桥。6岁随

父受启蒙教育,后入学堂就读,16 岁就读于苏州第一师范学校,并以优异的成绩毕业。1916 年,南京高等师范学校开时代风气之先,增设体育专修科,成为中国第一个开办高等体育专业教育的学校,①首批招生 23 人。吴蕴瑞胸怀体育救国之理想毅然报考,遂金榜题名,成为中国第一届体育专修科毕业生。在这里,吴蕴瑞遇见了中国近代体育史上有名的美籍体育专家、南高师体育专修科主任麦克乐先生。作为西方体育文化的传播者,麦克乐先生是西方近代体育理论的传播者和倡导者,他积极倡导自然主义体育,是近代中国体育史上将民主思想引入体育的第一人,他倡导的体育教育思想对早年的吴蕴瑞产生了深刻影响。

1924 年,江苏教育厅破天荒为体育专业设置了一个留美学生名额,这也是中国教育史上第一个官费留学体育的名额,报考者众多,吴蕴瑞独占鳌头,成为中国第一位官费体育专业留学生。1925 年,吴蕴瑞远渡重洋,进入美国芝加哥大学医学院学习,后又转入哥伦比亚大学师范学院。经过严格挑选,他幸运地进入由体育系主任、美国体育理论界权威威廉士教授主持的体育原理研究班攻读。在学习期间,威廉士教授对这个来自中国的小个子学生赞赏有加,毕业时,吴蕴瑞出色地完成了相关课题,被哥伦比亚大学研究院授予教育学硕士学位。学成回国后,吴先生受聘南京中央大学,任体育专修科主任,时年 35 岁,从此开启了他长达半个世纪的高等体育教育生涯。

2 著书立说,奠定体育学科基础

20 世纪二三十年代,是吴蕴瑞学术研究的重要时期,翻译大量资料,在《申报》《大公报》《体育季刊》等十余种主流媒体上发表文章百余篇。从 1930 年到 1933 年间,他集中出版了《运动学》《体育原理》《体育教学法》《体育建筑及设备》《田径运动》等多部体育学术著作,"这些著

---

① 刘鹏.从南高师到南师大——体育专业教育的历史演变【D】,南京师范大学,2008 年,第 14 页.

作在当时曾被体育学科专业普遍采用为教科书,在我国体育界有很大影响。"①

他的专著《运动学》提出了以科学解决体育疑难问题的主张,开我国运动生物力学研究之先河,"不仅在当时体育落后的中国视为首创,亦远远超过同期国外其他运动学著作。"②吴蕴瑞在留学归国后便提出了"体育学术化"主张,倡导以科学的态度和方法研究和实施体育。这在当时国人对"体育"还缺乏正确认识的时代里是十分超前的。《运动学》的引言中明确提出"此作始于民国11年"③,即1922年,这一年,正是北洋政府教育部颁布《壬戌学制》,军国民体育开始没落,1923年,《新学制课程》颁布,刚刚把体操课改为体育课,而这个时候的吴蕴瑞已经在思考体育学科建设问题了。撰写《运动学》时,吴蕴瑞曾专门向理学院物理系听课四年,并结合人体解剖学知识,在运动场上细心观察各种运动动作,经常年积累,反复验证,方写成此书,1930年,经过修改和完善正式出版。当时,"各国坊间,尚无此项著作。"④

吴蕴瑞的《体育教学法》则提倡以自然主义为中心的体育理论,主张"通过身体的运动来教育人",是引入自然体育思想的新式体育教学法,其强调把体育教学的价值取向定位于学生的发展之上,为中国体育教育发展昭示方向。"历5年之久,教授共5次,渐渐扩充,逐步修改,即得此本"⑤。

吴蕴瑞与袁敦礼合著的《体育原理》,主张身心一统的和谐发展论和以人为本、促进人的全面发展的体育教育思想使其著作再次成为了20世纪30年代体育理论著作中的经典之作。这些专著的相继出版,标志着吴蕴瑞体育教育思想的逐渐成熟。

---

①　国家体委体育文史工作委员会. 中国近代体育史【M】,北京体育学院出版社,1989年,第137页.

②　张鲁雅. 中华体育之最【M】,人民体育出版社,1990年,第183页.

③　吴蕴瑞. 吴蕴瑞文集【M】,黑龙江科学技术出版社,2006年,第260页.

④　刘汉明. 一代师表—记吴蕴瑞先生【J】,体育文史,1983年,第15页.

⑤　吴蕴瑞. 吴蕴瑞文集【M】,黑龙江科学技术出版社,2006年,第135页.

3　参与国策,致力国民体育普及

清末民初,国内体育事业发展缓慢,且土洋混杂,乱象丛生,国民体质不强,普及体育有名无实。作为当时体育界的代表人物,吴蕴瑞针砭时弊,积极建言,广泛的介绍西方体育知识,为"体育"正本清源,并身体力行的积极倡导和推广普及大众体育,为改良国民体质而呼吁奔走。在此一系列活动中,吴蕴瑞逐渐走进了中国近代体育舞台的中央地带。

他创办刊物,大力传播体育思想。1929—1937 年间,吴蕴瑞曾先后担任《体育杂志》以及两本同名的《体育季刊》的负责人。《体育杂志》的主办方是中央大学体育研究会,《体育季刊》由体育改进社和全国中华体育协进会各主办一本。三本杂志都有较大的社会影响力,而主编一职则是吴蕴瑞先生。吴先生借助刊物之便,大力推广体育理念,传播体育思想。同时,他还翻译大量资料,在《申报》《大公报》《体育季刊》等十余种主流媒体上发表文章百余篇。

他提倡普及,起草了中国第一个体育法实施方案。1929 年 4 月 16日,中国近代史上第一部针对体育而专门制定的法令《国民体育法》通过。为贯彻体育法令,1932 年 8 月,教育部召开第一次全国体育会议,会议提请由吴蕴瑞、袁敦礼及郝更生三人起草《国民体育实施方案》,具体的制定了系列措施与方法。①

他还多次参与筹备全国运动会,竭尽全力推动全民体育的开展。在1910 年—1948 年间共举办了 7 次全国运动会。吴蕴瑞自 1932 年起,被聘为教育部体育指导委员会委员,1933 年担任全运会筹委会副总干事,连续参与第五、六、七届共三届全国运动会筹备工作。

4　毕生倾注,开拓中国体育教育之路

在吴蕴瑞先生长达半个世纪的高等体育教育生涯中,他主要在两所

---

① 教育部中国教育年鉴编审委员会. 第一次中国教育年鉴丙编【M】,开明书店,1934.5,第 897—901 页.

大学度过。1927 年,他回国后受聘中央大学体育科主任。中央大学被认为是近代中国学科最齐全、规模最大、水平最高的大学。吴蕴瑞在中央大学执教近 20 年,担任体育科、系主任近 10 年,是中央大学体育系的灵魂人物,他注重体育教学,十分重视体育科目的设置,形成了较为健全、科学的课程体系,为后来高等体育教育课程设置提供了模板。其规定体育科与其他本科专业一样,修业年限为四年,开设有生物学、生理学、应用解剖学、体育原理、急救术等必修课程。吴蕴瑞还特意将物理一科列为体育科必修科目,这在当时学校体育系的课程设置中独树一帜。① 作为当时体育教育的主要阵地,中央大学丰富多样的体育活动,学校体育代表队成员频频在各类体育赛事上夺冠,逐渐使中央大学体育系成为了引领社会体育发展潮流的标杆,极大的推进了中国体育教育事业的发展。

1952 年,教育部对全国高等学校实行院系大调整,将南京大学、金陵女子文理学院和华东师范大学三校的体育系科调整合并,组建新中国第一所高等体育学府"华东体育学院",即后来的上海体育学院。吴蕴瑞出任院长,众望所归。

此时的上海体院人才荟萃,聚集了一大批国内外知名体育教育专家和学者。建校伊始,吴蕴瑞从制定教学计划、教学大纲、编写教材开始,到引进高水平的师资,重视学科建设,做了大量的开创性工作。吴蕴瑞也十分重视教学工作,尽管是院长,但依然深入教学训练第一线,在清晨的校园里也经常可见吴院长指导学生动作的身影。

5 书画情缘,体坛艺苑堪称奇才

吴蕴瑞先生不仅专攻体育,而且多才多艺,对书法绘画尤有较深的造诣。书长行草,精研历代名人法帖,画则初着意于梅竹。书画以工力胜人,颇为海内书画名家所推重。② 他曾多次举办画展,晚年更是酷嗜书

① 覃兴耀. 吴蕴瑞体育教育思想探析上【J】,体育文化导刊,2008.2,第 117 页.
② 刘汉明.一代师表—记吴蕴瑞先生【J】,体育文史,1983.6,第 16 页.

画，早晚临池作画，从不间断。也因画为媒，与著名女画家吴青霞结为伉俪。

吴蕴瑞与著名画家、美术教育家徐悲鸿也交谊甚笃。两人相识于中央大学，抗战期间，两人又均在重庆居住，惺惺相惜，过从甚密。有一次，徐悲鸿举办画展，展出名画一百多幅。但由于当时控制文化界的国民党人士张道藩等抵制和破坏，开头几天，参观者都不敢购买。吴蕴瑞见状，不顾个人一切，率先独购四十幅。此举引起震动，随之，观众纷纷争购，很快一抢而空。吴蕴瑞的画技，经徐悲鸿的指点，也更进一层。① 徐悲鸿曾为吴蕴瑞画展做序，并评价说："江阴吴蕴瑞先生麟若，以名体育学家而酷嗜艺术，而爱画尤入骨髓。以竹为师，所诣清逸，卓然独到。渐渐扩大领域，写花卉鸟兽，其中尤以梅花芙蓉家鸭水牛为有精诣。"②徐悲鸿也赠吴先生佳作多幅，其中一幅为《负伤之狮》。该作创作于抗战期间，两人谈论国难民情之时，徐悲鸿即兴挥毫，立时而作，后成稀世精品。解放后，在徐悲鸿纪念馆落成之时，吴蕴瑞夫妇毅然将收藏的徐悲鸿画作无偿捐出，唯独对这幅《负伤之狮》心有不舍，最后由夫人吴青霞临摹《负伤之狮》一幅，以作纪念，一时传为佳话。

6 "身心一统，兼蓄竞攀"，传承发扬吴蕴瑞体育思想

1976 年 4 月 10 日，吴蕴瑞先生与世长辞，享年 84 岁。生前任民革上海市委常务委员、上海市政协委员、上海市第 1—5 届人大代表、中华全国体育总会副主席、中华全国体育总会上海市分会主席、上海市体育运动委员会副主任等职，他毕生致力体育教育事业，在长期的体育高等教育研究和实践中，凝练成了以"身心一统、德技相长、文理兼修、服务社会"为核心的体育教育思想③，吴蕴瑞体育思想宛如一盏明灯，照耀着中国体育发

---

① 张觉非、方国英.吴蕴瑞与徐悲鸿的友谊【J】,体育文史,1983.6,第 53 页.

② 王震.徐悲鸿文集【M】,上海画报出版社,2005.9,第 128 页.

③ 姚颂平、肖焕禹.身心一统和谐发展——上海体育学院首任院长吴蕴瑞体育思想论释【J】.上海体育学院学报,2005.10,第 5 页.

展之路，为后世垂范。

2018年5月，为纪念上海社会科学界为我国哲学社会科学的发展做出巨大贡献的学者，上海市社会科学界联合会评选并公布了首批68位"上海社科大师"名单，吴蕴瑞先生为体育教育界不二人选。

作为中国体育教育事业的先驱，吴蕴瑞先生精勤奋励，治学严谨，勤勉不懈，学识渊博，给后人留下了宝贵的精神文化遗产，为我国体育的现代化、科学化发展探明了道路，为中国体育学科的建立和建设有中国特色的体育教育事业奠定了深厚的思想基础。

档案文化传播

基于展览效应探究高校档案工作的作用及启示

——以上海交通大学档案馆为例

上海交通大学档案馆　胡焕芝

摘　要：高校档案是高校工作中的重要组成部分，档案在发挥查阅传统功能的基础上，逐渐成为高校文化建设的重要推手。文章通过深入剖析上海交通大学档案馆举办的"笺之语——上海交通大学收藏名人手札撷英展"的实际展览效应，阐释了高校档案所发挥的有益作用。同时，并由此展开进一步思考，提出从档案的研究能力、主题选择、利用形式及效果反馈四方面提出如何优化档案工作的方式方法，从而全面更有效档案工作的效用和影响力。

关键词：档案展览　高校　作用　优化策略

历史赋予了文字的记载价值，档案则承载起文化的传递和历史的延续的功能。习近平总书记曾指出，要牢记档案工作"记录历史、传承文明、服务社会、造福文明"的历史使命，积极探索档案工作新思路、新方法。如何开发利用档案资源、提升档案工作的活力、彰显档案资源的价值意义始终是档案工作者需要时刻思考的重要课题；尤其是在当前信息大爆发、科技集聚创新的新形势下，对档案工作者不断提出新挑战。文章主要通过对上海交通大学档案馆举办的"笺之语——上海交通大学收藏名人手札撷英展"的观后效应进一步地研究，探讨档案工作在高校建设中的作用以及未来发展的方向，以期为不断提升档案工作，服务社会提供有益的参考。

1　展览基本概况

2018 年 6 月 28 日，上海交通大学档案馆从 2000 余卷历史档案里的数千书信中，撷取近现代名人与交大往来手札精华 26 通首次公开，并以档案实物原件的方式展出。展览再现了学校坚持严标准婉拒了"海上闻人"杜月笙的通融之意、"民国教育之父"蔡元培为延续交大文脉做出的积极努力、中国航天事业奠基人钱学森为母校发展鼎力相助的深切感动，还有"布衣将军"冯玉祥、"七君子"之一沈钧儒、"状元实业家"张謇、"中国人口学第一人"马寅初等各界名人对交大或精心呵护、或激励督勉或求助解困的故事，讲述着交大"起点高、基础厚、要求严"办学传统和"饮水思源 爱国荣校"的精神品格，凸显了先贤们对待教育工作的严谨认真和对于人才培养的拳拳真情。此次展览得到央广网、东方卫视等多家媒体的集中报道，吸引了三万多来自不同年龄、不同地区、不同身份乃至不同国籍的观众前来参观。尤其是在展览中还特别推出了"临摹席位"的展陈形式，得到参观者的积极响应，为此，有幸保存了 2000 余份观众留下的亲笔感言。在展览结束后，通过对这 2000 余份感悟进行整理，彰显出档案在学校和社会发展中所发挥的独特价值。

2　档案展览呈现的效应

2.1　彰显社会核心价值观　营造社会积极风气

名人手迹，六朝始重，片纸寸楮，视为瑰宝。无论观者还是编者，其意都在于通过书法或者文辞唤醒古人，这也是我们开展档案展览的宗旨所在。在展览留言中，我们看到"用毕生精力去奋斗，去为祖国做贡献"的壮志豪言、有"为中华之崛起而读书"的大声呼喊，这些饱含了浓浓民族情怀感人肺腑的话语也正是新时期的精神脊梁，是当前社会努力宣扬的时代主旋律，也正彰显了此次展览所迸发出的感染力。档案记录和保存着中华民族几千年来创造的文化瑰宝和民族精粹，是最具魅力和蕴含生命力的教育资源；通过档案展览进行深度整理、融合，能给予观众更为深刻的触动和共鸣，从而起到生动的宣传教育作用，将社会主义核心价值观厚植于大众的内心深处。同时在留言中，有众多家长纷纷留下"希望孩子步入大学殿堂"的期望话语。而这正是对当下社会"知识无用论"等消极言论有力的驳斥，有助于荡涤社会出现的不良风气，唤起学子们对知识的崇敬，对美好事物的向往，激励着人们为奔赴理想殿堂而奋力拼搏，重放知识的魅力与光彩，营造风清气正的积极社会发展环境。

2.2   助力学校立德树人   成为对外宣传的靓丽名片

高校档案主要记载有关教学、科研、人才培养等方面的信息，凝聚着学校建校以来的各个方面的信息。展览中的一封"婉拒信"，让"门槛高，基础厚，要求严"老交大传统跃然纸上；当看到先贤们为学校的发展奋力奔走时，愿"交大越来越好"的美好祝愿便涌上心头。展览使得观众通透过先贤们的字字箴言和句句真情，对学校的办学传统和精神内涵有更深刻的理解和认识，成为学校践行立德树人的生动教材。这种让档案主动发声的方式，让广大师生和社会人收获思想上的启迪与陶熔，真正发挥其"第二课堂"的作用，这亦是高校推动育人工作的重要内容，助于推动学校构建全方位育人体系，助力培养新时代有理想、有能力和有情怀的全面型人才。同时，档案展览俨然已成为学校文化建设的重要方式，在学校的价值观构筑和弘扬过程中，发挥着积极引领作用，成为宣传学校形象的靓丽名片。因为有不少观众写下"巍巍学府"、"百年名校"和"我为母校感到自豪"的深情话语。想必，这定是从那一封封有温度、有情怀的手札中体味到的交大魅力，这种与历史对话的生动方式，让参观者品读到交大厚重的文化底蕴和优良的精神传统，而成为一种积极的对外宣传展示途径，述说着交大的厚重与动人故事，吸引更多的人了解交大、走进交大、爱上交大。

2.3   增强个体的情感共振   发挥文化服务职能

高校档案不仅是学校宝贵的精神财富，也承载着一定的社会文化教育功能。在展览的留言中，既充满了交大师生、校友、外国友人和其他社会大众对于交大的由衷赞叹,也感受到参观者对于展览所彰显的厚重历史韵味的感慨,以及部分观众透过笔尖怀恋中国优秀传统的文化书法等等。这深刻表现出档案展览能带给不同群体以多维的情感体验,在参观群体中产生强烈的情感共振,散发出档案蕴藏的价值魅力和时代感染力。让封存的档案鲜活起来,让深藏在闺阁中的档案以多样化、形象化的方式走进大众的视野,也正是每个档案部门密切关注和积极推进的工作,从而切实发挥档案对大众的社会文化服务职能。此次档案展览的积极效应可谓是表现展览文化服务价值的良好例证,让每一位走进展览现场的观众都享受到文化带给民众在艺术、历史和情感方面的共同滋养,收获属于自己内心的那份触动与感悟,从而发挥其积极的文化扩散效应。

外国档案学家威尔弗雷德·史密斯曾说过:"普及档案材料常用的方法是举办展览。"档案展览作为开发档案资源、发挥档案价值的重要途径,在提高民众的档案意识,扩大档案工作的影响力,推进档案事业的发展等方面具有显著的作用。此次展览也用翔实的数据,诠释了档案在弘扬社会价值观、引领社会思潮、提高学校凝聚力以及助力教育事业等方面发产生的积极作用。

然而同时,我们也必须看到档案工作目前还存在一定的问题。在档案管理上,其主要的工作依然集中在档案的收集、保存上,对于档案潜在的丰硕价值还有待专门人员进行深入发掘;在档案利用方式上还比较单一,主要为档案借阅服务,缺乏多样化形式的创新;在档案利用对象方面,档案管理者依然是主导方,对于受众的体验关注有限等等。研究档案展览存在的问题,提出应对策略是档案工作者提高自身业务能力的重要途径,也是每位档案工作者的职责所在。鉴于此次档案展览的经验,为了进一步提高档案在学校建设和社会发展中的作用,建议从如下几个方面进行深化与改进。

3 优化未来档案工作的策略

3.1 树立内容为本的思想 强化档案研究能力

档案信息资源是一个庞大的数据库,其开发利用的内容决定其自身价值和实际效用。每一个高校档案馆都保存着大量的档案资源,对其利用内容的选择直接决定着其最终的效果。因此对于档案利用者要树立以内容为根本的思想,要加强自身档案资源的挖掘,充分体现人无我有、人有我优的基础优势。只有具有丰富内涵的内容才能最终走进大众的心里,具有恒久的生命力。比如对于高校档案馆可以选择深入挖掘学校发展过程中独有的内容或者具有影响力的内容,并加以展现。此次交大档案馆举办的"笺之语"展览也是在筹划了半年多之久,并由专业人员对其每一封书信的背景及意义进行深入的研究,最终将其展现在观众的面前,从而让参观者在短暂的时间内感受到书信背后的魅力,在社会上产生一定的反响。然而,对于内容的挖掘也需要专业的研究人员为支撑,而这也往往成为高校档案馆发展的重要制约因素,因此如何培养并且引进专业的研究队伍,已成为高校档案馆亟待纾解的关键性问题,当然这也不是凭借档案馆一馆之力可以解决的,也需要相应主管部门和机构在政策和人才基础上对于提供强有力的支持与帮助。

3.2　选择恰当的展示主题　发挥档案时代价值

档案是尘封在历史记忆中的资料,记载着过往的发展历程,但是档案工作并不是简单的展示历史、回顾过去,而是需要将档案资源与时代发展紧密结合,让历史的档案资料发挥现代的价值。尤其是在新媒体环境下,传播已逐渐转向个性化和私人化定制。如何利用档案使其最大可能影响其想被影响的群体,是档案工作者亟待思量和具备的重要能力。正如此名人手札展览中,策展人不是简单地翻译书信的内容,而且将其展览主题思想与"学在交大"和"立德树人"的学校中心工作紧密结合,将展览内容作用于时代主发展需要,这就有助于增强受众的时代代入感,感触也更为深刻,影响也就更加突出。为此,作为一名档案工作者在对档案信息进行深入研究的基础上,努力选择档案宣传服务文化发展繁荣的最佳切入点和突破口,努力创作具有时代精神、鲜明档案特色、内容丰富、形式多样、思想性、艺术性、真实性、可读性相统一,群众喜闻乐见的档案文化精品,将"老档案"变成备受公众关注的"新视点",将档案宣传工作与学校、社会以及时代发展紧密相连,从而去影响人们认识世界、发展自我和改变社会的能力与认知,为学校的发展乃至社会的进步发挥其更有效的作用。

3.3　注重利用形式的创新　丰富档案展示手段

档案是无声的宝贵财富,如何将其有效展现,更好地为大众接受和服务,是一项需要档案工作者时刻关注的重要问题。随着时代的不断发展,科技的进步,和大众思维方式的变迁,要求档案工作者在顺应时代发展过程中,不断创新自己的展示理念与态度,丰富自身的展示手段。在此次名家书信的展示中,交大档案馆意在手书传情,举办档案展览而取得良好效果。这也启发着我们要主动打破以往的思维桎梏,充分利用多种展现方式,可以主动利用现代先进的科学技术,让档案资源通过实地展览、网上展览或者宣传片等多样形式,并引入音频、视频和 VR 等信息化手段,让大众能够从视觉、听觉、触觉等多角度、多感官深刻体会到档案的丰富内涵。同时也要注意引进计算机人才,注重其档案数字化资源,这不仅有助于档案信息资源的存储,也有助于拓展档案的利用方式,为大众提供理念先进、手段多样、内涵丰富的展示内容。而且,随着新媒体在全行业产生的巨大影响力,档案展览也必须积极适应这一时代发展潮流,创新自身的展示媒介平台,比如利用微信公众号、有声图书、宣传视频、微博等等,最终用自身的档案资源影响大众,成为构筑良好社会风气的重要力量。

3.4　关注受众体验感　重视档案宣传效果反馈

档案展览教育是一个系统性内容,观后教育既是展览的一部分,也是展览效应的外在显现。在"笺之语"展览中,突破了以往参观结束即是展览结束的传统思维方式,将参观后教育纳入到展览内容中,并且在展览背后进行对所有的留言信息内容进行深入整理分析,这其实是为未来开展档案宣传利用工作提供了宝贵的经验。通过受众留言,发现档案展览对于学校乃至社会都产生了不同的影响,也启示我们,学校的文化精神宣传工作,不仅可以通过主题思想讲座及各种各样的思想政治课,而且可以通过档案,以展览的形式加以呈现,这种润物细无声的方式或许能收到别样效果。因此对于每一个档案宣传活动的开展,要加强关注受众的体验,不能以档案管理者自身的意识为先导,可以通过预调查等方式了解大众的反应,以此有针对性开展档案宣传活动;并且在活动结束后,要注重收集受众的反馈效果,一方面检验了此次宣传活动的实效;另一方面,也为以后的工作提供指导方向和改进措施。这是我们档案工作能够持续有效开展的重要保证和有力支撑。

4　结语

"档案工作是一项基础性工作,经验得以总结,规律得以认识,历史得以延续,各项事业的发展,都离不开档案,在全面建设小康社会的进程中,档案工作显得越来越重要。"高校档案工作也是学校重要的基础性工作,档案作为一种内容详实的教材,广大师生和社会大众可以直接从中汲取养分,有助于营造积极向上、奋发向上的高校文化,增强他们的社会责任感和历史责任感,增强高校的凝聚力与创造力,是进行德育与人文教育的重要推手。作为一名档案工作者,要坚持与时俱进,主动创新工作方式方法,将档案工作与社会发展、大众诉求紧密相衔接,不断推动档案资源的深度整合利用,帮助公众开眼界长知识增智慧,更好地实现古为今用,福祉社会,彰显其内在的厚重价值,推动档案事业的全面发展。

参考文献:

[1] 颜海,张丽,董雨.英国国家档案馆在线展览的亮点及启示[J].中国档案,2017(11).

[2] 邓东燕,姚伦.创新档案编研　弘扬档案文化　提升服务能力.档案学研究,2018(1).

[3] 钱丹红,刍议高校档案展览工作的问题及对策[J].北京档案,2018(9).

[4] 习近平总书记在2003年考察浙江省档案馆工作时的讲话摘录.

新媒体环境下档案文化传播策略及途径探析

上海交通大学医学院档案馆　张宜岚

摘　要： 随着科技的不断发展,新媒体时代的到来、新媒体的实际应用,也在潜移默化间改变了社会生活的各个方面。给档案文化传播带来了前所未有的挑战,相比较而言,新媒体环境下的档案文化传播对信息的数字化程度要求更高。所以说作为我们档案工作者来说,必须要充分的认识到新媒体所带来的变化,根据高校的实际情况,及时准确的更新档案信息的传播方式,使得新媒体技术的作用发挥到最大,真正发挥出档案文化的价值所在。在此基础上,分析新媒体环境下档案文化传播的现状,探讨新媒体环境下档案文化传播的策略及档案文化传播的几种具体实践路径。

关键词： 新媒体　档案文化　传播策略　途径

1　档案文化的传播

档案作为记录人类社会实践和认识活动的主要载体,具有明显的文化属性,在实际的文化传播过程中,具有很强的张力。档案作为历史的原始记录和储存,真实的反映了自然、社会和人类思维及活动方式的转变,是文化资源的重要组成部分,可以说档案储藏文化、记载历史、传承文明,档案文化的传播引领人们不断向前。人类文明的日益发展和进步,更增加了人民群众对档案文化的需求。档案文化传播的媒介有许多,如报纸、杂质、广播、图书等,档案文化的内容更是丰富多彩,有论文、著作、原始档案、照片,还有录音录像等。可以说,档案是一种宝贵的文化财富,具有重要的文化价值。

1.1 档案与文化的关系

1.1.1 档案是一种文化财富

文化是一种符号的积累,一般说来,文化并不是将来要发生的现象和事实,而是已经发生的现象和论断的符号积累。档案是由贯彻传达制文者主旨意图的文件转化而来,它能全方位地反映和记录以往的社会生活的各个方面,档案的内容无不是以符号的形式依附于磁盘、胶片等各种介质材料上,由此可见,档案自身就是一种宝贵的文化财富,具有文化价值。

1.1.2 档案是文化的积淀

由于人类文化的不断积累和创新,文化才日趋丰富多彩。文化积淀的时间越长,也就越深厚,没有文化的积淀,也就没有文化的进步。档案是人类积淀文化的一种有效手段,是人类文化的存储器,没有档案也就没有了连续地全面地直接记录和积累文化的原载体。因此,档案作为文化的积淀,又是衡量文明进步的尺度,现代国家把档案保存数量的多少发展程度作为衡量这个国家文明的发展标准。

1.1.3 档案是文化传播的重要媒介

文化传播是指一种文化扩散、传递的迁移、传送现象,文化的积淀必须通过人们千百年的辛勤传播而继传下去,没有传播会造成文化的断层,进而导致文化的死亡。文化传播的媒介很多,如图书、杂志,档案也是文化传播的一种重要媒介,从古代专门藏守档案,到将档案中蕴藏的文化精髓在民间传播,以致在现代文化科学技术发展中对档案资源的有效利用,无不证明了这一点。因此,档案不仅具有贮存人类文化的功能,又有传播文化的功能,尤其值得注意的是,档案作为文化传播的媒介,实际上是一种作为传播媒介的信息符号的放大作用,在传播过程中还会促使文化增值。它一方面表现为量的增加,另一方面表现为质的增放,量的增加主要是指传播面的范围不断扩大,质的增放指文化信息在传播中价值意义的增加。比如,档案史料的汇编出版,各种数据的汇集统编,一方面克服了档案孤本的局限,扩大了传播面,另一方面,史学家利用史料汇编完成了新的著作产生了档案信息质的某种增放。档案文化作为一种独特的文化现象,是为人类所独有的。关于档案文化的具体内涵,学术界存在着两种不同的观点。

1.1.4　档案文化

从狭义上来说,所谓的档案文化指的是围绕档案实体而发展起来的文化,主要是指对于档案管理过程中产生的文化。广义上的档案文化是指档案本身所记载的信息,主要指的是这些信息本身所发挥的文化价值和作用。又有学者认为,档案文化是依附于档案实体本身,并通过对于档案自身的有效管理过程而实现的文化形式。

1.2　档案文化传播

档案文化传播指的是通过采取多种媒体渠道,将档案本身的信息记载进行传播,以此来满足人类对于档案文化需求的过程。在现实生活中,档案文化的传播主要是依靠网络、报刊等多种媒体渠道,将原始档案或者是有关档案文化的材料进行传播。档案文化传播作为提升和普及档案文化的一种手段,在推动档案文化发展的过程中,具有突出的作用。

2　之前档案文化传播特征

2.1　档案传播具有局限性

长期以来,档案文化作为一项重要的工作来抓,虽然也取得了一些成果,但是效果并不明显。档案文化的传播还仅仅是局限于档案管理工作者当中,并没有被大众所熟知。

2.2　档案传播以传统的媒体为主

目前档案文化传播主要是依赖于报纸、广播、电视等传统媒体,传播的主要方式还是档案讲座、档案文化沙龙等,这种传播方式速度非常慢,而且受众面小,传播的内容不能及时更新,有许许多多的缺陷。

2.3 新媒体中的档案传播方式低

新媒体的出现对档案文化的传播方式产生了重要影响。一些档案机构开始寻找新的传播方式,譬如手机、微信、微博等等,但是由于档案管理部门各方面的限制,新媒体的传播方式还没有真正地运用到档案文化上。

3 新媒体档案传播特征

3.1 以用户为中心

在传统媒介进行档案文化传播的过程中,往往是让受众被动的接受档案,更多地注重受众的接受面,而缺乏对于受众想要了解内容的考虑和思量。随着新媒体在档案文化传播中的推进,有效的改变了这种情况,加强了档案文化传播过程中对于用户体验的考量,确立了以用户为中心档案文化传播方式,更多地注重用户对传播活动的参与和感受,并结合用户的体验反馈,为用户提供更加个性化、更贴切的档案文化和信息服务。

3.2 表现形式具有多样性

因为新媒体的表现形式多样,这就导致了档案文化的传播的媒介存在多样性,随着新媒体的不断发展,导致传统媒介之间的界限模糊化,文本、音频、图像等因素已经逐渐融为一体。随着新媒体的不断发生和深入应用,让档案文化传播的途径逐渐丰富起来,出现了比如档案信息网站、档案论坛等载体。随着档案文化传播形式的多样化的不断发展,使得档案文化传播取得了更为突出的传播效果。

3.3 受众范围广

在过去的档案文化传播的过程中,由于现实环境的局限,导致档案文化的传播的推动者局限于在档案管理机构的工作人员,使得档案文化在传播的过程中存在很多的局限性。随着新媒体的不断发展和应用,打破了传统档案文化传播的局限性。一方面是打破了传统的地域和时域的局限,另一方面是扩大了传播的途径和受众的范围。这就有效的降低了在档案文化传播过程中所需要消耗的成本,并将档案文化传播的主体逐渐向大众化发展。

4　新媒体环境下档案传播的缺陷

4.1　新媒体运用不够

在我们借助新媒体加强档案文化传播的过程中,由于大家对于新媒体的认识还有很多不足,导致了在运用的过程中出现了许多运用不完善的情况。

举例来说,在借助微信、微博、qq等新媒体的过程中,只是借助了这个平台去加速档案文化的传播,却在推行的过程中忽略了这些平台的其他功能,诸如在运用的过程中,忽视了分享功能以及评论功能,从而导致了传播过程中的广泛性受到影响。

4.2　专业人员或人才不足

档案管理是作为一门较为冷门的学科开设的,设有此类专业的高校较少,加之高校每年输送的专业人才的数量有限,这就导致了在档案文化传播的过程中,出现了专业人才匮乏的现象。此外,由于校园教学具有滞后性,所以高校培养出来的相关人才,在实际的工作过程中遭遇到诸多的障碍,再者就是高校在档案管理的教学过程中,更加注重对于档案编纂、管理的教学,从而忽视了档案文化传播的专业素养的培养,这就导致在高校输出的人才中,能够推动档案文化发展的人才不足。

4.3　大众的文化需求存在差异

由于档案传播自身特点的存在,档案文化在传播的过程中具有极强的广泛性,并且在传播过程中增加了档案文化传播的速度。但是由于新媒介的介入,使得民众对于信息的获得具有多样性和不可辨识性,在档案文化产品出现诸如产品数量少、质量较低的情况发生的时候,就使得产品与受众的文化需求存在着一定的差距,最终就使得受众逐渐失去对于档案文化的兴趣,从而不利于档案文化的传播。且在各种新媒体网络信息的轰炸下,大众很难把握正确以及有用的档案信息。

5　新媒体下档案文化传播的策略和分析

5.1　新媒体环境下对档案工作工作者以及各个高校的要求

档案工作者不是单纯的将其整理、归纳、保存,更重要的是树立文化传播营销意识,将档案文化传播开来,档案是真实的记录,它是一个个存在活力的文字,除了原原本本的保持在档案馆里外,还应将档案文化传播出去,才能体现和实现它的重大意义。新媒体的广泛应用已经在其他文化传播的各方面凸显出效果,所以,作为档案管理工作者也必须要紧跟时代的变化,及时地更新传统的观念,不断的引进新的品牌理念,促进档案文化的传播和发展。

在各高校方面,并且前面已经说到,由于档案文化的传播过程中,专业的人才起到了很大的推动作用,可以说是档案文化传播的关键所在。为了有效地推进档案文化传播的发展,一方面需要加强对于从业人员的专业素养的培养,提高整个档案文化工作团体的专业性。另一方面就是需要各高校根据市场的具体情况,扩大档案专业的招生,除此之外,在实际的教学环节中,除了专业知识的教学之外,还需要加强对于学生实践能力的锻炼和培养。

就目前来说,提高档案工作者的专业素质以适应新媒体对档案工作的新需求的任务刻不容缓。现阶段档案工作者思想还是比较保守,对新媒体的认识还保留在比较浅显的阶段,没有深入的了解,就不能利用新媒体技术将档案文化传播的方式最大化的利用。所以针对此现象,应当对档案管理工作者进行相关的培训,首先,要对档案工作者进行新媒体知识的普及与教育,其次,要接受国际社会先进的思想的洗礼,取长补短、去伪存真、取其精华去其糟粕,主动进步,促进档案文化传播取得质的飞跃。

5.2 优化整合档案文化传播的媒介环境，搭建档案文化传播新媒体平台

在实际的档案文化的传播过程中，为了提高档案文化传播的效率，需要对文化传播的受众群体进行分析，从而采用更为贴切的新媒体平台推动档案文化的传播。

为了达到这样的目的。可以根据受众的不同，制定不同的档案文化产品，从而推动档案文化传播过程中的具有高效率、针对性强等一系列特征，促进在信息多样化的时代，档案文化传播不断发展。并且，随着信息技术和网络技术的发展，使新媒体渠道发生了巨大的改变，新媒体形态不再局限于报纸、电视等，大批的新兴媒体开始涌现出来，为档案文化传播创造了更多的新媒体平台，如网站、微博、微信等。互联网的快速普及使得人们更倾向于使用网络这种便捷的方式来获取需要的信息。档案工作者可以建立档案网站，通过声音、文字、图像或视屏等将档案内容切实的呈现出来，让人们能够随时随地交流学习，这种方式打破了时间和地域的限制，对促进档案文化的信息化、网络化有重要的意义。

5.3 开发特色鲜明的档案文化产品

作为档案文化的载体，档案产品的内容丰富多彩，并深入到社会生活的各个方面。诸如日常生活中的的医疗、教育等方面。为了有效地推动档案文化传播的广泛性，档案工作者需要加强对于档案文化产品的开发，通过深度挖掘已有的档案资源，从中开发出具有时代特色，符合当今群众喜好的档案文化产品，从而有效的推动档案文化的传播与发展。

5.4 重视与用户的互动沟通，增强档案文化传播的交互性

新媒体的最大特点在于它的时效性以及互动性。基于这样的原因，在推动档案文化传播的过程中，需要加强与档案文化的受众进行积极的互动和沟通，通过一定的交流，了解受众的喜好等一系列信息，从而结合这些信息，制定出更加优质的档案文化传播方案，从而高校的推动档案文

化的发展,为受众提供优质的文化信息服务。

同时新媒体具有传播速度快,互动性强的特点。所以,档案工作者应该及时的了解人们的兴趣,并积极的与其沟通、互动。借助新媒体的渠道搜集人们不同的意见,并积极整理和反馈。新媒体的交互性营造了一个开放式、共享性的交流氛围,让档案工作者在与人们交流的同时,还轻松开展了档案文化的传播工作,提高了档案文化的传播效率和准确性。

6　结语

作为文化传播的一部分,档案文化的传播近年来成为了社会关注的焦点。新媒体时代的到来,为档案文化传播提供了前所未有的契机,我们在借助新媒体这个平台的同时,还需要通过不断的提高从业人员的专业素养以及开发更具特色的档案文化产品等措施,推动其发展。档案工作者要尽快树立文化传播观念,提高自身素质,以公众为服务对象,利用新媒体优势创新工作方式方法,这样才能为档案文化传播工作注入新的活力与动力,促进档案文化事业的繁荣发展。

参考文献:

[1] 高呈茜.新媒体环境下档案宣传工作初探[J].湖北档案,2014(12):9—11.

[2] 季春娣.新媒体环境下档案文化的传播特征与对策研究[J].档案时空,2014(12):6—8.

[3] 张小兰.新媒体环境下档案文化传播策略及途径探析[J].山东档案,2015(1):19—21+38.

[4] 朱军,王培国.卫星通信技术及其发展趋势[C]//四川省通信学会2010年学术年会论文集,2010.

基于口述的传统文化传承机制研究
——以"东华时光档案"项目为例

东华大学档案馆　沈　洁　崔敏华　陶　莉　张庆华

摘　要： 口述作为一种主体实践行为，经由对时空碎片的串联，在融会反映社会的细节的同时，构建了多元化的社会记忆。它收集、建成口述史资源，可以弥补文字史资料空白，有效促进文化体系的建构，对传统文化传承有积极意义。作为社会文化建设发展的"领头雁"的高等学校，基于口述实践，可以构建有效的传统文化传承机制。

关键词： 口述　传统文化　传承机制

2016年12月，习近平总书记在全国高校思想政治工作会议上指出："道理不如故事，天边不如身边"。讲好大学故事，对于高等学校立德树人之本质职能的发挥有重要意义。大学之道凝于事、物，通过亲历者的讲述并佐以档案材料可以最大限度还原史实，捕获那串联起时空碎片的一缕文化脉络。

1　口述与传统文化传承

中国的传统文化源远流长，作为中华民族的精神支柱和意识内核，"潜藏于所有社会活动者背后的凝聚力量"，对经济社会的发展和社会秩序的稳定发挥着重要的作用。传统文化是社会实践和文化意识的产物，作为一种群体性、社区性的意识存在，植根于每个个体生命中，成为其主体性因素和精神力量,经由社会活动或实践,得以代际传承和延续发展。

传承中,传统文化必须面对并解决两个问题:一是时间的消融。传统文化负载于上的主客体存在:人或物,会因时间的流逝而沉寂或磨灭,文化传承、社会记忆存在断裂的可能性,需要及时地总结,不断地累积和沉淀。二是传统会僵化。作为意识存在,传统文化与社会发展相连。在社会变迁中,传统文化其中部分渐渐沦为糟粕,需要打破窠臼藩篱,予以剔除,实现现代转化。无论是记忆载体,还是其内核实质,文化传承都需要精神主体发挥积极作用,予以能动的选择。

口述作为一种主体实践行为,经由对时空碎片的串联,在融会反映社会的细节的同时,构建了多元化的社会记忆。作为社会记忆与活动传承的方式,其行为主体带有文化的烙印,其行为自身需要面对和研究社会现象背后的文化内涵和文化价值。通过主观回忆,可以寻回或重建失落的记忆,但却不是简单的事件重演或记录回放。作为事后追溯,因普世的价值评判、现实需要以及时间演进,不可避免地带有选择、遗忘、渲染甚或回避。从本质上讲,口述可视为一种文化传承的实践过程。经由口述,收集、建成口述史资源,可以弥补文字史资料空白,有效促进文化体系的建构,口述因其主体性、能动性、选择性,在一定程度上可以消解文化传承中存在的问题或矛盾,促进传统文化的传承与发展。

1.1　口述利于文化传承由"自在"走向"自觉"。

传统文化作为社会意识形态,是现实存在的。在代际传承中,传统文化不是原封不动,固步不移,需要在时代的变迁中,不断地筛选、沉淀和建构。口述这一主体行为,能动地总结、传承文化,是一种自觉的文化行动。无论是访谈问题的设计,还是被访谈者的记忆唤醒、回溯及倾诉,都是一种能动的选择,将传统文化这一自在存在,自觉地在当下现实情境、技术条件中的加以再现和建构。

1.2　口述促使文化传承由"符号"转向"具象"。

传统文化由历史中走来,作为一缕文化脉络,往往抽象而模糊,必须负载于一定的人、物、事中,才能鲜活而灵动。口述通过一系列具体真实而生动的事例回忆和讲述,让历史因细节而生动。口述中,往事并未走远,其余温尚存。经由口述建构的社会记忆不再抽象,不仅充满了个性化特征以及社会化印记,而且可以通过具体的文字、语言、影像来触摸和感知,口述使得文化传承得以具象化。

1.3　口述促进文化传承由"历史"走向"现实"。

记忆、人在历史长河中脆弱而易逝。文化传承要保证连续性和累积性,必须寻找现实的有效途径和载体。口述因现实技术支撑,通过系列规范行为,形成结构性的文本,产生固态的有形的文化产品,并通过书籍、网络等媒介传播。口述为文化传承找到了现实的支点,成为文化传承的有效途径。

1.4　口述促使文化传承由"单向"传递转为"双向"互动。

文化有效传承的重点在于受众的认同。口述建立在时空对话基础上,可以为受众认同提供基础。经由口述,文化传承不再是单向的精神灌输。口述中复现的鲜活事例及其浸透的精神所展现的示范张力,可以极大地渲染、引发受众的情感共鸣。口述因其可读化、可视化、可感知,以易于接受、认同的形式实现了文化传承与受众之间的"双向"互动。

2　高校口述实践中的传统文化传承

口述将个体的回忆转化、构建为社会记忆,使得传统文化在回顾与挖掘这一叙述行为中得以传承,避免了历史的抽象和说教的空洞。因而,口述研究蔚然成风。作为社会文化建设发展的"领头雁",高等学校亦积极开展口述实践,发挥其在校史文化建设及育人中的积极作用。笔者所在东华大学,以"档案原创、抢救性采集、新媒体传播"为特色,依托师生团队,开展以"互联网＋"口述校史、校史育人为特色的校史文化资源挖掘与推广"东华时光档案"项目。项目将将口述、档案和历史、文化相连,强调在教师引导下,学生主动参与设计,师生"面对面"对话,打造融历史感与时代感于一体的沉浸式育人模式,以期服务高校"以德树人""以文化人"之实务。

2.1　档案原创,为口述实践构筑真实保障

口述作为个体主观的事后回溯,因着对主体及主体记忆的依赖,有着先天的局限性。口述中,记忆因时间的消逝会有偏差,同时,会不自觉地带有口述主体的主观情感或观点。因此,口述而来的资料并不能等同真实的历史面貌。完全依赖口述构建记忆,会让历史失真、多样而杂糅,必须与档案材料相互印证、相互参照。档案作为人类社会实践的真实记录,既是文化传承与发展的重要载体,又是宝贵的历史文化资源,可以与口述资料相辅相成,为文化建设构筑真实保障。档案工作担负着记录历史、传承文明、服务社会、造福人民的神圣职责。档案部门在推动文化传承方面具有得天独厚的优势和不可替代的作用。在推动传统文化传承中,其必须树立高度的文化自觉,怀有高度的文化自信以及文化担当。

2.2　抢救性采集,为传统文化传承的现实所需

文化发展扎根历史,有其厚重的历史之源,博大精深的中华文化"积淀着中华民族最深沉的精神追求""是我们最深厚的文化软实力"。但是文化发展的历史实践却告知我们,文化传承有断裂之忧。对高校来说,其文化精髓系于师道。名师精神是高校文化传承的动力之源。口述校史资料的采集,特别是对高龄老教授的采访,是项与时间赛跑的工作,延误一时可能错失一位。近年来,高校中一批批德高望重的名师纷纷步入耄耋之年,因身体状况、家庭环境等原因,散存于外的名师资料正急速流失。期间,老教授们的先后故世,更警醒我们"活历史"的断裂之忧。因而,高校的口述实践,虽然内容涉及广泛,涵括学校教学、科研、管理、文化等各方面,但是在采访对象的选择上,应重点涉及高龄老教授,兼顾已故知名老教授。

2.3　新媒体传播，为传统文化传承提供新契机

传统文化的记忆载体和内核实质会随着社会发展而变迁。新时代，随着移动互联技术的发展，传统文化的传承因为新媒体技术的出现而获得了新的生命和活力。新媒体传播是切合移动互联时代受众触媒习惯的一种新的文化传播方式，以层级的扁平化、信息量大、迅速便捷等优势已发展成为文化传播的重要方式。一方面，新媒体经由发布文本、图像、声音和视频实现了文化资源的整合，与高校口述实践获取的校史资源形式多样性形成高度的契合。另一方面，新媒体又以其开放、共享和多元的特性，提高了受众的文化传承的参与度。对于高校年轻学生而言，新媒体生动直观、便利快捷，可以极大激发其接受传统文化滋养的积极性和主动性。传统文化不仅源自历史，而且要统领当下，更要走向未来，新媒体传播以其技术灵活、实时互动和高度及时，实现了技术和文化的完美融合，为传统文化传承与发展提供新机遇。

3　基于口述的文化传承机制建设

"中国特色社会主义植根于中华文化沃土、反映中国人民意愿、适合中国和时代发展进步要求，有着深厚的历史渊源和广泛现实基础。"习近平总书记关于社会主义文化的精辟论述向我们昭示了一条颠扑不破的真理：文化建设与发展有其实践的逻辑，必须植根传统和历史，才能拥有生生不息的生命力。基于口述的传统文化的传承机制建设，必须考虑横向的文化传播，以及纵向的代际传承。

通过个体讲述建立整体意识，发挥传统文化由点及面的辐射效应。文化的传承首先要打破空间的区隔，发挥传统文化在共时性下的辐射效应。口述采访，不仅口述的参与主体受到文化的熏陶，更为重要的是，建立横向传播机制，将文化传承在空间上达至最大化。文化本质内涵方面，传统文化要以兼容并包的开放姿态，肯定吸纳积极的价值内涵和精神元素，调整、更新、充盈、发展自身，从而能够为更多受众所接受；文化传承载

体方面,统筹规划实施,发挥部门协作,集结有效资源搭建新媒体技术平台,多渠道予以文化推广。

通过横向传播建立纵向传承,发挥传统文化由空间到时间的传承效应。传统文化传承必须不断地在历史与现实的交流中淬炼精髓,在现实的境遇和变迁中涵养文化之魂。其中,人的培养是文化纵向传承关键,只有"活历史"才具有最真的说服力和感染力,要以文化人以文育人,发挥人在代际文化传承中的影响力。同时,建设形成丰富的口述文化资源,保存、保护好固化的文化形态文本、图片、视频等,发挥其跨越时空、无可消弭的文化载体的作用。

高校作为思想和道德的凝聚之所,肩负着文化传承与创新重要使命,最终必会以其至臻至善的大学文化的涓涓细流之脉,汇聚、推动整个社会文化的传承与发展。高校必须在尊重、捍卫历史文化传统的基础之上,对其予以积极的开发,才能做到对文化的传承、提升和创新,才能真正有效发挥大学文化的熏陶和教育功能。为更好地传承文化,在具体的口述实践中:

3.1　明确定位,统筹规划实施

明确口述实践定位,紧紧围绕高校"立德树人"这一根本任务,根据国家档案工作和全国校史研究重视口述史料采集的热点趋势,以口述档案资源建设为着眼点,以项目为纽带,集聚人员力量,将之融入相关的业务建设,包括校史资料征集、校史文化传播、档案数据库建设、学生思政教育等,提升文化传承的整体效益。实际组织运行中,在口述选题、访谈组织等方面,积极发挥学校多部门协助,不定期组织部门沟通交流,确保访谈有序进行,并优化成果资源共享。在校园文化建设、辅导员培育项目、德育实践项目等项目申报中,积极予以立项支持。

3.2　加强管理,确保科学规范运行

在组织架构和操作流程上,走科学化、规范化道路,以便于孵化更多的校史文化研究传播力量,满足文化传承需要。制定形成科学口述工作

指南,以规范流程,确保口述采访的科学、有效。实行专题负责制,采用任务与自主选题相结合、个体与群体访谈相补充,通过定期工作研讨、业务培训、年度总结交流会等形式,形成较为完善的运行机制,提高团队的运行效能。搭建微信交流平台,及时发布采访通告、沟通采访内容和进程。经口述实践产出了一批固化的可触可感的文字、音像、图片等有形文化产品,以其凝现的文化精神成为爱国主义教育和社会主义核心价值观教育的有效延伸。

3.3　线上线下联动,创新文化传播渠道

围绕校园文化建设需求,将口述史中挖掘的优秀传统文化,如大学精神、敬业精神、劳模精神、严谨的科研治学态度等运用于专题活动,充分发挥口述史中记载的优秀人物的道德示范和榜样引领作用。利用线上新媒体平台联动发布微信成果,探索启动校史文化在线微课程制作和推广;同时开拓线下途径,多层次、多方位、多渠道进行校史文化传播,努力发挥文化资源的整合放大效应。通过互助合作,以各项专题活动为契机,开展校史知识竞赛、校史故事多媒体展示等多项校园文化活动,加大校史文化传播的覆盖面。引领师生共同参与,利用学校名师、教授等的深厚影响力,长期征寻校史口述线索,让更多老同志成为校史文化传播中一支不可多得的宝贵力量。通过文化宣传,吸引更多的学生成为大学记忆的挖掘者和传播者。

参考文献:

[1] 王玉龙:不同的记录不同的过去:口述历史档案的兴起及其理论影响[J].档案学研究,2016(5):40—44.

[2] 郭平:传承人与年画的文化记忆——以口述史为例[J].年画研究,2016(秋):98—102.

[3] 郗戈,董彪:传统文化的现代转化:模式、机制与路径[J].学习与探索,2017(3):20—26.

[4] 汪琪:以口述历史看口授舞台——论传统戏曲文化的口述史研究与当代文

化建构[J].戏曲文化探幽,2015(9):99—104.

　　[5] 赵弘磊,雷晓蓉,张艳梅:从校史文化建设角度浅谈高校口述档案的选题[J].机电兵船档案,2017(6):47—50.

当"双一流"遇上"互联网＋"
——高校档案文化传播主体面临的机遇与挑战分析

上海理工大学档案馆　　刘淑娟

　　摘　要："双一流"大学建设项目的主要任务之一是传承和创新优秀大学文化，这为高校档案文化传播提供了新机遇。但是高校政策上的不平衡，致使档案文化传播主体"传播动力"不足。"互联网＋"时代，新技术的蓬勃发展为高校档案文化传播提供了更为丰富的平台，催生了档案文化产品开发的社会合作性，但也对档案文化宣传的内容和形式提出了新要求，对档案文化传播主体的能力提出了更高的要求。高校档案文化传播主体，须从建设"一流"大学文化的角度，提高工作积极性和自身传播能力，加强高校档案文化传播新媒体平台建设，促进社会合作。

　　关键词："双一流"　"互联网＋"高校档案文化传播主体机遇　挑战

　　"双一流"建设项目实施为大学文化建设、高校档案文化传播提供了新机遇，同时也提出了传承和建设一流大学文化的高要求；"互联网＋"时代，新技术的蓬勃发展颠覆了传统的传播环境，也为高校档案文化传播提供了更为广阔的平台。"双一流"与"互联网＋"为高校档案文化传播开启了一个机遇与挑战并存的新时代。高校档案文化传播主体作为传播活动中的主导元素，须紧跟时代潮流，抓机遇，迎挑战，对档案文化扬弃继承、转化创新，助力"双一流"大学文化建设。

1 高校档案文化传播主体范畴

《档案文化论》首次提出"档案文化"定义:狭义的档案文化是指作为人类物质文明和精神文明记录与反映的档案信息及其载体,即档案实体文化;广义的档案文化除包括档案实体文化以外,还包括人类有效管理和利用实体文化成果而采取的活动方式及其创造出来的档案事业文化[1]。"高校档案文化"作为"档案文化"的一部分,也可以从狭义和广义两方面进行理解,狭义的高校档案文化,是高校档案实体文化,即"高校从事招生、教学、科研、管理等活动直接形成的对学生、学校和社会有保存价值的各种形式和载体的历史记录"[2];广义的高校档案文化,还包括高校在管理和利用高校实体文化及其成果方面,采取的一系列活动方式和高校创造出来的档案事业文化。

因此,高校档案文化传播者也可以从狭义和广义两方面进行区分。狭义的高校档案文化传播者主要是高校内部从事档案工作的档案馆、校史馆、博物馆等部门及其工作人员,他们可以利用丰富的馆藏档案,将可开放的档案进行编研,产生形式多样的档案文化内容,是档案文化传播主体;广义的高校档案文化传播者还包括高校其他部门及其工作人员、学生以及高校外部的社会组织和个人,他们在日常生活中可以利用有限的档案对高校档案文化进行传播或转播,是高校档案文化的辅助传播者。

2 高校档案文化传播主体面临的时代背景

2015 年 7 月 4 日,国务院印发《国务院关于积极推进"互联网+"行动的指导意见》,"互联网+"时代正式到来[3]。同年 10 月 24 日,国务院颁布《统筹推进世界一流大学和一流学科建设总体方案》[4](下简称《"双一流"建设总体方案》);2017 年 9 月 21 日,首批世界一流大学和一流学科建设高校及学科名单正式确认公布[5];习近平同志在十九大报告几多次重大会议中强调,"要加快一流大学和一流学科建设"[6]。

"双一流"建设项目是我国高等教育现阶段发展的内在需求表现,"互联网＋"是当今互联网技术发展的结果,是"双一流"建设项目运行的外部环境。

3 高校档案文化传播主体面临的机遇分析

高校档案文化传播主体需对高校档案所承载的信息进行挖掘,汲取校史、档案中的思想文化精华,并对其进行扬弃继承、转化创新,产生形式丰富的内容,通过传播渠道向高校学生、教师、校友及社会群体推广和扩散。"互联网＋"的新环境和"双一流"的新需求,注定为高校档案文化传播主体带来新的机遇与挑战。

3.1 "双一流"建设项目实施高校档案文化传播提供新机遇

《"双一流"建设总体方案》提出,"双一流大学建设的主要任务之一是传承和创新优秀文化,加强大学文化建设,……认真汲取中华优秀传统文化的思想精华,做到扬弃继承、转化创新,并充分发挥其教化育人作用"[7]。

高校档案文化是高校发展历史的见证,是大学文化的积累,是大学文化传承的重要内容。传播的功能之一是文化传承[8],高校档案文化传播是实现大学优秀文化传承的重要途径。

"双一流"建设项目带来的大学文化传承和建设任务,为长期以来处于高校的边缘位置的档案馆、校史馆、博物馆等部门及其工作人员深入开展档案文化传播工作,并进一步融入高校中心工作,提供了新机遇。

3.2 "互联网＋"时代为高校档案文化传播主体带来的机遇

"互联网＋"时代,网络传播媒体平台呈开放和多样化发展趋势。网站、微博、微信、播客等逐渐成为各高校档案文化传播的新平台。这些网络媒体大大拓宽了高校档案文化传播主体的传播渠道,也大大缩短了档案文化信息从编研到被广大群众阅读知晓的时间;档案文化传播的内容和形式也不再受制于传统媒体发表门槛的限制,传播主体可以相对自由的形式对编研成果进行发表、传播;网络传播媒体的交互性特点,使传播主体与受众及时互动得以实现;社交媒体的迅速崛起,使每个人都可以是大众传播媒体,大家对收到的信息进行转发,在朋友圈和社会上扩大传播。这些为高校档案文化传播主体的传播工作提供了便利。

4 高校档案文化传播主体面临的挑战分析

4.1 职称评审制度导致传播主体的"传播动力"不足

高校一般实行档案馆、校史馆、博物馆合署办公的制度,工作人员晋升以档案专业技术职称为主。作为边缘部门,其高级职称比例较低,远远低于中心部门。档案职称评审需在档案系列职称评审机构评定资格后,再由高校聘任。但是,档案系列职称评审机构只认可档案的管理学研究成果,不认可校史方面的档案编研成果。在高校职称聘任过程中,虽然不排斥校史方面的档案编研成果,却过于强调学术成果所发表期刊的级别,忽略了校史研究、档案编研成果是以学术研究手段获得的大众性文化产品的特殊性。在多数高校的文科版学报都没有开设档案校史相关栏目的情况下,校史研究成果很难在影响因子高的期刊发表。作为档案工作指挥棒,现行职称评审制度直接导致这些部门工作人员对档案编研、校史研究缺乏动力。

4.2 传播环境变化快,对传播主体能力提出更高要求

"互联网+"传播环境下,人们习惯了打开电脑或者手机接收信息,传统的需要现场参与的展览活动、讲座等传播渠道受到一定程度的冲击;新的阅读习惯,如"微阅读"、"快阅读"以及"重声像、轻文字"等,要求传播内容精而短,更新速度快。而受"档案职称"指挥棒的引导,以论文、专著为主,展览、新闻等为辅的传统档案文化传播内容形式,无法满足人们的新需求;网站、微博、微信公众号等网络媒体逐渐成为各高校档案文化传播的新平台后,受众与传播主体互动需求增加;社交网络媒

体环境下,人人都是传播者,对档案文化传播内容的"真实性"造成一定冲击。这些亟待解决的问题,都对高校档案文化传播主体的能力提出了新要求。

4.3 档案文化产品开发的社会合作性增强

互联网新兴媒体多以声和像的传播为主,由此催生了视频类档案文化产品的兴起,但这类产品往往需要高校与社会组织的合作才能实现。2018年初上映的电影《无问西东》,是高校与电影公司合作传播档案文化的一个成功案例。电影最初是向清华大学百年校庆献礼的作品,导演、编剧李芳芳从清华大学百万余字的校史档案资料和十几万张照片中寻找创作素材,通过不同年代清华大学师生的故事,展现时代风骨,传承大学精神[9]。电影上映后,在社会上迅速传播,获得口碑与票房双丰收的佳绩,引领了全国高校档案文化的传播。

5 高校档案文化传播主体应对挑战策略分析

高校档案文化传播主体应该抓住"双一流"大学文化建设的机遇,充分利用"互联网十"时代新技术带来的传播环境优势,应对挑战,高效传播高校档案文化。

5.1 从建设"一流"大学文化的角度,提高传播主体工作积极性

首先,高校应从建设"一流"大学文化的角度,重视档案编研和校史研究的意义,在人员、经费、设备等资源方面提供全方位支持,将"领导重视"落实在制度上,疏通档案馆、校史馆、博物馆等部门工作人员的晋升渠道,提高传播主体的传播积极性。同时,加强队伍建设,通过引进高层次人才和培训、培养现有工作人员的途径,实现档案文化传播队伍整体水平的提高;其次,传播主体要树立为"一流"大学文化建设服务的理念,切实提高自身能力,做好档案文化传播工作。

5.2 传播主体多方面提高自身传播能力

"一流"大学文化建设要求传播主体具备多方面能力：首先，编研能力。传播主体必须时刻把握传播的主旋律，熟悉档案本身所携带的信息，决定需发掘的档案内容；其次，策划能力。传播主体应具备相应的研究能力和文字表达水平，既能写严谨的学术论文，也能写通俗易懂、生动有趣大众性读物。同一内容的档案，根据传播媒介和受众的不同，策划出不同的宣传形式，如书本、展览、话剧、视频短片、电影、短文等；再次，互动能力。传播主体要充分利用网络媒体和社交媒体，与受众充分开展互动，及时接收受众反馈，促进档案文化传播效果的实现；最后，"把关"能力。传播主体要利用自身档案研究优势，发布真实的档案文化信息到公开、权威的信息搜索平台，及时纠正错误信息。

5.3 加强高校档案文化传播新媒体平台建设，强化社会合作

首先，高校应提供政策支持，促成档案、校史编研队伍与辅导员队伍、宣传部及其他部门工作人员的合作，以保障档案文化传播取得好的效果。其次，档案部门应在遵守《档案法》的前提下，积极开设专门业务网站、网上历史馆、网上博物馆、微信公众号等传播平台，及时发布工作动态及档案编研成果信息；最后，加强与社会媒体的合作。平时与社会知名媒体保持经常性的良好互动，在编研出高质量内容的前提下，根据不同媒体的特点进行针对性的素材加工，多渠道传播。

参考文献：

[1] 王英玮. 档案文化论[M]. 北京：中国人民大学出版社，1998.

[2] 中华人民共和国教育部，国家档案局. 高等学校档案管理办法[Z]，中华人民共和国教育部令第 27 号. [2008—08—20]. http://old. moe. gov. cn/publicfiles/business/htmlfiles/moe/moe_621/201001/81841. html.

[3] 国务院. 国务院关于积极推进"互联网＋"行动的指导意见[Z]. 国发[2015]40 号. [2015.07.01].

［4］国务院.关于印发统筹推进世界一流大学和一流学科建设总体方案的通知［EB/OL］:国发［2015］64 号.［2015—10—24］.http://www.gov.cn/zhengce/content/2015—11/05/content_10269.htm.

［5］教育部,财政部,国家发展改革委.关于公布世界一流大学和一流学科建设高校及建设学科名单的通知［EB/OL］.教研函［2017］2 号.［2017—09—21］.http://www.moe.gov.cn/srcsite/A22/moe_843/201709/t20170921_314942.html.

［6］习近平.决胜全面建成小康社会　夺取新时代中国特色社会主义伟大胜利［R/OL］.［2017.10.18］.http://www.xinhuanet.com/2017—10/27/c_1121867529.htm.

［7］(美)哈罗德·拉斯韦尔(Harold Lasswell)著.何道宽,译.社会传播的结构与功能［M］.北京:中国传媒大学出版社,2013.

［8］无问西东［EB/OL］.百度百科.https://baike.baidu.com/item/无问西东/1743189? fr＝aladdin.

［9］库尔特·卢因.群体生活渠道［M］.北京:中国传媒大学出版社,2002.

［10］郭庆光.传播学教程［M］.北京:中国人民大学出版社,1999.

［11］朱之平,张淑锵.大学文化的传承与展示:一个校史研究的视角［J］.浙江大学学报(人文社会科学版),2011(6).

［12］张新,徐珂,胡明浩.新媒体与档案文化传播研究［J］.上海档案,2014(11).

［13］裴佳勇.社交媒体环境下档案文化传播模式分析与构建［J］.北京档案,2017(07).

新媒体时代背景下，微信公众号服务档案宣传工作探究

——以全国档案微信公众号为例

上海商学院党委办公室、校长办公室　庄黎丽　杨哂哂

摘　要： 在新媒体时代背景下，档案微信公众号是档案宣传工作主动服务社会、融入社会、提供信息资源的一种途径，也是一种让社会公众更加了解档案、利用档案的方式。笔者通过中国人民大学档案学院相关研究机构(档案社交媒体联盟)公布的2019年度10月全国档案微信公众号排行榜(TOP100)前三名的公众号"金山记忆"、"吴江通"、"兰台之家"和后三名的公众号"云南档案"、"广东档案"、"四川省档案局"进行对比总结，并对档案类公众号的发展以及如何服务档案宣传工作提出了相关建议。

关键词： 新媒体　档案公众号　档案宣传

1　档案微信公众号排行榜(TOP100)前三名、后三名介绍

序号	公众号	版块数量	一级界面	二级界面
1	金山记忆	3	动态速递	动态、视角、学堂、公告
			人文之窗	钩沉、访贤、光影
			服务信息	局馆简介、查档指南、联系我们、随手拍领奖名单、老照片征集
2	吴江通	3	为您服务	业务咨询、服务指南、职称评定
			精彩推文	
			吴江通	

（续表）

序号	公众号	版块数量	一级界面	二级界面
3	兰台之家	3	读档	兰台岁月、档案宣传视频、最新行业动态、全国档案专家、搜索查阅
			问档	问档、论坛精彩瞬间、兰宝商城
			用档推荐	北京融安特智能科技股份有限公司
4	云南档案	3	政务服务	政策法规、依法治档、联系我们
			档案服务	查档预约、查档指南、档案业务标准规范
			教育培训	培训计划、培训通知、培训课件
5	广东档案	1	仅历史消息	
6	四川省档案局	3	历史消息	
			查档服务	
			联系我们	

　　从以上档案类微信公众号服务平台看，内容大致可以分为：局馆概况、服务指南、本地历史文化和其他等四类。在普通老百姓眼中，档案工作，尤其是史料的编研，都是在大库房和旧档案里进行，让人对"养在深闺"的档案产生了与世隔绝、枯燥乏味的印象，更不可能与活跃的新媒体联系起来。档案类微信公众号对当地历史文化、人文地理、档案信息等进行了整体上的分类汇总，有助于在当代新媒体环境下，较为清楚的从档案中了解不同地区的文化发展史。排名较前的公众号相对来说有自己的特色模块和风格，它们以自己特有的方式吸引着受众的关注，宣传档案工作、传播档案文化。每个档案馆公众号凭借自己对于微信档案工作的理解进行了属于自己地方的微信档案公众号建设，其中有些地区小有成就，但是也存在着相应的不足。

2　公众号的比较(本文选取了 10 月份各大公众号的发文来进行分析)

内容 ＼ 名称	金山记忆	吴江通	兰台之家	云南档案	广东档案	四川省档案局
更新频率/月	3	19	31	9	2	7
原创文章的数量	1	19	9	0	0	0
宣传方式(线上线下活动的次数)	2	0	0	0	0	0
有无特色版块	(钩沉……)	无	兰台岁月	无	无	无
创新性内容的文章篇数	1	0	0	0	0	0
发文量	3	19	31	9	2	7

内容 ＼ 名称	金山记忆	吴江通	兰台之家	云南档案	广东档案	四川省档案局
单篇文章的最高阅读量	2.5 万	3485	6114	288	486	662
内容排版上有无特色	图片较多与主题切合	排版清晰	排版清晰	排版略简单	排版清晰	排版简单
互动性(作者对文章评论的回复)	互动强	互动少	互动少	无	无	无
标题的创新性	强	大众化	大众化	大众化	大众化	大众化

　　以上数据显示,"金山记忆"取得 10 月档案类微信公众号头榜的原因是显而易见的,凭借其较高质量的推文以及受众之间较强的互动性,赢得了用户较为广泛的关注和参与。在"金山记忆"的原创文中,都有与受众间的交流互动活动,只要用户在评论区留言、互动并积赞,满足要求后就有机会获得相应的奖品。相比之下其他公众号最欠缺的地方是与受众的互动交流。在更新频率上,虽说金山记忆的推文只有三篇,但是注重文章的质量,最高阅读者的文章原创,其标题、排版、互动都能引发受众的共

鸣。从整体上看前三名的公众号,都注重原创文章的数量和质量,以及其推送的文章质量相对较高。排名前三的公众号同后三相比其特色相对突出,有原创文章并且质量较好同时数量相对较多,而且具有自己的特色板块,后三名则相对欠缺特色的板块或者高质量的文章。

从整体上看,档案类微信公众号的内容较为零散,缺乏系统的结构,能够满足读者需求的高质量文章相对较少。文章的整体浏览量相对较低,例如作为档案类微信公众号排行榜的前100,"云南档案"单篇文章的月最高浏览量是288次,作为一个新媒体公众号平台流量较少,同"金山记忆"相比,其确实存在相应的问题。当然每个公众号都有自己的特色,也都能以自己的方式讲述属于自己的历史文化传统以及名人故事,但是在今后的发展之中面临很多的问题依然需要不断的加以创新和改善。

3 公众号面临的问题

3.1 缺乏明确的定位和多元化的内容

大部分档案类公众号缺乏明确的定位和多元化的内容,文章缺乏清晰有效的分类,内容较为杂乱,内容上缺乏能够吸引受众阅读的利益点,内容营销是档案社交策略中的重点[1],档案类公众号,缺乏多元性的内容很难得到受众的认可,从而难以激发受众在社交圈上的推广、社会群体的关注度较低。大多数的档案类公众号缺乏能够吸引受众阅读的多元化内容,大多以图文为主,只具备一般公众号的普遍特点,缺少特色的音频和精美有趣的视频内容,而相关性较强的视频和音频能够增加文章的新鲜感和活力。最终导致阅读量和转发量长期维持在一个很低的数量无法攀升。长此以往丧失了该公众号的特色,使公众号的发展陷入泥潭。

3.2 发布频率的不合理性

从整体上看,档案类公众号的发文频率相对较低,不能使受众养成持续关注公众号的阅读习惯,长此以往,也会导致受众对于公众号的淡忘和忽视甚至是取消关注。一个公众号能否在受众的闲暇时间推送文章,满足其生活阅读习惯对于其发展至关重要,同时文章推文的发布频率不合理会导致受众产生反感,对于公众号的内容推送产生负面的影响,在推送时间和推送频率上缺乏相应的细节。

3.3　与受众的互动性较弱

与受众的互动性较弱,是当前档案类公众号的通病,也是导致浏览量普遍较低的原因。在高互动性、高参与度的自媒体时代下,传统的"被动填压式"内容已经无法紧扣受众的需求,也无法激发其兴趣。一个公众号如果缺乏了与受众的有效互动,其从本质上讲并不是新媒体环境下的服务平台,并没有发挥新媒体时代下公众号这一产物高互动性的优势。金山记忆作为本月档案类公众号的榜首对于其他的同类型微信号的发展具有参考和借鉴意义,其较高的互动性较大的流量和转发量,与受众的互动在其中功不可没,但是从整个公众号发展的历程上来看,同其他类型的公众号相比其依然有所欠缺。

3.4　缺乏资金和专业性的人员

一个公众号的运营和发展需要一定的资金投入,只有这样才能为其与受众的互动奠基,具有相应的资金才能不断扩展与受众的互动。由于资金的相对短缺,造成互动形式的单一或者欠缺,公众号的推广和发展就受到了很大程度的阻碍。同时还需要一个专业的团队,不论是文章的写作、图片的拍摄、页面的排版等等都需要一定专业技能素养。当前档案类公众号从现状来看缺乏专业的运营团队,造成公众号的内容质量偏低,设计排版也不够吸引受众,文章的趣味性也较弱,这是当前档案类公众号发展所经历的阶段。

4　对于档案微信公众平台的建议

4.1　树立档案类媒体的品牌意识

明确定位,确立主体的发展方向。每个公众号的发展,都需要具有吸引受众关注的利益点,只有明确了档案类公众号的主要发展方向,创建属于自己的特色利益点,才能吸引相关的群体,促进公众号的良性发展。档案类公众号的发展,不应该是照本宣科的模仿,应该是立足于当地文化下的创新性推广。只有寻找到自己的特色,明确自己的定位,才能建立起属于自己的"档案微信文化"。清晰的定位是公众号发展的第一步,也是其吸引目标受众的基础。档案微信公众号应整合档案资源,在还原历史记录的同时与现代完美结合,让历史人物和事件活起来。

4.2 增加创新性内容,贴近生活、贴近用户增强用户的认可度

经济学上讲究供给要满足需求的发展,微信公众号的发展也是如此。只有推送用户需要的高质量文章,才能获得关注和推广。李琳应该认为微信公众号应注重研究用户的喜好,不断优化选题,改变组织方式运用互联网思维进行编辑,以提高内容的质量为目标[2]。在新媒体时代下,受众每天会面对海量的数据和信息。因此如何让浏览者在有限的时间内选择档案类公众号的文章,并关注转发,成为公众号的粉丝,很大程度就取决于所推广的内容。档案公众号推出的文章所包含的信息内容是保持社会群体持续关注的重要原因。网络、热词、图文搭配和原创文章是内容营销所推荐的微信公众号信息编排策略[3]。内容丰富有趣,能满足受众的需求。增加创新性内容是一个公众号吸粉、扩粉的关键。创新性的内容应该打破传统的微信公众号只有图文这一单调形式的现状,加大音频、视频文件的入编力度,综合所有资源的优势,发展自己的特色档案文化。特色的创新性推文,是任何类型公众号发展的重要推动力。为进一步扩大档案工作影响,增强社会档案意识,促进社会公众认识档案记忆价值和在经济社会发展中的作用,营造全社会关心支持档案工作的良好氛围。

4.3 选择合理的更新频率和发布时机

对于一个公众号来说,推文与目标受众的阅读时间节点相匹配,可以更好的顺应受众的阅读习惯,也可以把没有进行科学推送文章的公众号挤出受众的视野,让受众第一时间接收科学的推文。根据公众号面向群

体的不同,选择不同类型的推送时间。从整体上讲,推送文章的最佳时间是在上下班的时间段、晚上 8 点—9 点。这些时间段,受众拥有碎片化的时间去阅读公众号的内容,也更愿意通过这一方式去满足自己的精神文化诉求,需要注意的是过多的推送不仅会导致文章质量的下降,也会导致受众的负面情绪。所以推送频率的合理化,有利于避免受众产生反感的情绪,对公众号的内容产生抵触造成退订的现象。所以推文的频率保持在一周 2 到 3 篇是理想的发布状态,2 到 3 篇的发文,既可以培养受众的阅读习惯,又能避免受众对该公众号产生反感。

4.4　加强与受众的交流与沟通,提高平台的互动性与趣味性

在高参与的自媒体时代下,互动性、趣味性是一个平台保持活力的基础。档案类微信公众平台应该加大与受众的互动,同时学习其他类型微信公众号的互动模式,增加互动模式的投入和创新力度,不断提高受众的参与度。从媒介影响力的形成过程来看,它是信息传播不断对公众施加影响的过程具有阶段性和动态性的特征。英国著名的传播学家丹尼斯基于态度改变模型将媒介影响力的形成过程分为接触、接受、保持、和提升四个环节[4]。要想公众号取得显著的成绩,趣味性和互动性是在受众接触公众号之后进行接受、保持、提升的基础。通过高互动性和高趣味性推动受众的阅读、分享、转发促进公众号流量的上涨。

4.5　加大资金投入并提高编撰人员的专业程度

俗话说,经济基础决定上层建筑,档案类公众号的发展需要一定的资金投入来扩充、丰富其互动内容并且展开相关活动。资金是任何一个平台发展的血液和动力,档案微信公众平台的构建、发展和创新需要引入资金,从而通过专业的团队、明确的分工、提高内容的服务性和实用性。"金山记忆"公众号的运作中有专业的团队,负责相关的工作。文章质量较高,图片的拍摄较为专业,同时也为档案类公众号引入资金提供了较好的借鉴。档案类公众号可以学习"金山记忆"的模式,挖掘当地企业的文化,进行企业的推广,以此方式获得企业的赞助,为公众号开展后续的活动,

增加与受众间的互动奠定基础。

5 总结

  档案工作者也在不断与时俱进,以受众所喜闻乐见的方式呈现档案文化,促进档案工作的开展和进行,更好地服务于群众,服务于社会。近几年来,大量公众号纷纷建立,以新媒体的形式来促进档案工作的推进无疑是新时代下档案宣传工作发展的趋势。各大档案馆都建立了自己的公众号,开设了专有模块,挖掘自己的文化,书写自己的文章,但是在摸索和探究的过程中也遇到了相关的问题。以 10 月份的数据为参考,金山记忆已经初步构建了属于档案公众号的发展模式但是依然有需要加强的地方。对于每个公众号来讲,都需要在今后的发展工作中,不断的弥补自己的不足,明确自己的定位,增加与受众的互动性,不断提高、改善文章的质量,形成良性的循环,打造好建设好档案类微信公众号,促进档案宣传事业的发展。

参考文献:

[1] 吕文婷,马双双。档案部门社交媒体策略研究[J].浙江档案,2018(2):15—17.

[2] 李琳.纸媒微信公众号如何脱颖而出——以彭城晚报微信公众号运营为例[J]新闻战线,2016(9):141—142.

[3] 段尧清,程宁静,肖博.基于政务微信公众号的易得性信息特征研究[J].情报科学,2016(7):131—135.

[4] 丹尼斯·麦奎尔.大众传播理论[M].李琨.译.北京:清华大学出版社.2006:256.

档案馆功能与职能

档案馆、校史馆、博物馆三馆合一运行模式研究

上海财经大学档案馆(校史馆/博物馆)　喻世红

摘　要：近年来,高校档案、校史、文博工作快速发展,各个高校依据自身的基础和特点,在档案、校史、文博工作的机构设置、运行机制上形成了不同的模式。2014 年,上海财经大学开创性的建立了档案馆、校史馆、博物馆三馆合一的上财模式,构筑档案校史文博工作协同体。本文从三馆合一的基础,档案馆、博物馆共享协同的发展趋势,以及上海财经大学对三馆合一模式的探索与实践等方面,分析了三馆合一运行模式的可行性和必要性。

关键词：档案馆　校史馆　博物馆　三馆合一　运行模式

　　近年来,高校档案、校史、文博工作呈现出快速、蓬勃发展的态势,各个高校依据自身的基础和特点,在档案、校史、文博工作的机构设置、运行机制上形成了不同的模式。以上海 8 所教育部部属高校为例,学校档案工作均起步较早,7 所大学设置了档案馆,全面负责学校的档案工作,时间最早的已成立 31 年。近 10 余年来,各校校史工作快速发展,8 所大学均有校史馆实体展馆,并分别设置了党史校史研究室、校史研究室、校史馆等机构负责校史工作,但机构均非独立设置,主要隶属于档案馆或宣传部。近 5 年来,高校博物馆蓬勃发展,8 所大学均有不同类型、不同规模的博物馆,机构上有完全独立的、有隶属于图书馆的、隶属于档案馆的,还有隶属于院系的。表 1 调研汇总了上海 8 所部属大学档案、校史、文博工

作机构设置情况,可以看到档案工作的管理机构相对统一,而校史、文博工作的管理和运行呈现多种模式。

表1　上海8所部属高校档案、校史、文博工作机构设置情况

	档案工作	校史工作	文博工作
上海交通大学	档案馆(正处级)	党史、校史研究室(档案馆馆长兼主任)校史馆(档案馆下设科级机构)	钱学森图书馆(档案馆馆长兼常务副馆长)董浩云航运博物馆、李政道图书馆(隶属档案馆,科级机构)
复旦大学	档案馆(正处级)	校史研究室(档案馆下设科级机构)	博物馆(隶属文博系)
同济大学	档案馆(正处级)	校史馆(隶属档案馆,档案馆副馆长兼校史馆馆长)	博物馆(隶属图书馆)
华东师范大学	档案馆(正处级)	校史党史编委会办公室(与档案馆合署)	博物馆(独立,正处级)
华东理工大学	档案馆(正处级)	史志研究室(拟设,档案馆内设机构)校史馆(代管)	博物馆(隶属院系)
东华大学	档案馆(正处级)	校史馆(宣传部负责建设,档案馆负责管理)	上海纺织服饰博物馆(独立,正处级)
上海外国语大学	综合档案室(隶属校办)(拟三馆合一)	校史馆(宣传部建设)	语言博物馆(宣传部建设)
上海财经大学	档案馆、校史馆、博物馆三馆合一(正处级,2014)		

上海财经大学创建于1917年,作为一所百年大学,学校本着"传承上财精神、弘扬商学文化"的历史使命和"对历史负责、对文物负责、对档案负责"的责任担当,2014年,开创性的建立了档案馆、校史馆、博物馆三馆合一模式,构筑起档案校史文博工作协同体,三馆高度融合、协同发展。本文从三馆合一的基础,档案馆、博物馆共享协同的发展趋势,以及上海财经大学对三馆合一模式的探索与实践等方面,分析了三馆合一运行模式的可行性和必要性。

1 三馆合一的基础

1.1 档案、史料、文物同宗同源

馆藏,是立馆之本,是所有工作的基础。从馆藏来看,档案馆、校史馆、博物馆所收藏的档案、史料和文物虽然有所区别,但追溯历史,可以说是同宗同源。

关于"档案",在国际和国内学术界一直未有统一的定义。1988 年 1 月 1 日实施的《中华人民共和国档案法》对档案的定义为:"档案是指过去和现在的国家机构、社会组织以及个人从事政治、军事、经济、科学、技术、文化、宗教等活动直接形成的对国家和社会有保存价值的各种文字、图表、声像等不同形式的历史记录"。

通常说的史料,是指那些人类社会在历史发展过程中所遗留下来的、并帮助我们认识、解释和重构历史过程的各种痕迹。一般将史料分为第一手史料和第二手史料。前者是指接近或直接在历史发生当时所产生,后者是指经过后人运用第一手史料所作的研究及诠释。通常认为,史料定义较为宽泛,档案是史料中的一种。

关于"文物",各个国家的称谓并不一致,其涵义和范围也不尽相同,因而迄今尚未形成共同确认的统一定义。《中华人民共和国文物保护法》列举了受保护的文物范围。简单说,文物是指人类在社会活动中遗留下来的具有历史、艺术、科学价值的遗物和遗迹。

从前文可以看到,档案、史料、文物,虽有区别但有高度的相似性,其相似性主要体现在:第一,它们都是人类各种社会活动及自然环境的历史记录,是后人了解、研究历史的重要物质基础;第二,它们都具有一定的保存价值,包括历史价值、艺术价值、科学价值等;第三,它们都有多种呈现形式,包括纸质、声像以及各种材质的实物形态。从历史根源看,档案、史料、文物可谓同宗同源,经常会出现你中有我、我中有你的情况,我们时常能在博物馆中发现档案的踪迹,时常又会发现一些历史档案也兼具文物的属性,就如大英博物馆收藏的泥版文书,是文物同时也是历史档案,而法国国家档案馆收藏的巴士底狱的钥匙,是档案也同样是文物。

作为学校管理档案、史料和文物的档案馆、校史馆和博物馆,从藏品角度看,最根本的区别在于藏品所涉及的主体不同,学校档案馆保存的档案主要是本校在办学过程中直接形成的历史记录,主体就是学校,具有唯一性;校史馆保存的史料主要是围绕学校办学的各类历史痕迹,除直接形成的第一手历史记录外,也包括其他第二首的史料或有一定关系的周边史料,主体与档案馆基本一致,但部分史料不具有唯一性;博物馆保存的藏品种类比较丰富,藏品往往是围绕某一主题,而与学校发展本身没有直接关系,如瓷器、生物标本、古钱币等,其中唯一性和非唯一性同时存在。

上海财经大学档案馆、校史馆、博物馆藏品包括上海财经大学的档案和史料,中国高等商学教育发展的档案及史料,保险类史料及藏品,税票类史料及藏品,货币类史料及藏品,算具类史料和藏品等。它们具有前文提到的三个相似性,即历史记录、保存价值和多种形式,虽然主体有所不同,但放在一个更大的时空范围看,他们有一个重要的共同点是所有藏品都紧紧围绕"商""财经"这一主题。这样的相似性、共同点和以此形成的特点,是上海财经大学实践三馆合一模式的重要基础。

1.2 档案馆、校史馆、博物馆职能逐步趋同

《中华人民共和国档案法》规定:"中央和县级以上地方各级各类档案馆,是集中管理档案的文化事业机构,负责接收、收集、整理、保管和提供利用各分管范围内的档案。"中华人民共和国《博物馆条例》指出:"本条例所称博物馆,是指以教育、研究和欣赏为目的,收藏、保护并向公众展示人类活动和自然环境的见证物,经登记管理机关依法登记的非营利组织。"从上述法律法规可以看到收集收藏、保管保护、提供利用是档案馆、博物馆相同的基本职能,教育、研究、展览传统上更多体现为博物馆的职能,档案馆较少提及。近年来,随着内部发展的需要和外部环境的变化,档案馆的研究、展示、教育职能逐步提升,档案馆、博物馆在职能上趋同趋势越来越明显,都承担了收集、保管、利用、研究、展览、教育等职能。

高校档案馆、博物馆作为学校内设机构,具有一定的特殊性,但职

能上主要依据上述法律法规。中国第一批高校档案馆成立已有 31 多年,设立之初其职能主要是对学校各类档案开展收集、保管、利用以及开展一定的档案编研工作。近年来,随着校史工作的发展需要,校史工作机构,包括校史研究室、校史馆等越来越多的隶属于档案馆或与档案馆合署,档案编研和校史研究的融合度越来越高,研究能力明显提升,研究成果十分丰富,比如华东师范大学的"丽娃档案丛书",构建了立体的档案编研和校史研究谱系。同时,档案馆举办展览,加强对档案文化、校史文化的传播意识和能力越来越强,比如今年围绕建国 70 周年主题,65 所教育部部属高校档案馆举办各类实物、图片展 59 个;又比如《中国教育报》开设了"70 年光辉历程　70 年难忘记忆　档案故事"专栏,连续刊载了相关高校档案故事 20 余篇,起到了很好的传播作用。高校档案馆和校史馆研究、展览、教育的职能明显提升。高校博物馆作为内设博物馆,一直以来没有明确的主管部门和管理办法,各校情况差异较大,但在近年来文博事业快速发展的大潮中,很多大学博物馆在机构设施、馆舍建设、展览陈列、研究教育等方面在原有基础上都有很大程度的提升和完善。5 年内新建或从建开馆的博物馆包括清华大学艺术博物馆(2016 年)、浙江大学艺术与考古博物馆(2019 年)等,大学博物馆的征集、保管、利用、研究、展览、教育等职能逐步完善。所以,大学档案馆、校史馆、博物馆的职能逐步趋同。

　　上海财经财经大学档案馆成立于 2002 年,主要承担学校档案的收集、保管、利用和编研工作;2008 年,校史研究室成立,与档案馆合署办公,档案编研和校史研究工作逐步融合,校史研究工作有所发展;2014 年,学校确定了档案馆、校史馆、博物馆三馆合一的组织架构,开展承担校史、博物馆史料和藏品的征集、管理、展馆建设、展馆开放及教育工作。2017 年百年校史馆、商学博物馆建成开馆。在三馆的发展和逐步走向合一的过程中,其工作内容不断拓展和延伸,从最初的收、管、用,到征集和研究,再到展览和教育,职能的逐步趋同成为一个自然的过程也成为一个必然的结果。三馆已从一个管理服务机构变成为管理服务机构和文化机构。

2　三馆合一符合发展趋势

放眼国际,档案馆、博物馆开展合作互补、共享共赢已成为档案馆和博物馆界的共识,国际上很多档案馆、博物馆都已进行了诸多有益的尝试和实践,也必将成为未来发展的趋势。

2.1　文化产品需求

随着经济的发展和社会的进步,公众对精神文化的需求快速提升。档案、史料、文物同宗同源,具有天然的文化属性,都是重要的文化资源。提供丰富的、高质量的文化产品和服务,是档案馆、博物馆的责任,是挑战也是机遇。可以看到不论是档案界还是文博界,加强对内容的研究和内涵的挖掘,提升档案、文物所承载的优秀文化的传播力,让档案、文物说话,提供丰富的文化产品满足社会公众需求,是档案、文博工作的发展趋势。近年来,《我在故宫修文物》《国家宝藏》《国家记忆》《2019 中国记忆》等文化文艺作品热映,高校校史馆成为旅游、游学的热点,博物馆节假日人山人海,都反映出这一需求。

高校档案馆、校史馆、博物馆对内承担着存史资政育人、服务师生的职能,对外承担着服务社会文化需求,传播大学文化、优秀传统文化的职责,是学校的重要文化名片,基于共同的文化属性,三馆合一能更好的整合资源,为外界提供更多更好的产品和服务。

2.2　藏品信息资源共享

随着信息技术的快速发展,近年来,不论是国际还是国内,不论是公共档案馆、博物馆还是高校档案馆、博物馆,藏品资源数字化、信息化比率越来越高,并通过互联网平台提供各种利用、参观、教育服务。2013 年,美国公共数字图书馆 DPLAS 上线,整合了美国图书馆、博物馆、档案馆电子资源,实现一站式检索服务。法国国家档案馆官网上的"在线档案教育资源"(Service éducatifenligne),除了包括全国各级各地档案馆的教育资源外,还同时整合了"国家图书馆""科学馆""卢浮宫"等相关公共文化机构的在线教育资源。可以看到信息技术的发展为档案馆、博物馆信息资源共享提供了重要的技术基础,同时信息资源共享已成为大家的共识和档案馆、博物馆发展的必然趋势。

近年来,高校档案馆、校史馆、博物馆在馆藏数字资源建设方面有了长足的发展,不少学校都建设了网上校史馆、博物馆,为资源共享奠定了重要的基础。三馆合一,能打破因资源归属不同机构所造成的障碍,更好地实现资源和信息互补和共享。

2.3　跨界合作

近年来,跨界合作成为一种新的思维和行为方式,由此创造了许多新的亮点。在档案、文博界,跨界合作也频频出现。2005 年,欧盟在《加强欧洲档案合作行动计划》中就提出,21 世纪的档案服务要通过跨领域和跨界合作来开拓新局面。2006 年法国档案局被纳入"法国文化部遗产司",法国档案工作正式成为国家遗产工作的重要组成部分。在这样的行政体制改革下,档案馆积极与同为国家遗产建设组成部分的图书馆和博物馆开展合作。以"图片法国史"(L'Histoirepar l'image)项目为例,法国有 20 多个国家级及地方性的档案馆与全国各地的博物馆、图书馆等公共文化服务部门合作,积极搜集并整理相关馆藏,为各类院校教师教学提供了丰富的历史图片资料。

高校档案馆、校史馆、博物馆三馆合一,在学校内部将跨界合作变为实质性的协同共生,为档案馆、校史馆、博物馆既各美其美,又美美与共,为激发并创造新的增长点提供了重要的组织保障。

3　三馆合一的探索和实践

2014 年,上海财经大学确定了档案馆、校史馆、博物馆三馆合一的组织架构和运行模式。2017 年,新校史馆和商学博物馆建成开馆,三馆进入了全新的融合、协同发展时期,并进行了全方位的探索和实践。

3.1　重塑职能，调整机构

肩负"记录历史，传承文化，以文育人，服务社会"的使命，根据外部和自身的发展需求，三馆确立了收集、保管、利用、研究、展览、教育六大基本职能。为保证职能的实现，三馆对内设部室进行了调整，形成了由收集部、管理利用部、研究部、展教部、信息部、综合办公室构成的内部组织架构，其中展教部为新设部室，而其他各部的工作内容也根据支撑三馆工作的原则，在原来基础上进行了调整和拓展，人员也进行了相应调整。通过上述工作，三馆资源高度统筹、工作高度协同、思想理念逐步统一，档案馆在收集、管理、利用方面的良好基础，校史研究室在研究能力上的优势，博物馆在展览、教育方面的经验，得到相互借鉴和支撑。

3.2　优化馆舍条件

2014 年，学校三馆整体搬入育衡楼，启动了育衡楼整体改造工程。作为集学校档案、校史、文博工作为一体的综合性建筑，为保证职能充分发挥，经多次研究论证，将育衡楼划分为四大功能区，即办公区、库区、展区和会议区。其中展区面积 3000 余平方米，2017 年 9 月建成开放，包括百年校史馆、校友馆、中国高等商学教育发展馆、保险馆、税票馆、货币管、算具馆和临展馆。库区 1000 余平方米，2017 年初建成投入使用，库区配有高压细水雾消防系统、全自动恒温恒湿控制系统、智能灯光系统、智能密集架、特藏架等先进的库房设备。办公区域 1200 余平方米，2017 年初建成投入用，包括查档利用接待区、档案制作区、数字化加工区等。会议区约 600 平方米，包括贵宾厅、20 余人的会议厅和 100 人的报告厅。四大功能区和相应设备设施的配备，保证了基础性工作和开创性工作的顺利开展，各项职能的充分发挥。

3.3　整合馆藏资源

三馆合一，馆藏资源极大丰富。截至 2018 年 12 月 31 日，档案馆馆藏档案总量达 14 余万卷（件），主要为 1949 年至今学校的各类档案，包括

1949 年陈毅、粟裕签发的任命令、国家领导人的题词等珍贵档案。因历史原因，我校历史档案多存于第二历史档案馆和上海市档案馆，针对这一情况，开展了学校 1949 年前史料征集工作。近年来，通过各种途径共征集到各类史料 3000 余件，包括上海财经大学前身、中国第一所商科大学上海商科大学的毕业证书（1926 年）、提出学校使命和商科教育使命的《国立上海商学院院务报告》（1936 年）等非常珍贵的史料。围绕商学这一主题，博物馆的藏品包括中国高等商学发展类藏品 500 余件、保险类藏品 8000 千余件，税票类藏品数万件，货币类藏品 7000 余件，算具类藏品 500 余件，其中清末的保单、民国保联的徽章、唐氏家族 300 多年土地文书、清代宝泉镇库大钱、第一套人民币等十分珍贵，具有非常高的文物价值。目前，所有藏品由三馆集中统一保管、研究、利用和展示，有的藏品可同时支撑多个展厅的展示和研究，而隶属不同展厅的藏品又可同时支撑某一个主题研究，藏品价值得到充分的挖掘，共同服务于不同的需求。

3.4　扩大研究平台

2018 年 11 月，基于三馆平台成立了商学文化研究中心。该研究中心的特点在于其融合性和开放性，一方面研究中心成立了由校内外档案、历史、文博以及相关财经专业领域专家构成的专家委员会；另一方面中心的研究工作不仅仅限于三馆工作人员，而是以项目为抓手，吸引校内外相关研究人员共同参与。一年多来，研究中心以馆藏红色资源专题研究为抓手和尝试，积极推进研究工作，取得了一定的效果。此外，三馆已成功举办三次研讨会，汇集了众多档案、校史、文博专家，以及高等教育研究专家、发展规划专家等共同研讨档案、校史、文博工作。而两期《博物馆馆刊》（年刊）已收录刊发了非本馆人员的各类研究文章近 20 篇，极大的丰富了研究成果。

3.5　提高文化传播能级

近年来，三馆通过展览、讲坛、丛书期刊和网络，搭建起立体的传播平台。除常设展厅外，利用临展厅，2018 年引进了敦煌展，举办了"计划经济票证展";2019 年举办了"上海财经大学历次党代会"专题展和"扎根中国 放眼世界,上海财经财经大学国际化之路"专题展。"育衡讲坛"自 2018 年 12 月开设以来,已邀请档案、历史、文博专家开设各类讲座 10 期,参与学生近千人。"育衡丛书"已正式出版《馆藏集萃.保险卷》和《上财校史读本》,《馆藏集萃.货币卷》和《校友口述实录》正在撰写过程中。《上财记忆》(半年刊)已累计印发 8 期,《博物馆馆刊》(年刊)已印发 2 期。三馆的微信公众号一直保持较高的活跃度,持续更新推送相关信息,2019 年 9 月 17 日校庆日的推文,3 天曾达到 1.3 万的阅读量。由学生组成的"育衡宣讲队"队员除承担校史馆、博物馆日常的讲解服务,更参与了三馆的管理、研究和服务工作,成为了重要的宣讲者、传播者。通过上述平台和途径,三馆的文化传播工作内容更加丰富、形式更加多样,能级初步提升。

3.6 提高服务水平

根据"以人为本,以服务对象为本"的工作理念,近年来,三馆努力通过工作流程的优化和技术手段的更新来提高服务的效率和质量,提升服务对象的体验和满意度。在信息部的支持和支撑下,利用"声像档案管理系统",对史料进行统一管理,提高了查询利用效率,为专题研究、展览、校友工作提供了重要支持。2018 年 10 月,"档案利用服务系统"(更新版)正式上线,大大简化了查档登记手续。2019 年 4 月,"校史馆博物馆参观管理系统"正式上线,提高了参观预约效率。三馆正努力用技术改进各方面的服务,提升整体服务水平。

上海财经大学在档案馆、校史馆、博物馆三馆合一运行模式上的探索和实践,取得了不错效果和成绩。可以看到,大学档案馆、校史馆、博物馆三馆合一这一运行模式在一定条件下,具有其可行性和必要性的。

大学校史是史还是文学?

上海海洋大学档案馆(校史馆、博物馆)　宁　波

摘　要: 由于功利化的本位主义驱动,校史研究文学化竟一度成为一种趋势。本文试图通过叩问校史研究的核心使命,对校史研究文学化这一现象进行反思,以期使校史研究去伪存真、返璞归真、用心求真,重新回归求真务实的原初轨道。校史不是文学,是大学发展的忠实记录,是大学精神的载体。其本质属性贵在求真。

关键词: 校史　文学　求真　立德树人

大学校史是史还是文学? 本不该有如此发问,大学校史当然应该是史,也必须是史。之所以这般发问,是因为文学式的大学校史,如今竟成为一种弥漫的现象。

1　校史不是文学

校史属于历史,尽管与文学相像,大都以文本呈现,但显然不是文学。

商务印书馆 2001 年版《新华词典》对"历史"的解释是:"①自然界和人类社会的发展过程。也指某种事物的发展过程或个人的经历。②过去的事。③过去事实的记载。④指历史学科。"由此可见,历史是曾经发生过的事实或指称历史学科。历史虽然不能简单地等同于历史事实,但尽可能逼近事实却一直历史学的使命。

19世纪史学代表人物伯里(J. B. Bury)认为:"历史学是科学,不多也不少。"对此,当代史学家也许如是回答,"历史学是科学,但它不是传统意义上的科学"。(何兆武:《历史是什么?》,《清华大学学报(哲学社会科学版)》2009年第5期)。历史可以说是科学地追求历史事实的学问。虽然历史学不能穷尽事实,但却是用科学的方法力求还原事实,尽管在这种还原中不可避免的具有主观选择性。正如英国哲学家卡尔·波普(Karl Popper)所说:"关于事实的一切科学的描写都带有高度的选择性,并且常常是依靠理论的。"(田汝康等选编:《现代西方史学流派文选》,上海:上海人民出版社,1982年第146页。)B. 费伊指出:简单地说,事实植根于概念框架之中。(转引自约翰·塞尔:《心灵、语言和社会》,李步楼译,上海:上海译文出版社,2001年第22页。)这的确道出历史学在苦心孤诣追求历史事实,却无法百分之一百还原历史事实的学科特点。然而,尽管如此,历史终究不是文学,历史不是任人打扮的小姑娘。它自始至终追求的是事实。

什么是文学? 商务印书馆2001年版《新华词典》的解释是:"社会意识形态之一。是运用虚构和想象,使用语言塑造形象,反映社会生活,表达思想感情的艺术。文学体裁可分为诗歌、小说、散文、戏剧等。"显然,文学是基于生活,驰骋人类想象演绎虚构情节或文字意象而形成的文本。它不是历史,却又是在历史背景下生成的文字空间。它本身是历史的产物,却又是一种想象的或虚构的空间,在历史之外阐发对过去、当下和未来的独特感悟和理解。

由此可见,历史和文学属于相互联系又大为不同的文本世界。尽管《史记》等史书,有突出的历史文学特征,然而人们在阅读《史记》时始终是一种读史心态,力求追寻其所记述的历史记忆,而不会简单地视之为文学。

综上讨论,大学校史可以明确地归为历史。问题是,大学校史是史还是文学,何以成为问题? 原因就在于,校史成为一种办学资本后,一些高校在以文学式的手法,有意拉长自己的历史线条,试图通过文学式的演绎,延长自己校史的深度,加重自己校史的厚度,从而凸显自己办学的"高度"。其中"身份"情感因素值得理解,但作为以求真务实为己任的大学,如此修饰和包装校史是否合适?

2　校史何以文学化

文学可以想象,可以把发生在不同地方、不同人物身上的故事,以文学化的方式浓缩到一个文本中。校史却无法如此炮制,将比较单一或微弱的联系,放大为校史的主要源流。根据李均的研究,武汉大学在 20 世纪 90 年代以前,一直将建校历史追溯至 1913 年创办的武昌高等师范学校,且曾于 1983 年举办 70 周年校庆。然而到 1993 年,该校则将历史追溯到 1893 年的湖北自强学堂,并隆重举办 100 周年校庆。再有江南大学,2001 年由无锡轻工业学院等三所学校合并而成。其中,无锡轻工业学院建于 1958 年,以当时南京工学院食品工业系为基础建立。该系又是在院系调整时由南京大学、江南大学、浙江大学、复旦大学、武汉大学等校有关系科组成。江南大学因为南京工学院食品工业系一小部分源于南京大学食品工业系,而将其校史直接上溯到三江师范学堂,一跃而为百年学府。湖南大学则更是体现了"惟楚有才,于斯为盛"的豪气,将其历史直接上溯至建于 976 年的岳麓书院,一下成为一所千年学府。实际上,该校是1926 年由湖南公立工业专门学校、湖南公立商业专门学校和湖南公立法政专门学校合并而成。其中,湖南公立工业专门学校前身是建于 1903 年的湖南高等实业学堂。如此畅想至幽幽的岳麓书院,可谓贯通古今的一部悠久厚重的校史长卷。然而,在这种绵长厚重中,却又分明透射着一种不自信和对校史资源的深切渴望。

在此无意褒贬,而是表示深深的理解。20 世纪末,当中国大学在突然意识到校史是一笔莫大"资产",尤其是发现具有上下五千年文明史的中国竟然鲜有百年大学时,一些高校寻根溯源、千方百计挖掘文脉,体现了对校史的重视,对文化传承的关注。这未尝不是大学校史研究的幸事?何况大学之源如何论定,迄今又缺乏统一标准。大学开始重视校史,看重校史,是大学文化建设富有里程碑意义的标志。

可是正因为缺乏标准，没有规范限制，一些文学化的想象常常试图跨越边界，以致渐行渐远，走到了"度"外，就像刘姥姥为攀龙附凤寻了一个虚无缥缈的亲戚关系走进了荣国府。如此引出一个问题，什么是大学的本质？著名教育家顾明远认为："大学的本质是求真育人。"

由此可见，校史的文学化拓展，是不符合大学本质的。一些大学意识到这一点，所以在"校史文学化"的风潮中保持了审慎。比如华东政法大学，继承了民国时期著名教会大学圣约翰大学的校址和校舍。若将其校史追溯至圣约翰大学之成立，估计业内也不会有多少人反对，然而他们终究没有这样做。再比如华东师范大学，就继承校址校舍、档案师资等，也有充分理由将校史追溯至大夏大学、光华大学之成立，然而该校始终认定成立时间是 1951 年 10 月 16 日。或许是这两所高校，一个以培养法律人士为主，一个致力于培养"求实创造，为人师表"之才，都对"真"有深刻理解的缘故。

3　校史宜正本清源

在过去一段时间，对校史的文学化演绎，其实体现了部分高校大学建设的浮躁、焦虑和文化不自信。如今，在举国上下日益强调"道路自信、理论自信、制度自信、文化自信"之际，有必要正本清源，以返璞归真的态度重新梳理校史。校史研究在于还原校史事实，不是用来打扮的装具，而且作为大学校史，更不能偏离大学的本质——求真育人。这是大学之所为大学之根本。

刘海峰在《中国高校校史确定的原则与标准》(《中国高教研究》2004年第 1 期)提出"整体性继承原则"。李均在《对校史追溯问题的再探讨》中也对此表示认可："判断两校之间的历史继承关系，还应遵循'整体继承性原则'，即应该综合考虑学校整体的继承关系，而非个别因素的继承关系。"(《教育评论》2002 年第 2 期第 59 页。)李均在该文中同时提出，"至于校址、校舍因素，笔者认为则基本可以不考虑。因为在同一校址办学的两所学校未必有继承关系，这好比李家在这栋房子住了 20 年后搬出，张家接着住进来，两家显然无任何继承关系。"(《教育评论》2002 年第 2 期第 59 页。)因此，对于新中国成立后一些由中国共产党新组建的大学，蠢蠢欲动要将前身追溯为民国时期的教会大学，似乎是走得有些过远了。首先办学宗旨和培养目标就完全迥异。毕竟，我们的大学是要"扎根中国大地，办好中国特色社会主义大学"。

　　大学文化的核心在育"魂"。育"魂"是大学文化建设的根本。中共中央总书记、国家主席、中央军委主席习近平，在 2016 年 12 月 7—8 日全国高校思想政治工作会议上强调，"要坚持把立德树人作为中心环节，把思想政治工作贯穿教育教学全过程，实现全程育人、全方位育人，努力开创我国高等教育事业发展新局面"。其实质就是态度鲜明地指出，高等教育要将"立德树人"作为中心环节，贯穿高等教育全过程、全领域和全维度。所谓立德树人，就是大学要以育"魂"为核心。无真，何以有魂？因此，作为大学文化之基的校史，求真务实是根本要求，是遵循大师使命的必然。

高校档案馆(室)与兼职档案员体系共建及管理模式研究

上海大学档案馆　张艳荣

摘　要： 在高校档案管理工作中,兼职档案员是基层档案管理和建设的主力军,高校档案馆(室)需和校兼职档案员建立良好的工作关系,和部门、学院领导共同建立稳定的兼职档案员队伍,才能完善资源建设。高校档案馆(室)通过预立卷机制、兼职档案员培训、院校大事跟踪、实时归档与常规归档相结合、年终部门归档质量反馈等举措,保障档案工作顺利开展,切实做到"应收尽收"。

关键词： 高校兼职档案员　大事跟踪　归档质量反馈

高校档案工作是高等学校重要基础性工作,也是高校管理工作的一项重要内容,档案工作已经成为学校文化建设和软实力建设中不可或缺的力量。高校兼职档案员又是高校档案工作中的一个特殊群体,高校兼职档案员是档案工作的起点和基石,如何调动兼职档案员的积极性,对兼职档案员进行有效指导,督促其及时、准确、系统、完整归档,对做好新形势下的档案工作意义重大。

1　高校兼职档案员工作体系现状及其存在问题

高校兼职档案员顾名思义不是全职的档案工作者,是指高校各部门根据本部门工作实际指定的与高校档案馆(室)对接的相应工作人员。高校兼职档案员平时应注意收集本部门的文件材料、声像、实物等，在其利用完毕后（一般是第二年），经本部门领导审核确认后，在高校档案馆（室）工作人员收集指导下，向高校档案馆（室）移交本部门产生的上年度档案。

高校兼职档案员虽然不需要象高校档案馆（室）工作人员一样考取档案管理员上岗证资格证书，但是应该了解《档案法》，按照学校档案工作规章制度，掌握档案管理工作的基本技能，支持和配合高校档案馆（室）人员业务工作，积极参加档案业务培训，保质按时完成部门归档工作。

高校兼职档案员不是全职的档案工作者，其本身还要完成所在部门的全职工作，归档并不是其本职工作，因此往往对档案工作重视不够、付出的精力不够，导致出现归档不完全、归档不规范等问题。

又由于档案工作一般是年度归档，即每年归档一次，临近归档时，由于归档间隔时间长，有些兼职档案员会出现遗忘流程、业务不熟练的情况并且由于间隔一年，还会出现兼职档案员岗位变更，平时积累的文件材料中断、不完整等情况。

2　高校兼职档案员的管理模式及其创新

2.1　积极推行预立卷工作

为使学校部门、学院归档齐全，前后照应，系统完整，高校档案馆（室）可建立预立卷制度，即在年初的时候由高校档案馆（室）和学校部门、学院根据上年度归档材料，结合本年度工作计划，制定出本年度应该归档的材料类目。预立卷应按照档案归档范围和保管期限表要求，将学校部门、学院下一年形成的具有保存价值的各种文字、图表、声像等不同形式的历史记录，尽可能罗列归档。

在预立卷工作中，高校档案馆（室）收集指导人员应和学校部门、学院的兼职档案员结合其部门、学院工作实际，参照本部门、学院上年度预立卷类目表，结合本部门工作职责和下一年度工作计划，编制下一年预立卷类目表，预立卷类目既要反映部门常规工作，又要突出部门年度重点工作。高校档案馆（室）收集指导人员要和兼职档案员反复沟通，适时调整和修改预立卷类目表。预立卷类目表编制好后，可经高校部门、学院主管领导确认，兼职档案员签字，部门、学院盖章，确保其严肃性和可执行性。整理出来的预立卷类目表也是之后收集归档工作的参考和依据，保证了归档工作的条理性、完整性和规范性。

2.2　进行高校兼职档案员培训

高校档案馆（室）为了加强兼职档案员的档案意识，提高兼职档案员业务水平，更好地开展部门归档工作，应每年对兼职档案员培训一次，确保归档案卷质量，力求保证档案应收尽收。

兼职档案员培训，应该根据机关部处文书归档和学院学生学籍归档不同，进行分类培训。对兼职档案员培训前，高校档案馆（室）培训人员最好能编写培训手册、制作培训 PPT、下发培训通知，这样培训才会有内容，培训也能落到实处。培训时应注意宣传档案法律法规，加强档案业务知识培训，对档案管理软件使用方法及档案收集、归档中的常见问题进行解答，并给兼职档案员发放培训手册，方便其参加培训后自查自学。当然，高校档案馆（室）在平时也要注意对兼职档案员进行组卷、著录等一对一的业务指导，结合部门、学院归档实际开展收集工作。

2.3　开展归档质量反馈

有了预立卷制度后，高校档案馆（室）要还要建立年终反馈机制，即将学校部门、学院归档的案卷进行接收、整理，将归档的数量和质量以及存在问题等如实反馈给部门、学院领导，以便部门、学院领导了解、掌握本部门归档情况，及时沟通，改进工作，保障档案应收尽收。

高校档案馆（室）对部门、学院进行归档质量反馈时，反馈内容应包括年度已完成归档案卷的数量，年度未完成归档的情况，统计后以信函的形式反馈给部门、学院领导，让部门、学院领导能够直接、全面地掌握部门归档情况，为下一年度的归档打好基垫。

2.4　对兼职档案员工作进行考评

为了调动兼职档案员工作积极性,高校档案馆(室)应尽量把档案工作纳入兼职档案员在部门、学院工作的考核中,让兼职档案员工作时有存在感和归属感。但是由于兼职档案员本职工作很多,在部门、学院考核中很难把档案工作纳入其考核范围,更难做出客观考评。一般高校档案馆(室)通过开展兼职档案员评优的方式,给予校级奖励,来调动兼职档案员工作积极性。

在兼职档案员评优时,要求兼职档案员至少要工作一年,归档案卷的数量和质量综合水平在兼职档案员中应排在前列,遵守档案法规章制度,支持档案工作,以起到示范带动作用。

3　高校兼职档案员工作推进及展望

3.1　建立稳定的兼职档案员队伍

高校兼职档案员是高校档案工作的有力后盾,能否建立一支覆盖全校的稳定的兼职档案员队伍,直接关系到档案收集工作的正常开展以及归档工作的顺利进行。有的高校档案馆(室),会在每年年底,归档工作结束,下年度收集工作开始前,以信函的方式向学校部门、学院下发《关于确定档案工作主管领导和兼职档案员的通知》,方便部门、学院领导在制订下年度工作计划时,把档案工作考虑进去,提前规划。部门、学院领导在确定好下一年的档案工作主管领导和兼职档案员后,填写《档案工作主管领导、兼职档案员确认表》,签字、盖章,并按要求及时反馈到档案馆收集指导室。之后,下年度档案馆收集工作人员就根据部门、学院确定好的分管领导和兼职档案员,实时对接,及时快捷的进行收集指导,共同推进档案工作有序开展。

3.2　进行实时归档

学校常规工作中形成的文件材料可以实行常规归档,但是一些利用时间紧的文件材料(如学生成绩单),以及一些时间跨度长(如科研课题)、多头管理的重大事件、重要活动等,根据实际情况可以进行实时归档。实时归档要求高校档案收集指导老师根据以往的工作经验,提前和部门、学院兼职档案员进行沟通,在具体归档时根据实际情况一对一进行业务指导,以防在紧要的工作关头出现忙乱和批量错误。

3.3 院校大事跟踪机制

兼职档案员人员确定后,在收集工作中如何保证收集案卷不遗漏,归档案卷不缺失,也需要高校档案馆(室)收集指导老师在平时积累上下功夫。有的高校档案馆(室)建立了院校大事跟踪机制,即高校档案馆(室)收集指导老师实时关注校园网主页,记录反映学校重大事件、重要活动的新闻,登记成册,按照重大事件、重要活动主办方和责任人,通知相关部门、学院兼职档案员注意保管有关资料,以备年终归档。院校大事跟踪机制要注意跟踪内容不仅是重要新闻、综合新闻、科研动态,还要关注新媒体的图片新闻和视频新闻等;等级记录时要注意标注新闻标题、时间、负责部门,注明跟踪人,形成目录;高校档案馆(室)收集指导老师要根据跟踪的目录主动和部门、学院沟通、跟进,把跟踪到的大事、活动目录发给兼职档案员,和其共同对目录进行整理、筛选,督促兼职档案员在活动结束后及时归档;年终时高校档案馆(室)指导老师可将筛选、整理好的上一年的重大活动目录发送给兼职档案员作为归档依据,督促其做好归档准备工作。高校档案馆(室)收集指导老师还可以指导部门、学院兼职档案员备出一些文件盒,按照年度、分类把档案资料整理存放好,平时积累好,年度归档时就不会出现文件找不到,缺失材料的问题,归档起来也会顺利很多。

高校兼职档案员的档案意识、业务素养对高校档案工作有着直接决定作用。高校档案馆(室)收集指导老师和兼职档案员是相互辅助的,兼职档案员发挥了作用,档案工作开展起来就事半功倍。目前各高校档案馆(室)通过一系列的举措和机制,基本建立了"校级领导分管,专兼职档案人员齐抓共管"的档案工作体系,通过规范档案工作,加强兼职档案员培训,建立健全兼职档案员考评奖惩机制,从源头上保障归档工作顺利进行,促进高校档案工作的规范化和科学化管理,使档案工作更好地服务于学校的教学、管理和科研工作。

参考文献:

［1］沈颖婕、胡志富.高校兼职档案员队伍建设实践.浙江档案.2013(1).

［2］问宪莉.关于加强高校兼职档案员队伍建设的思考.陕西档案.2012(2).

［3］蓝蕾、王榕英.高校兼职档案员队伍建设的若干思考.兰台世界.2017(10).

［4］刘雄.浅谈兼职档案员的素质培养.兰台世界.2015(8).

对我国档案馆发挥文化教育功能的回顾与思考

华东师范大学档案馆 胡 琨

摘 要： 随着我国档案事业的发展和档案馆功能定位的转型,档案馆的文化教育功能受到越来越多的关注。近代以来,我国的档案馆文化教育功能的发挥经历了初始、曲折发展、重新定位和扩大发展的历史进程。新世纪以来,档案馆的文教事业发展有了更大的空间,同时也面临新的挑战。

关键词： 档案馆 文化 教育

随着我国社会的日益发展,各级各类专门独立的档案馆开始出现,并不断走向现代化和公共化。改革开放以来,我国档案馆的定位逐渐由"封闭"向"开放"转型,档案馆发挥文化教育功能的必要性和重要性进一步彰显。本文拟对近代以来我国不同时期档案馆发挥文教功能的历史进行回顾分析,并论述未来我国档案馆拓展文教事业所面临的可能与挑战。

1 近代档案馆文教功能的初始(1925—1950 年)

中国近代意义上的第一个档案馆可以追溯到故宫博物院的成立。1925 年,北洋政府在紫禁城内成立故宫博物院,设古物和图书两馆。图书馆又分为图书和文献二部。其中,文献部负责汇集宫内各处档案的整理工作和部分清代档案陈列展览。自此,清、明两代皇宫的王朝中央政府档案和帝王生活档案,才有一个专门的机构管理。文献部可以看作是我国近代第一个档案馆①。1927年,文献部改称掌故部,1929年,掌故部更名为文献馆直至新中国成立。中国语言文字学家、文献档案学家、教育学家沈兼士长期担任文献馆馆长。他认为,档案于一代政治、学术关系极大,整理档案之目的在于充分便利使用。蔡元培则称他的档案工作"为阅览便利,有助于史学研究"。可见,由沈兼士掌舵的文献馆,其创建初始便融入了文教的属性及其功能。

从机构职能上可以看出,文献馆不仅专门整理保管档案,还负责档案史料汇编和档案陈列展览等。该馆存续的25年间,自编或与外单位合编档案史料汇编、刊物和目录50余种,共370余册。其中重要的有:《筹办夷务始末》、《文献丛编》、《史料旬刊》、《清宣统朝中日交涉史料》、《多尔衮摄政日记》、《苏州织造李煦奏折》等。文献馆陈列室主要陈列清代宫闱照片、慈禧用品、兵器、冠服、内阁档案、宗人府档案等,陈列展览除周日外每日向普通民众开放,用于传播中华传统宫廷文化、服饰文化、律法文化和军事文化等。军政机关、学术团体以及学校学生参观展览还享有故宫门票的优惠政策。自成立以来,文献馆积极配合故宫博物院,开始揭开档案库房的神秘面纱,让普通民众能有机会走进档案,参与到文教活动中来。与中国封建王朝档案文献保管机构只服务于国家统治的"存史"、"资政"功能相比,档案馆的"文化"与"教育"功能由此显现。

然而近代档案馆文教功能的发挥,在该时期受到了极大限制。首先,上世纪上半叶,连续不断的战争和动荡的政局让档案事业发展十分缓慢,甚至还出现了袁世凯焚毁帝制档案和对历史档案大拍卖的"八千麻袋事件"等倒退现象。在新中国成立前,全国还没有成立独立的国家和地方"档案馆"。其次,学界普遍认为,20世纪30年代,国民政府以文书档案工作改革为主要内容的"行政效率运动"和明清档案整理热潮合力催生了近代中国档案学的产生②。文献馆成立后,面临主要工作职能是确立档

---

① 周雪恒.《中国档案事业史》[M].北京:中国人民大学出版社,1993.

② 王云庆,宁现伟.谈档案馆公众教育的发展演变[J].档案学通讯.2014(02):4—8.

案管理的基本原则方法和整理与研究明清历史档案,很难有足够的人力物力去发展文教功能。第三,该时期推动档案发挥文化与教育作用的主要是一些文史学家和教育家,如蔡元培、殷钟麒。殷钟麒是近代档案教育事业的代表人物,他曾提出了档案的第三种功用,即可"供各科学术之研究",包括"政治、军事、财政各方面的利用"。但由于视野与理念的局限,档案的文教作用主要服务于高等教育和史学研究,与我们现在所理解的服务公众的文教功能定位相距甚远。

整体而言,新中国成立前,受限于档案事业的整体发展进程,近代档案馆发挥文教功能还处于初始的萌芽阶段。从世界范围来看,加拿大、美国、法国等国早已建立国家档案馆。19 世纪下半叶以来,西方各国档案开放的对象逐渐由专业的学术群体向非专业的普通公众拓展。20 世纪上半叶,这些国家的档案馆开始联合高校和中小学,共同举办暑期学校、展览、讲座等。

2 新中国前期档案馆文教功能的曲折发展 (1949 年至改革开放)

随着新中国的诞生,在上世纪 50、60 年代,我国档案事业进入了新的历史发展时期。1951 年,文献馆改称为档案馆,后又改为中国第一历史档案馆。中央档案馆以及各省市区档案馆均在此时创建。至 1965 年 10 月,全国共建立档案馆 2583 个,其中 29 个省市自治区都建立了档案馆,专、县级档案馆发展到两千多个。至此,全国从中央到地方档案馆布局出具规模。为加强对档案工作的领导与管理,在周恩来总理的提议下,1954 年第一届全国人大常委会批准国务院设立直属机构——国家档案局。

根据国务院 1956 年 4 月 21 日公布的《关于加强国家档案工作的决定》,档案工作的任务"就是要统一管理国家档案的原则下建立国家档案制度,科学地管理这些档案,以便于国家机关工作和科学研究工作的利用"。《决定》第一次明文提出了档案用于科研的重要文教功能。1959 年 10 月,中央档案馆建成开馆,其定位是党中央、国务院直属的科学文化事业机构。中央档案馆成立后,进一步收集整理了档案,积极开展档案的利用工作,据不完全统计,到 1965 年,中央档案馆为编辑中央文件汇集、中央文件选集,以及为中央领导工作和社会各方面提供了档案材料 15 万件。明清部利用所藏明清档案,编辑了档案史料 17 种,其中出版的有《中法战争》《辛亥革命》《戊戌变法档案史料》《宋景诗档案史料》《义和团档案史料》《清代地震档案史料》《洋务运动》等七种,总计达六百万字①。为使科技资料能够得到保存,并发挥其利用和传播价值,国家档案局于 1959 年 12 月制定并发布了《技术档案室工作暂行通则》,从而使科技档案纳入统一的规章制度范畴,促进科学技术研究发挥文教功能。

50 年代末,由于受政治路线上的"大跃进"影响,档案馆的功能被赋予强力的意识形态特征。事实上,以中央档案馆为代表的对档案史料的编研开发类文教活动,也充满了时代的色彩,占据核心的则是意识形态类内容。此后的"十年动乱"期间,各级档案机构被当作需要"砸烂"的党政机构的一部分,事实上已陷入瘫痪状态,纷纷被宣告改组、撤销。1969 年,国家档案局被撤销。1970 年,中央档案馆被改为"中共中央档案馆",工作内容强调为政治服务,档案馆的功能也因此偏离了文教属性。

尽管如此,我们也应看到,自各级各类档案馆建成以后,陆续开展了各项档案征集与保存工作,如 1950 年 6 月中央人民政府政务院发布《征集革命文物令》,要求将征集到了有关鸦片战争、辛亥革命等革命运动史料以及标语、杂志、货币等档案交由档案机构集中保管。少数民族地区的档案馆在此期间也得到了很大的发展,不少档案馆征集到了大批珍贵的历史档案,如内蒙古自治区档案馆收集了关于成吉思汗的档案,西藏自治区档案馆收集到一些书写在贝叶、金、银、珊瑚、珍珠上的稀有珍贵档案等。这些工作为文革后档案馆拓展文教功能奠定了十分重要的资源基石。

---

① 周雪恒.《中国档案事业史》[M].北京:中国人民大学出版社,1993.

3 改革开放后档案馆文教功能的重新定位 (改革开放至新世纪)

　　党的十一届三中全会后,我国档案馆事业拨乱反正,在全国范围内普遍开展了恢复工作。1979 年 2 月,中共中央和国务院正式批准恢复国家档案局。到 1982 年底,全国除台湾省以外的 29 个省市区以及近 84% 的地(市)、县都恢复设立了档案局(处、科)。与此同时,恢复建立的各级各类档案馆达 2500 余个。

　　与此同时,档案馆的功能定位也发生了转变,从狭隘的政治功能中解放了出来,并重新赋予文化教育的使命。国家档案局于 1980 年 5 月召开了省以上档案馆工作会议,强调了档案馆的科学文化事业单位属性,并提出要进一步解放思想,确定了历史档案向公众开放的范围和利用方法。之后,各级档案馆陆续开放了 1949 年以前的历史档案,社会公众纷纷到档案馆查阅档案。开放历史档案让档案馆成为展示物质文明和精神文明的重要窗口,也使档案馆本身的文教活动更为活跃。1983 年 4 月国家档案局正式颁发《档案馆工作通则》,规定"档案馆是党和国家的科学文化事业机构,是永久保管档案的基地,是科学研究和各方面工作利用档案史料的中心",这就更加突出了档案馆的科学文化教育属性。

　　1987 年 9 月《档案法》的颁布是我国档案工作发展的分水岭,标志着我国的档案工作从此走上了"依法治档"的轨道。1990 年 11 月,国家档案局发布第一号令,颁布《中华人民共和国档案法实施办法》,将《档案法》的原则规定更加具体化。《办法》第二章第七、八条规定,国家档案局、县级以上地方各级人民政府档案行政管理部门履行职责:组织、指导档案理论与科学技术研究、档案宣传与档案教育。上世纪 80 年代末、90 年代初,国家档案馆拓展文教功能的实践活动开始萌动。这种实践活动的主要特点是以开发档案的文化教育价值为手段,以展览、图册、新闻媒体、社会活动为载体,以爱国主义教育为目的,以青少年为主要受众对象,把档案信息利用的场所从档案馆移向社会,把档案利用的对象从研究者扩大到普通民众,把档案凭证参考价值的开发拓展到文化教育价值的开发①。

1997 年在全国档案宣传工作会议上,时任中央档案馆馆长王刚同志指出:面向社会充分发挥档案的教育功能,应该成为今后档案工作的一个着力点。放眼世界,英国、加拿大、澳大利亚等国从 90 年代开始普遍加强档案资源中教育素材的挖掘和开发,建立与公共教育系统的合作,在更大的范围内通过举办公共展览、提供家谱档案利用、制作公共历史教育产品等方式,提升档案馆的社会形象。至此,档案馆面向公众的文教活动已形成两条比较清晰的路径:第一,面向普通公众的,以提升公众档案意识与档案利用素养为目标;第二,面向公众教育系统,以增强档案学术利用价值和培育下一代公民档案素养为目标②。

4　新世纪以来档案馆文教功能的扩大发展

新世纪以来,档案馆作为科学文化教育机构,越来越受到党和政府的重视。2002 年,国务院《政府工作报告》要求"加强图书馆、博物馆、文化馆、科技馆、档案馆等公共文化和体育设施建设"。这是中央首次明确将档案馆列入公共文化设施建设行列。2003 年 5 月 26 日,时任中共浙江省委书记习近平同志,在考察浙江省档案局(馆)时,对档案工作提出了"走向依法管理、走向开放、走向现代化"的要求。这为新时代发展档案馆开放的文教事业指明了方向。

2007 年 4 月,《中华人民共和国政府信息公开条例》公布,明确规定了国家档案馆为政府信息公开的查阅场所。档案馆在《条例》的引导下,加大公开文件信息资源的力度,通过建立网络平台,打破传统的被动式的服务模式,积极开展政务信息、档案信息等主动向社会各界的利用者提供优质服务的新型模式。在这种新的服务模式下,我国档案馆一改以前的

---

①　郭红解.论我国公共档案馆建设的实践基础和理论准备[J].档案学通讯. 2008(05):25—28.

②　谭必勇.如何拉近档案馆与公众的距离——解读西方公共档案馆公众教育职能的演变.[J].图书情报知识.2013(04):85—94.

"封闭"形象,积极贴近社会,并谋求文教合作。

2008 年 8 月,教育部和国家档案局联合发布第 27 号令《高等学校档案管理办法》,其中第二章第八条第八款明确提出:利用档案开展多种形式的宣传教育活动,充分发挥档案的文化教育功能。第四章第三十五条提出:高校档案机构应当采取多种形式(如举办档案展览、陈列、建设档案网站等),积极开展档案宣传工作。

各级档案馆积极加强与教育部门的合作以拓展其文化教育的功能,从高校到中小学,"文化与教育"工作在档案馆内的地位有了大幅提升。2011 年 12 月 6 日,教育部和国家档案局联合组织专家评审和实地考察验收,确定北京市档案馆等 12 家单位为首批全国中小学档案教育社会实践基地。2012 年 9 月 27 日,国家档案局办公室、教育部办公厅联合印发《全国中小学档案教育社会实践基地建设管理暂行办法》,随后,各级省级档案馆制定了《省中小学档案教育社会实践基地建设管理暂行办法》的细则。档案馆加大重视展览教育活动,并不断创新教育活动的内容、形式与手段。例如,浙江省中小学档案教育社会实践基地举办了档案基本陈列、档案讲座和报告、"走进档案馆"、"我是小小档案员"系列活动和利用档案开发融入地方乡土教育的课程,在中小学生中宣传和普及了档案知识与档案文化。

5　未来档案馆发挥文教功能的问题与挑战

尽管扩大开放以来,我国档案馆展示教育和文化功能有了不少进步,公众参与的人数有了大幅增加,但从总体上看,与国际先进水平相比仍有很大差距,仍然存在不平衡不充分发展的诸多问题与挑战。

首先,档案馆公共文化机构的属性有待加强。档案馆要想充分利用文化教育资源,需得到社会的广泛认可,与普通民众的社会生活密切联系。这要求我们要进一步开放档案的利用范围,扩大利用对象。目前,国际上很多国家的档案馆都将开展公众教育作为核心任务之一,参与档案馆文教活动的对象也从研究者扩展到中小学师生与公众。

其次,档案馆与学校和社区的紧密度不够,尚未真正融入国民教育体系。我国档案馆与学校合作以加强思想道德教育和爱国主义教育为主要内容,缺乏与学校教育的深度融合。档案馆事业发达的国家已将档案馆纳入国民教育体系,主张档案资源为义务教育服务,要切实融入中小学教学计划,另外,随着终身教育思潮的全球蔓延,部分国家的档案馆也加入全民教育和终身教育服务体系。

第三,档案馆文教活动的内容和形式仍不够丰富,尚未充分利用新兴网络平台。目前,我国档案馆开发的文教活动仍以展览、讲座、编研出版书籍为主,而国际上很多国家档案馆文教活动的内容与形式要丰富的多,如美国、英国等国的档案教育内容包括历史教育、文化与遗产教育、公民权利与义务教育、信息素养和档案素养等,他们还充分利用网络平台的优势,专门开发"教育"板块,为师生、研究者及一切对档案历史感兴趣的人提供信息,包括原始档案文件,档案馆与学校共同开发的历史教育工具包等①。

最后,档案馆缺乏开发文教功能的组织与空间保障。组织保障是指档案馆需要成立专门的文教机构和文教队伍,用以研发文教活动,满足公众日益增长的文化需求。空间保障指的是档案馆举行展览、互动课堂、研讨会等活动必备的空间。未来的公众来到档案馆除了可以体验便捷的档案利用服务之外,也希望能对话和体验丰富的文化教育活动,甚至不用亲身来到档案馆,凭借便捷的互联网,也能实现与档案文教开发项目的互动与交流。

参考文献:

[1][3]周雪恒.《中国档案事业史》[M].北京:中国人民大学出版社,1993.

[2]王云庆,宁现伟.谈档案馆公众教育的发展演变[J].档案学通讯.2014(02):4—8.

---

① 胡琨.西方国家拓展档案育人价值的实践及其启示[J].浙江档案.2017(11):18—20.

[4] 郭红解.论我国公共档案馆建设的实践基础和理论准备[J].档案学通讯.2008(05):25—28.

[5] 谭必勇.如何拉近档案馆与公众的距离——解读西方公共档案馆公众教育职能的演变.[J].图书情报知识.2013(04):85—94.

[6] 胡琨.西方国家拓展档案育人价值的实践及其启示[J].浙江档案.2017(11):18—20.

基于工匠精神培育的兰台人职业技能提升研究

上海理工大学档案馆　靳海进

摘　要：工匠精神作为专业技能型人才的优秀基因，它与兰台人职业技能提升在职业态度、价值取向、创新精神、实践品格等方面具有耦合性关联。兰台人工匠精神的培育和职业技能的提升需要国家、社会、部门和自身等方面多管齐下，协调推进才能逐步实现。

关键词：工匠精神　兰台人　职业技能

李克强总理在 2016、2017 年的政府工作报告中两度提及"工匠精神"，2018 年"档案事业"也写进政府工作报告。近些年，社会上各行各业呼唤工匠精神的回归蔚然成风，繁荣和发展档案事业需要一大批档案工匠，离不开工匠精神的培育和档案职业技能的提升，探索二者的结合与相互促进值得档案学界思考与探讨。

1　工匠精神和档案职业技能的内涵

工匠精神，是指工匠对产品精雕细琢、精益求精、追求卓越的一种职业品质，是职业道德、职业能力、职业态度等的体现，是从业者的职业价值取向和行为表现。工匠精神的内涵包含但不限于敬业、精益、专注、坚持、实践、创新等方面的内容。

兰台人的职业技能即档案职业技能，在 2015 年新修订的《中华人民共和国职业分类大典》中，将档案专业人员定义为：从事档案接收、征集、整理、编目、鉴定、保管、保护、利用、编研的专业人员。在这里值得一提的是此次修订版中将之前版本中"档案业务人员"改为"档案专业人员"，并首次将"档案专业人员"独立成为小类，列入第二大类"专业技术人员"类别下的"新闻出版、文化专业人员"中的小类。"专业"与"业务"的一词之差，体现出国家层面对兰台人的新定位，体现了国家在职业分类修订过程中对兰台人职业技能的倡导与重视，也是对档案工作职业化、专业化的强调和考量。兰台人职业技能的高低直接关系到档案工作的与时俱进和提质增效。

2 兰台人职业技能提升与工匠精神培育的耦合性阐释

兰台人作为档案专业人员，其职业技能是关于兰台人职业身份的"本体论"问题。兰台人职业技能的培养和提升是档案专业化的内在要求，也是档案职业个体获得发展的关键因素。工匠精神作为专业技能型人才的优秀基因，它与兰台人职业技能提升在职业态度、价值取向、创新精神、实践品格等方面具有耦合性关联。

2.1 严谨认真的职业态度契合

首先，二者的耦合性关联表现在都要求严谨认真的职业态度。工匠精神倡导严谨、认真、一丝不苟的职业态度。它对自己的产品做工要求细致、精美，认真对待每一道工序，从最细微处入手，确保产品的质量合格与艺术价值的完美结合。而这样的职业态度对于兰台人亦如是。一方面，档案工作是一项具有专业性的技能型职业，不可否认，任何一个专业技能型工种都要求具备严谨认真的职业态度，但由于档案本身所具有的原始记录性，对于个体、团体、人类乃至社会都具有利用价值和保存价值、现实价值和长远价值、凭证价值和情报价值等作用，因此，档案工作的工作性质和社会责任要求兰台人必须养成严谨认真的职业态度。另一方面，档案来源于文件,这里的文件包括文字、图表、声像等各种材料,基于文件材料本身呈现的多而杂的特点,而档案工作各个环节诸如收集、整理、编目、装订、保管、统计等环节相互联系,层层铺垫,任何一个环节出现纰漏都会给日常管理和利用带来不便。由此可见,档案工作的工作内容也要求兰台人必须养成严谨认真的职业态度,这是做好档案工作的基础。从职业态度的内在要求上,二者存在天然的契合性。

2.2　精益求精的价值取向一致

其次,二者的耦合性关联表现在都具有精益求精的价值取向。工匠精神倡导精益求精,追求产品的完美,在做事风格上善于执着坚持,不断提高工艺和质量,要求的不只是产品,更是精品。他们孜孜不倦,反复研究,不断改进,将品质从 99％提高到 99.99％,推崇精益求精的专业要求,崇尚“优质优品”的品牌效力。兰台人职业技能的提升也需要精益求精的价值取向。一方面,档案工作的科学化、规范化不是一朝一夕的事,兰台人从事档案工作的专业学习也不是一劳永逸的。档案专业技术岗的岗位性质要求兰台人每年需要进行档案继续教育的学习,不断掌握和符合现代化的档案行业标准及技术规范。另一方面,档案工作不直接产生价值,它所具有的价值和效益具有长期性、滞后性等特点。经济社会的发展、人类历史的记录,兰台人担负着对历史负责、为现实服务、替未来着想的神圣使命,必须摒弃粗制滥造、得过且过、敷衍了事的心态,“为党管档、为国守史”高度凝练了兰台人职业技能的提升必须树立精益求精的价值追求。从价值取向的维度上,二者具有耦合的一致性。

2.3　推陈出新的创新精神相通

再次,二者的耦合性关联表现在都倡导推陈出新的创新精神。工匠精神不仅追求物质和产品的合格与完美,还注重研究、考察旧事物的弊端,对原产品不断进行扬弃,取其精华、传承创新,使它向更好的方向发展,不断适应新的时代和环境、新的审美和评判。这种求实创新、推陈出新的品质是工匠精神的灵魂。无独有偶,档案职业技能也不是规行矩止、墨守成规的。在当今信息化和互联网加速发展、人工智能迅速崛起、技术革新不断进步的新常态下,档案涵盖的内容越来越丰富、档案服务的范围越来越广泛,这些都对档案工作提出了新的要求,给档案工作带来了新的挑战与机遇,使得档案职业技能处在不断动态更新与调整之中。兰台人需要根据时代环境的变化、信息技术的发展,在传统中推陈出新、与时俱进,加速档案资源整合和信息化建设,创新档案利用服务模式,在保证档案工作专业化、科学化的前提下,不断推进档案工作的管理创新和服务创新。只有这样才能使档案工作在新的历史条件下实现以信息化为核心的档案管理现代化,发展成为与新时代相适应的,能够有效服务和支撑国家治理的档案事业发展体系。从创新精神的呼唤上,二者具有显而易见的相通性。

2.4 知行合一的实践品格统一

最后,二者的耦合性关联表现在都落脚于知行合一实践品格的统一。工匠精神不是一种纯理论的说教,而是一种理论和实践相统一、最终落实于产品本身的、具有明显实践特性的精神。工匠们耐心、专注、坚持学习和掌握专业知识技艺,持之以恒用专业知识动手尝试新产品的研发和改造,它注重专业知识的掌握和动手实践能力的有效统一。同样地,档案职业技能的提升也注重理论与实践的和谐统一,所有档案管理理论的学习最终都要落实于不同档案门类的纷繁复杂的档案实训实务中。从横向来说,文书档案、科技档案、专门档案等每一种档案门类都有不同的实训整理原则和方法;从纵向来说,每一种档案门类从收集、整理、编目、装订直至统计、保管、利用等一系列工作流程都是以理论为基础和指导,以实务操作为最终目的和考核标准的。档案职业技能的提升须将基础理论知识和实训技能融为一体,以培养和提高兰台人的档案管理能力为最终目的,从而成为新时代的具有高素质、专业化的档案业务骨干和档案专家人才。从实践品格的本质上,二者具有的不可置否的统一性。

3　兰台人工匠精神培育以提升档案职业技能的路径

兰台人工匠精神培育对提升档案职业技能是一项综合性、长期性的工作,它需要国家、社会、部门和自身等方面多管齐下,协调推进才能逐步实现。

3.1　国家层面:加强顶层设计,完善体制机制

加强顶层设计,完善体制机制,是兰台人工匠精神培育,提升档案职业技能的根本途径。国家层面需要进一步完善档案人才评价机制,深化档案专业技术职务评审制度改革,完善兰台人职级、薪酬、福利待遇等方面的制度设计。应探索设置档案职业能力评价标准、建立档案职业资格达标类统一的考评制度,将档案职业资格考评与档案专业职务制度改革结合起来。突出专业知识和能力业绩导向,改变以往按资排辈的弊端,以专业知识、实践能力、技术水平、创新能力为着力点,具体落实到岗位职责的履行、岗位绩效的发挥和创新成果的体现上。尽可能地精准划分档案专业人才的类型层次,打破现有初、中、高级专业技术职务的比例限制,通过考评结合的方式,提高档案人才评价的科学性和合理性,进一步完善档案人才评价机制。此外还要建立能上能下、择优聘任、优上劣下的竞争机制,改变过去一评定终身的弊端。这样使受聘人员产生压力,也给未受聘人员机会和动力,不断激发所有档案人员的工作积极性,盘活整个档案系列的工作状态,提高档案人员的工作质量和效率,促进兰台人工匠精神的培育和职业技能的提升。

3.2　社会层面:倡导社会尊重,营造良好环境

倡导社会尊重,营造良好环境,是兰台人工匠精神培育,提升档案职业技能的重要支撑。可以以各省市档案主管部门为主导,在新形势下创造性的实施档案人才工程建设,选拔档案系统具有高素质、专业化、创新性等为特性的,具有较高影响力的档案领军人才、高级专家和业务骨干,

在全社会利用互联网、广播电视、报刊杂志或新媒体等途径，宣传档案人才的工作业绩和研究成果，弘扬他们"乐守清贫、有所作为"的精神风尚，通过宣传报道，提高档案人才的业界影响力，同时也提高兰台人的社会认可度和荣誉感。2017 年底，北京市档案局制订了《北京市档案人才"131"工程实施计划》，在 2018 年 10 月份，经个人申报、组织推荐、专家评审、社会公示等环节，从不同的部门、不同的工作岗位，最终选拔出档案系统具有较高影响力的档案人才 139 名。这一举措得到了北京市委领导的充分肯定，也值得在档案系统和社会上进行广泛推广。在社会层面通过加大档案人才的社会名誉宣传，提升兰台人的社会美誉度，可以让兰台人切实感受到来自社会的认同与尊重，激励兰台人以更高的职业荣誉感和使命感投入到工作中来，不断以更高的要求激励自己工匠精神的培育和职业技能的提升。

3.3　档案部门：严格准入门槛，畅通晋升途径

严格准入门槛，畅通晋升途径，是兰台人工匠精神培育，提升档案职业技能的保障和动力。一方面，档案部门应逐步建立起档案从业人员的准入资格，提高从业人员的学历准入门槛，扩大档案专业学科背景的准入比例。科学制定和严格划分档案工作的岗位职责，不断提高岗位要求，让档案工作从工作技能和能力要求的内在标准上拒绝一些无专业背景、无档案经历的人员进入，不断提高兰台人的从业标准，让档案工作如医生、律师等职业一样，严格审核职业准入条件。另一方面，档案部门要统筹解决好兰台人的编制待遇、职级上升、职称评聘等问题，创造条件通过擂台赛、技能大赛等方式，增加和畅通兰台人晋升途径。据了解，一些事业单位在整个单位岗位设置、岗位分类、岗位等级比例严格控制的情况下还存在着一些只评不聘，或者国家工资和单位工资只兑现一方的情况。目前，对兰台人的晋升评聘，不同的单位存在着不同的操作方式。这些都极大地影响了兰台人工作的积极性。档案部门要进一步关心关注、创造条件促进专业技术岗位中档案系列的发展，把档案工作放在单位工作更加重要的位置予以重视和加强，充分调动兰台人工作的主动性和创造性，促进

其工匠精神的培育和职业技能的提升。

3.4　人员自身：增强继续教育，提高综合素质

增强继续教育，提高综合素质，是兰台人工匠精神培育，提升档案职业技能的关键。首先，兰台人应该增强档案专业技术人员继续教育，保持主动学习、终身学习的态度，及时掌握档案专业的新理论、新技术和新方法，不断学习和跟进档案工作新的行业标准。加大和档案同仁之间的业务交流，学习借鉴同仁之间的先进管理方法和经验，不断进行知识积累和经验交流，在工作中学习，在学习中提高。其次，兰台人要不断养成精益、务实的工作作风，加强职业道德教育，精于工、匠于心、品于行。档案工作需要兰台人能耐得住性子、守得住寂寞，需要兰台人干一行、爱一行、精一行，档案管理从收集、整理、鉴定、保管、利用，每个环节都需要兰台人认真负责，做到专业规范。同时还需要加大档案保密意识教育，为党管档、为国守史，爱岗敬业，忠于档案事业。最后，兰台人要有创新意识，要以创新为引擎，努力破解档案工作中的难题，传承创新，拓展档案信息资源建设，促进档案信息资源开发，发明创造档案技术保护，不断推动档案工作与时俱进。综上，从人员自身层面上，兰台人需要在不断学习创新中提高综合素质，在学习创新中促进其工匠精神的培育和职业技能的提升。

新时期，我国档案事业正处在加速发展的重要阶段，兰台人当以工匠精神为楷模，在档案工作中培育和践行工匠精神，提升档案职业技能，努力促进档案工作提质增效，为我国开创档案事业发展的新局面添砖加瓦。

参考文献：

[1] 李明华. 奋力开创全国档案事业发展新局面[J]. 中国档案，2018(07).

[2] 侯彤. 新形势下档案工匠精神的培养研究[J]. 兰台世界，2018(05).

[3] 李梦卿，杨秋月. 技能型人才培养与"工匠精神"培育的关联耦合研究[J]. 职教论坛，2016(16).

[4] 雷飞. 兰台人也需要"工匠精神"[J]. 浙江档案，2016(03).

机构改革背景下高校档案创新管理工作实践

——以上海大学为例

上海大学档案馆　王敏娟

摘　要：随着高等教育大众化的迫切需求和机构改革的不断深化，高校学生人数与日俱增，而档案管理人员却不增反减。针对这一反差和矛盾，高校档案管理部门如何合理应对并服务民生就成了一个严峻的挑战。本文以上海大学为例，介绍了该校档案馆近年来在档案管理工作方面的一些创新实践和举措，仅供同仁参考。

关键词：机构改革　高校档案管理　创新实践　服务民生

随着我国政府行政机构改革的不断深化，高校组织结构不断优化，相关职能处室出现合并和精简。在此大背景下，高校档案管理人员编制出现相应收缩。而与此同时，随着我国大众化高等教育的需求增加，高校学生人数却与日俱增。以笔者所在上海大学为例，在经历了学生扩招后，目前我校每年招生（本科生和研究生）规模维持在1万左右，而我校档案馆员工编制近10年来却没有任何增加。另外几个可能区别于大多数高校的实际情况是：上海大学的学生档案并不属学生处/学工部管理，而是归档案馆管理；同样，学生中英文成绩单办理和学历翻译件等服务也不归教务处负责，而是属于档案馆的业务范畴。在上述情形下（在校学生人数体量大，业务门类众多，而档案管理人员却编制紧张），如何顺利开展档案管理并尽可能提高工作效率就成为我校档案馆所面临的一大挑战。为此，我校档案馆采取了相关应对措施，并开展了一系列创新实践，取得了较好的成效,积累了一定的经验。下面即从各个方面展开予以介绍。

1 软硬件保障

1.1 数字档案馆建设

众所周知,档案数字化是提高档案管理效率的硬件保障和先决条件。信息化时代的发展使各种高科技技术都得到飞速的发展,尤其是计算机技术在各个领域中得到广泛的应用,因此在档案管理工作中进行信息化管理能够有效提高档案管理的工作质量,同时也是社会发展的客观需要。利用信息化技术进行档案管理,能够使档案资源得到合理的开发与利用,延长档案的使用寿命,同时能够提高档案管理工作的效率,使档案管理改革更具创新性。为了在档案管理工作中进行信息化技术管理,首先行政事业单位各个部门之间的信息传递要保证及时与准确,这样能够保证档案管理的时效性;然后给单位各个部门配置先进的设备,这样在进行档案资料输入时,能够更加便捷,并且可以利用计算机技术进行文字、图片与数据资料之间的转化,进而保存纸质和电子档案两种档案资料,保证资料信息共享,进而能够提高档案的使用效率和工作质量。

1.2 上大档案馆做法

目前我校档案馆每年都进行增量案卷数字化例行工作,目前年均扫描录入 6000 余卷,18.5 万页,合成 PDF 约 6 万个,为我校数字档案馆建设奠定了良好的基础。同时积极开展馆内存量档案数字化案卷移交入库工作,以及案卷排架、库房安全、温湿度监控等工作,确保纸质和电子两种档案资料的精准对应和安全保管和利用。

2 开展全方位学习和宣传,切实提升档案管理水平

笔者认为,提升高校档案管理水平绝非只是高校档案管理部门(例如档案馆)一家的责任和任务。实际上,它需要整合全校之力,方能起到事

半功倍的效果。

2.1　专职档案管理员技能培训

专职档案管理员作为高校档案管理的直接从业人员,在提升档案管理水平方面责无旁贷。目前我校档案馆每年定期组织专职档案管理员进行档案管理技能和管理岗位责任意识培训(例如,参加上海市档案馆/局主办的每年多期的全市档案管理员技能培训继续教育),与时俱进,学习档案专业新知识,掌握新技能,了解新形势,掌握新动态。注重提升档案人员的业务水平与综合素质,组织他们脱产进修,培养复合型档案人才,进而保证档案管理工作有序开展,并逐步提高档案管理的水平。

2.2　加强兼职档案员队伍建设

除专职档案管理员外,还需充分发挥兼职档案员的作用。考虑到我校学院和职能处室较多,档案收集工作量巨大,因此我校在各个学院和学校职能部门都设有兼职档案员职位,由他们协助进行相关各类档案(例如学生档案,教师档案)的收集工作。为提高兼职档案员的工作积极性和工作效率,目前我校采取了如下举措:(1)设立专项资助,鼓励学校教师从事兼职档案员工作。(2)由档案馆组织,在校内不定期开展兼职档案员技能培训,不断提升其档案管理技能。

2.3　提高学生档案意识

高校学生档案是高校档案的重要组成部分,它是高校学生在校期间生活、学习及各种社会实践的历史记录,在学生个人工作和生活中占有重要的地位。学生是高校的主体,学生档案管理是高校档案管理的重头戏。然而,目前我国高校学生档案意识普遍较为淡薄,档案相关常识相对匮乏,对档案和档案工作不够重视。

为培养和提高学生的档案意识,提议加大档案宣传教育力度,本人结合上海大学档案馆为例[1],给出了一些具体措施和办法(例如档案馆定期举行的档案知识宣传教育,以及专门针对新生和毕业生开展的档案知识专题讲座,和档案知识竞赛活动,等),以便能让学生更加了解和重视档案,并更好地利用档案。

3　完善档案管理制度

3.1　建立完善档案管理制度

建立合理科学健全的档案管理制度是为了保证档案管理工作职责明确,保证制度在执行和管理工作中发挥其重要的制约作用。可根据高校实际情况建立档案管理制度,同时确保该制度可操作、实用、简明,能够在实际的档案管理工作中发挥作用。要保证制度在约束的地位上是平等的,这样能够有效约束领导与职员的工作行为,使单位上下严格按照制度进行工作,保证制度的执行力度。档案管理工作中能够对档案管理员的工作进行公平严肃的管理,保证制度在执行和管理工作中发挥其重要的制约作用。

在借鉴我校原有及同行档案管理制度和方法[2]的基础上,近年来,我校档案馆不断探索新的档案管理模式,根据近年档案管理实践,制定完善了《文书立卷归档制度》、《档案库房管理制度》、《档案借阅利用制度》、《档案保密制度》和《档案鉴定销毁制度》、《档案馆节假日对外服务值班制度》等一系列工作制度和管理办法。

3.2　引入奖励机制

引入奖励机制,旨在对档案管理员的工作进行公平公正的管理,并提高档案管理员工作积极性和工作效率。目前,我校档案馆对全馆工作人员进行定期的工作考察,并根据考察结果作出客观公平的工作情况评价。依据评价结果,对表现良好的工作人员进行奖励,而对于工作评价结果不理想的工作人员,对其进行相关的职业技能培训,提高其自身业务水平。目前我校档案馆具体做法是:一年一考核,三年一聘期,年终述职报告,区分优秀、合格和不合格,对于不合格,予以提醒和督促其改进。

4　充分开发利用档案资源,服务民生

　　档案对于一个国家来说,是宝贵的文化财富,但是不少行政事业单位中进行档案管理工作时,只是偏重了档案资料的收集、保管与整理工作,而对于档案资料的开发和利用方面还远远不够,这样就导致了档案应有的作用没有完全发挥出来。保存档案的目的是为了利用,如果只是把档案封存在库房里,束之高阁,就失去了它的实际意义[3]。

　　另一方面,要不断更新服务理念[4],即要改变由于学校档案馆长期以来定位于机关基层档案室,档案信息服务理念上重机关工作、轻教学和科研等业务工作的观念;改变服务对象多是以本校机关工作、领导决策服务为主,为师生服务,为教学、科研服务考虑较少的观念;改变档案馆是教辅部门,不了解大局,不接触中心工作,只能在故纸堆里搞研究、史料卷中做文章的观念。要树立起以人为本的观念、战略的观念和竞争的观念,积极开展利用者需求研究,将创新服务推向市场,研究不同用户不同时期时创新服务的需求情况,做到服务理念与时俱进,服务方式不断改进,形成良性循环。

　　总之,更新服务理念是创新高校档案服务机制的前提[4]。我们要充分认识到档案最重要的功能乃是服务民生。要突出服务、强化创新,充分开发利用档案资源,不断拓展多类型服务方式,全方位提高档案的利用价值,以便为用户提供更为优质全面的服务。目前,上海大学档案馆所能提供的档案服务方式众多,例如,毕业生档案转递、档案查询和借阅、出具档案证明、全方位咨询服务、汇编出版专题档案材料、举办多种类型档案展览、开展馆际协作服务,等等。下面介绍一下近期比较受欢迎的两种服务方式。

4.1　学生档案实时查询服务系统

　　如上文所述,学生是高校的主体,因此高校档案馆查询利用大多数是学生档案的查询利用。特别是对于像上海大学这样年招生规模在1万之

巨的高校,学生档案的查询利用工作非常频繁和繁重。根据笔者多年的工作经验,档案馆电话中有近八成是毕业生查询档案转递情况的。尤其到每年七月份,更是电话爆满,学生常抱怨打不进电话。传统的"电话查询"已不能满足学生们的需求。针对此情况,本着以人为本,关注民生的理念,我校档案馆历时 2 年开发建设了"学生档案实时查询服务系统"。查询者只要提供姓名、学号经过对应检索后,就能实现实时查询,及时了解到档案的转递去向。这样的做法既节约了时间,又满足了用户的要求,大大提高了工作效率。该查询系统点击率高达逾 1 万次/年,学生反响很好。该系统自 2013 年 7 月正式投入使用,至今已经历 5 届学生毕业季的考验,软件经过几次升级改造,各项功能已相对成熟,能够满足广大学生实时查询需求。目前该系统在学生档案查询工作中发挥着不可替代的作用。

4.2　出版《泮池倾听——上海大学口述实录》

近年来,为服务师生和社会,我校档案馆在校内和上海市举办了各种类型的档案展览(如名人档案展览:钱伟长校长档案展览,和院士档案展览,等),和汇编出版了一些专题档案材料。近期,我校档案馆主编出版了《泮池倾听——上海大学口述实录》。该书选取了包括夏南教授(系夏征农先生之子)在内的上海大学 11 位退休教授(研究员)的人物档案口述采访实录[5]。该书选编内容的口述人,都是上海大学发展过程的亲历者和见证人。他们通过口述历史档案,还原了个人的亲身经历以及目睹的人和事,同时亦从社会个体的角度,表达了自己真实的思想情感,诠释了当年经历的事件的原貌,为上海大学的发展历史留下了颇具价值的鲜活记忆。此书亦是上大档案人为留存学校历史、传承校园文化、弘扬大学精神的编研成果。这项创新服务方式,有利于扩大我校影响和知名度,具有明显的社会效益。

参考文献:

[1] 王敏娟. 如何提高高校学生的档案意识[J]. 中国科技博,2012(21):

599—600.

[2] 俞玛丽.行政体制改革下机构档案工作的创新实践[J].浙江档,2016(1):60.

[3] 屈英.机构改革后机关档案员应处理好的几个问题[J].北京档案,2001(1):30—31.

[4] 秦书凰.创新高校档案服务机制的探讨与思考[J].机电兵船档案,2003(2):10—12.

[5] 王敏娟.低调做人踏实做事——采访夏南教授,载《泮池倾听——上海大学口述实录》,徐国明主编,吴静、洪佳惠副主编,上海:上海大学出版社,2017.

高校档案部门拓展思想政治教育路径研究
——以上海13所重点高校档案部门勤工助学现状为例

上海理工大学档案馆刘淑娟　靳海进　廖颖

摘　要: 档案部门开展勤工助学是拓展思想政治教育路径、融入高校中心工作的重要途径。以上海13所重点高校档案部门勤工助学工作为例,从档案部门管理的视角,对其勤工助学现状展开问卷调查,并从勤工助学学生数量、岗位设置、招聘、培训、薪酬、考核激励及制度建设等方面深入分析样本数据,结果发现目前校际间引进勤工助学学生程度不均衡,效果不理想;勤工助学工作岗位存在安全隐患;档案部门与勤工助学管理部门在引进勤工助学学生方面存在冲突;档案部门缺乏考核、激励措施,管理制度不健全。最后,针对存在的问题提出了若干促进档案部门有效开展勤工助学的策略和建议。

关键词: 高校档案部门　勤工助学　思想政治教育

勤工助学是有效拓展大学生思想政治教育的重要途径之一[1]。2018年8月20日,教育部、财政部根据当前学生勤工助学工作的新特点及新需要修订并印发《高等学校学生勤工助学管理办法》,明确提出:"组织开展勤工助学活动是学校学生工作的重要内容。校内有关职能部门要充分发挥作用,在工作安排、人员配备、资金落实、办公场地、活动场所及助学岗位设置等方面给予大力支持,为学生勤工助学活动提供指导、服务和保障[2]。"长期以来,档案部门一直处于高校人才培养、科学研究和社会服务三大中心任务的大后方,处于高校的"边缘"地位[3]1,经费、设备、人员配备与其他"中心"部门都有一定差距,普遍存在工作量大、工作人员不足的矛盾。国家档案局领导在多次会议讲话中要求"要着眼新的档案工作合作者,及时吸收利用他们参与档案工作,以缓解档案部门人少事多的矛盾"[4]。大学生作为高校宝贵的人力资源,是参与高校档案事务的重要力量来源和"档案工作合作者"的重要组成部分。高校的勤工助学政策,为档案部门以勤工助学的方式引进在读学生参与档案事务,提供了人员、经费及制度保障,亦为档案部门融入学校中心工作,拓展大学生思想政治教育路径,发挥档案文化的育人作用提供了平台和机遇。

故笔者采用样本定量研究方法,以上海13所重点高校的档案部门为样本,通过对其勤助工作管理负责人的问卷调查和实地调研,获取其引进和管理勤助学学生的基本数据,并对其进行统计、比较、分析,探讨促进档案部门有效开展勤工助学的建议和对策。这13所层次不同的高校及其档案部门的建设和管理现状是上海乃至全国高校缩影,故此调研结果能较全面地反映出目前高校档案部门开展勤工助学活动的现状、存在的问题以及未来发展的方向。

1　上海13所重点高校档案部门开展勤工助学现状分析

1.1　样本单位引进勤工助学学生的数据分析

13个样本单位均引进了勤工助学学生,其基本数据如表1所示。

表1　13个样本单位引进勤工助学学生数据表

高校名称	高校级别	高校档案部门名称	人员编制情况	勤工助学学生数量
复旦大学	一流大学建设高校;985高校;211高校	档案馆	20	22
上海交通大学	一流大学建设高校;985高校;211高校	档案馆	37	45

（续表）

高校名称	高校级别	高校档案部门名称	人员编制情况	勤工助学学生数量
同济大学	一流大学建设高校；985 高校；211 高校	档案馆	19	23
华东师范大学	一流大学建设高校；985 高校；211 高校	档案馆	19	7
华东理工大学	一流学科建设高校；211 高校	档案馆	14	2
东华大学	一流学科建设高校；211 高校	档案馆	9	10
上海财经大学	一流学科建设高校；211 高校	档案馆	18	2
上海外国语大学	一流学科建设高校；211 高校	综合档案室	5	1
上海大学	一流学科建设高校；211 高校	档案馆	22	11
上海理工大学	地方高水平建设高校；市重点高校	档案馆	13	26
上海师范大学	市重点高校	档案馆	17	2
上海海洋大学	一流学科建设高校；	档案馆	8	4
上海中医药大学	一流学科建设高校；	综合档案室	4	2

　　根据表 1 的数据绘制了 13 个样本高校勤工助学学生数量与工作人员数量比例折线图（图 1）。

　　据图 1 所示，勤助学生与工作人员数量比例最高值为 1.79，最低值为 0.11，平均数为 0.61。勤工助学学生人数超过工作人员数量的单位共有 5 个，其中 60％为一流大学建设高校。可见，虽然样本高校全部引进了勤工助学学生，但校际间引进程度并不均衡，一流大学建设高校档案部门引进勤工助学学生数量更多。

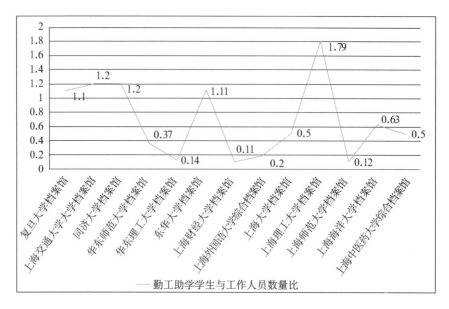

图 1　勤工助学学生与工作人员数量比例折线图

1.2　勤工助学岗位涉及的科室分布、档案密级、档案门类和具体工作内容

据调研结果显示,13 个样本单位并未将所有科室对勤工助学学生开放:38%样本单位开放 2 个科室,20%样本单位仅开放 1 个科室,15%样本单位开放 3 个科室,8%样本单位开放 5 个科室。62%样本单位开放收集指导室,54%样本单位开放保管利用室,31%样本单位开放校史馆及档案编研室。

档案密级主要有公开、限制(内部)、秘密、机密、绝密五种[5]。13 个样本单位提供的勤工助学岗位均不涉及涉密档案,以公开级和限制(内部)级档案为主,其中 100%样本单位开放了公开级档案,53.8%样本单位还开放了限制(内部)级档案,仅 30.8%的高校与勤工助学学生签订了保密协议。

13 个样本单位勤工助学学生参与的档案门类有 14 种之多:15.4%样本单位只开放了 1 种档案门类;30.8%样本单位开放了 2—5 种档案门类;53.8%样本单位开放了 5—14 种档案门类。14 种档案门类的开放率从高到低依次为教学(92.3%)、行政(76.9%)、党群(76.9%)、科研(61.5%)、出版(53.8%)、基建(53.8%)、财会(46.2%)、外事(46.2%)、声像(38.5%)、设备(30.8%)、产品(30.8%)、实物(23.1%)、学生人事档案(15.4%)、教师人事档案(7.1%)。

13个样本单位中勤工助学学生从事的具体工作内容主要有:敲页码(100%)、装订(92.3%)、系统著录(61.5%)、裁剪(53.8%)、校对(53.8%)、打印(46.2%)、复印(46.2%)、档案上架(30.7%)、数字化扫描(23.1%)、插卷(23%)、档案查阅(15.3%)、库房清洁(15.3%)、查档接待(7.7%)。

1.3　招聘勤工助学学生人数、方式、要求、学历结构情况

一般而言,勤工助学经费的管理部门决定其他部门勤工助学学生的招聘人数、方式、学历结构。调研结果显示,在招聘人数方面,38.4%样本单位完全根据实际工作需要来决定勤工助学学生的招聘人数,勤工助学管理部门不设置人数限制,以985和211高校为主;53.8%样本单位受勤工助学管理部门名额限制影响,每年招聘的勤工助学学生数量基本固定,不能按照实际工作需要来招聘学生;7.8%样本单位会受到本部门工作人员缺编影响,根据缺编人数和勤工助学管理部门的名额限制来决定本年度招聘的勤工助学学生数量。

招聘方式方面,38.4%样本单位采用档案部门自主招聘方式;30.8%样本单位采取勤工助学管理部门统一招聘派工方式;30.8%的样本单位采取勤工助学管理部门统一招聘派工与档案部门自主招聘相结合方式。

招聘要求方面,样本单位招聘勤工助学学生看重的因素有5点,按照重要程度排序依次为:个人能力因素(92.3%)、思想政治因素(76.9%)、经济因素(61.5%)、专业因素(23.1%)和民族因素(7.7%)。

招聘学生学历结构方面,13个样本单位所有勤工助学学生中,研究生占45%,本科生占55%,其比例结构受勤工助学管理部门学历结构配置额度影响;研究生以从事助管工作为主,本科生以基础操作性工作为主。46%样本单位招聘的研究生比例超过本科生,以985、211高校为主;

54%的样本单位招聘的本科生比例超过研究生,以地方市属高校为主。

1.4　勤工助学学生培训情况

13个样本单位主要有三种培训方式:集中培训、个体培训、集中培训与个体培训相结合,分别占比为46%,46%,8%。其中,集中培训以档案意识培训、安全培训、职业道德培训等为主,多在学期初、勤工助学学生入岗前举行;个体培训以专业知识培训为主,穿插在工作过程的始终;勤工助学学生较少的单位以个体培训为主。

1.5　勤工助学学生薪酬情况

勤工助学学生薪酬的发放部门由勤工助学经费的来源决定,主要有三种形式:全部由勤工助学管理中心发放、全部由档案部门发放、勤工助学管理部门与档案部门共同发放,其占比分别为69.2%,15.4%,15.4%。

13个样本单位的具体薪酬如图2所示,77%样本单位本科生和研究生同工同酬;15%样本单位研究生时薪超过本科生;8%样本单位本科生

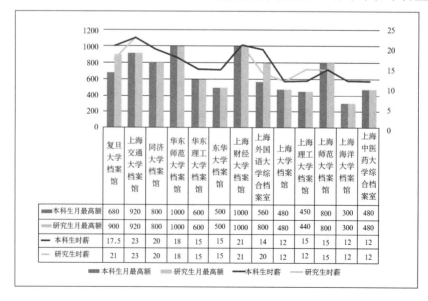

	复旦大学档案馆	上海交通大学档案馆	同济大学档案馆	华东师范大学档案馆	华东理工大学档案馆	东华大学档案馆	上海财经大学档案馆	上海外国语大学综合档案室	上海大学档案馆	上海理工大学档案馆	上海师范大学档案馆	上海海洋大学档案馆	上海中医药大学综合档案室
本科生月最高额	680	920	800	1000	600	500	1000	560	480	450	800	300	480
研究生月最高额	900	920	800	1000	600	500	1000	800	480	440	800	300	480
本科生时薪	17.5	23	20	18	15	15	21	14	12	15	15	12	12
研究生时薪	21	23	20	18	15	15	20	20	12	12	15	12	12

图2　13个样本单位勤工助学学生的薪酬状况

时薪高于研究生时薪。时薪最高为 23 元/时,最低时薪为 12 元/时;月薪最高额为 1000 元,最低额为 300 元。《高等学校勤工助学管理办法》规定,勤工助学时薪原则上不低于当地最低工资标准,最低不低于 12 元/时……勤工助学学生每月工作时间原则上不超过 40 小时[5]。31％样本单位的勤工助学时薪按照最低时薪 12 元/时发放,仅 15％样本单位的勤工助学时薪超过上海的最低工资标准 21 元/时,54％样本单位的勤工助学时薪介于两者之间。一流大学建设高校的勤工助学薪酬相对更高。

1.6　勤工助学活动的考核、激励措施及制度建设状况

13 个样本单位中对勤工助学学生进行考核的仅占 38.5％,对学生采取激励措施的仅占 46.2％。采取的激励措施以精神激励为主,如颁发证书、奖状等;只有 23.1％的样本单位有专门的档案部门勤工助学管理制度,大部分以高校勤工助学管理部门制定的校级普适性的勤工助学管理办法为依据。

2　上海 13 所重点高校档案部门开展勤工助学过程中存在的问题

2.1　校际间引进勤工助学学生程度不均衡,效果不理想

校际间引进勤工助学学生的程度不均衡,主要体现在勤工助学学生数量及薪资的差距上,985 和 211 高校的勤工助学学生的数量和薪资更高。大多数高校勤工助学工作效果不理想:30.8％样本单位认为勤工助学学生流动性大,工作时间短,不能有效发挥作用;38％样本单位认为难以招到合适的勤工助学学生;33％样本单位认为勤工助学管理部门的勤工助学管理系统及招聘平台建设水平滞后,影响到勤工助学学生的招聘;33％样本单位存在学生投诉所做的工作枯燥、没有吸引力的情况。

2.2　勤工助学工作岗位涉及内容广泛,存在安全隐患

档案安全是档案工作的第一要务,具体包括信息安全和实体安全[6]。

调研数据显示,53.8%样本单位开放了限制(内部)级档案,但仅30.8%的高校与勤工助学学生签订了保密协议;在开放的14种档案门类中,开放行政和党群的高校占77%。原则上讲,行政和党群均为限制级(内部)档案,此处开放比例与限制级档案开放比例不同,可以看出有些样本单位对档案密级的划分并不明确。开放率最高的教学档案虽然不涉及国家及高校秘密,但是涉及到学生个人隐私,如果不对勤工助学学生采取相应的管理措施,也会造成学生个人隐私的泄露。此外,勤工助学学生从事的具体工作内容繁多,一旦操作不慎,会造成档案的丢失、损毁等,威胁档案实体安全。

2.3　档案部门与勤工助学管理部门在引进勤工助学学生方面存在冲突

调查结果显示,69.2%样本单位由勤工助学管理部门掌管勤工助学经费,档案部门勤工助学学生的招聘人数、方式、学生学历结构和薪酬主要由勤工助学管理部门根据经费情况统筹安排,仅30.8%样本单位有部门勤工助学项目经费,可以根据实际工作需要做到自主招聘和管理。受到勤工助学管理部门制约的招聘会导致档案部门招不到适合档案工作的勤工助学学生的情况。

在招聘要求上,两个部门因开展勤工助学目的的不同造成的冲突。勤工助学管理部门的主要目的是帮困和育人,如《高等学校勤工助学管理办法》第19条规定:安排勤工助学岗位,应优先考虑家庭经济困难的学生[7]。而档案部门更注重学生完成档案工作,注重工作学生的个人能力、思想政治品德和工作效率。这导致档案部门招聘的勤工助学学生非贫困学生的情况出现。

2.4　档案部门注重培训,但缺乏考核、激励措施,管理制度不健全

13个样本单位中,都非常注重对勤工助学学生的岗前培训和平时专业培训,但是缺乏考核、激励措施,这会直接影响勤工助学学生参与档案

事务的工作积极性,加剧勤工助学学生的流动性。

此外,76.9%样本单位没有专门的档案部门勤工助学管理制度,以勤工助学管理部门拟定的管理制度为参考依据。后者是高校普适性的管理制度,无法体现档案工作的政治性、专业性和保密性等特点,在实际操作中会对档案的安全性和隐私性造成威胁,影响档案部门勤工助学的工作效果。

3　档案部门有效开展勤工助学活动的策略与建议

3.1　积极开展勤工助学工作,重视其对档案工作的促进作用

勤工助学学生作为高校档案事务的重要合作者,将会在档案工作中发挥日渐重要的作用。支持并引进勤工助学学生,是高校档案部门支持并参与高校"资助育人"工作,推进档案文化育人,拓展思想政治教育路径,化解"人少事多"的矛盾,实现档案部门由"边缘"向"中心"转型的重要途径之一。

3.2　科学设置工作岗位,明确档案密级,
　　多管齐下保障档案安全

勤工助学岗位的设置须在保证档案的安全性、保密性和隐私性的基础上,根据工作量情况和工作内容科学、合理地安排。首先要明确各门类档案密级,除了涉密档案外,要重点区分公开级档案和限制级(内部)档案;其次,多管齐下管理学生,确保档案安全。对于接触限制级(内部)档案的学生,档案馆部门须与学生签订保密协议书,加强对学生的档案安全和保密意识培训,在日常工作中加强对学生的监督和检查,同时建立勤工助学学生档案,将学生的档案工作情况详细记录在案;最后,在以上两点基础上大胆放开基础性档案工作,在可能的情况下,多引进勤工助学学生参与到拓展性工作中去。

3.3　档案部门与勤工助学管理部门相互协商化解冲突

首先,档案部门须严格遵守《高等学校勤工助学管理办法》规定招聘、

管理勤工助学学生,为勤工助学学生搭建全方位育人平台,这是档案部门能持续开展勤工助学活动的前提;其次,在法规许可范围内,两部门相互协商,分权管理。如通过部门申请勤工助学项目经费的方式,让档案部门拥有一定的经费管理权和更多的自主招聘权,以根据实际情况适当增加学生薪酬,保证招到能满足工作需要的学生。可借鉴东华大学和上海财经大学档案馆等单位的案例,他们都拥有部分勤工助学管理项目经费,与勤工助学管理中心一同支付勤工助学学生薪水;最后,多渠道筹措经费,根据实际工作需要自主决定引进勤工助学学生的数量、方式和学历结构。如借鉴国外高校档案馆的经验,通过向校友或者社会招募捐款或资助的方式,筹建档案基金会,设立"档案"相关奖学金,设立专项档案研究基金等方式自主引进适合档案工作需要的勤工助学学生,联合档案工作人员一起进行档案资源的开发,让躺在库房中的大量档案"活"起来。

3.4　增加考核、激励手段,健全勤工助学管理制度

有效的考核、激励手段是规范学生高效做事的关键,须按照档案部门的要求进行考核,根据学生的需求进行激励。在具体措施上可以借鉴以下高校的工作经验,如上海财经大学档案馆建立勤工助学考评机制,将学生表现情况反馈给学院,计入学生综合测评;复旦大学档案馆实行兴趣引导的项目制勤工助学,通过数字化扫描项目、库房历史数据录入项目等,让学生在老师的指导下,利用自己的专业知识和能力,自主开展工作,提高自身能力,以此来激励学生参与档案事务;华东师范大学档案馆配合学生做实习鉴定,激励学生将实习与勤工助学相结合;上海交通大学档案馆还采取了为学生开具证书的方式,满足学生找工作需要;上海理工大学档案馆评选优秀勤工助学学生,并组织学生参观爱国主义教育基地、观看教育电影等方式满足学生成长和教育需求。

档案部门须在确保档案安全性、保密性和隐私性的基础上制定专门的勤工助学管理制度,将勤工助学学生参与的工作岗位、档案密级以及招聘、培训、工资、考核、激励等管理措施用制度体现出来,成为常态化管理依据,保障档案部门勤工助学工作良性发展。在此基础上,充分发挥档案

文化优势，努力将档案部门打造成学生喜欢、认可的校内实践基地和思想政治教育中心。

参考文献：

[1] 中共中央国务院.中共中央关于进一步加强和改进大学生思想政治教育的意见[Z].中发[2004]16 号,2004.

[2][5][7] 教育部、财政部.关于印发〈高等学校勤工助学管理办法〉的通知[Z].教财[2018]12 号,2018.

[3] 杨冬权.在全国档案局长馆长会议上的讲话[N].中国档案报,2014—01—06(1).

[4] 文献保密等级代码与标识[S].2003(7).

[6] 国家档案局.关于印发李明华同志在全国档案安全工作会议上的讲话的通知[Z].档发[2017]5 号.

[8] 刘淑娟.高校档案馆(室)勤工助学模式创新探究——以上海理工大学档案馆为例[J].兰台世界.2017(22).

[9] Ellen J. Stekert. The Wayne State University Folklore Archive：In Process[M].Digital Humanities，Libraries，and Partnerships.2018：19—29.

基于高校档案培育践行社会主义核心价值观研究

——以上海海洋大学为例

上海海洋大学　陆　原　宁　波

摘　要：以高校档案深挖校训内涵为例，通过对上海海洋大学校训精神的解读，论述高校档案与社会主义核心价值观的映射关系，并以此为着眼点分析培育和践行社会主义核心价值观的必要性、优势性，同时试图从实践路径和方法入手，探讨培育和践行社会主义核心价值观"落实落地落小落细"的具体措施。

关键词：高校档案　校训精神　社会主义核心价值观　上海海洋大学

在党的十九大报告中，习近平总书记进一步丰富了党的十八大以来对社会主义核心价值观的论述，并多次提到社会主义核心价值观的学习、践行、教育问题。在 2018 年 9 月 10 日召开的全国教育大会上，习近平总书记再次强调高校"培养什么人、怎样培养人、为谁培养人"这一教育根本问题。为国家"培养德智体美劳全面发展的社会主义建设者和接班人"是我国教育事业的根本任务，在高校中培育和弘扬社会主义核心价值观是一项凝魂聚气、强基固本的国家基础工程，对于进一步提升中华民族的凝聚力和中国的文化软实力，实现中华民族伟大复兴至关重要。深入挖掘高校档案，挖掘校史资源，在高校使用契合有效的方式进行社会主义核心价值观宣传教育，发挥高校档案精神引领示范作用，激扬家国情怀，传承大学精神，将优秀大学文化传统以润物细无声的方式内化为大学面向新时代的精神追求,外化为师生们实现中国梦的自觉行动,对于培育人才、服务社会有着不可替代的意义。

1　高校培育践行社会主义核心价值观的重要性分析

习近平总书记在北京大学考察时指出:"青年人的价值取向决定了未来整个社会的价值取向,而青年又处在价值观形成和确立的时期,抓好这一时期的价值观养成非常重要。这就像穿衣服扣扣子一样,如果第一颗扣子扣错了,剩余的扣子都会扣错。人生的扣子从一开始就要扣好。"(习近平:《青年要自觉践行社会主义核心价值观——在北京大学师生座谈会上的讲话》,《人民日报》2014 年 5 月 5 日。)当代大学生正处于世界观、人生观、价值观成型的关键时期,社会的高速发展,带来了多元的文化和价值观,也为高校德育工作带来巨大挑战。

如何在立德树人的过程中帮青年们"扣好第一颗扣子",这是所有高校工作者需要思考的首要问题。高校思政教育需要学习理论、实践理论,但关键之关键是帮助学生树立社会主义核心价值观。有了坚定而持久的核心价值观,就会提高辨识能力,增强免疫能力,升华实践能力,反之,缺乏核心价值观认同甚或摇摆不定,即使将理论学得再好,都很可能成为"两面人",在具体问题面前动摇立场,丧失信念,甚至走向反面。因此,培育和践行社会主义核心价值观是"立德树人"教育的根本之根本,有针对性地培育和践行社会主义核心价值观,才能帮助学生"扣好人生的第一颗纽扣"。

2013 年 12 月 23 日,中国共产党新闻网公布中共中央办公厅印发《关于培育和践行社会主义核心价值观的意见》,明确指出要把育和践行社会主义核心价值观融入国民教育全过程。"培育和践行社会主义核心价值观要从小抓起、从学校抓起。坚持育人为本、德育为先,围绕立德树人的根本任务,把社会主义核心价值观纳入国民教育总体规划,贯穿于基础教育、高等教育、职业技术教育、成人教育各领域,落实到教育教学和管理服务各环节,覆盖到所有学校和受教育者,形成课堂教学、社会实践、校园文化多位一体的育人平台,不断完善中华优秀传统文化教育,形成爱学习、爱劳动、爱祖国活动的有效形式和长效机制,努力培养德智体美全面发展的社会主义建设者和接班人。"培育和践行社会主义核心价值观,是推进中国特色社会主义伟大事业、实现中华民族伟大复兴中国梦的战略任务。

2 高校档案是培育践行社会主义核心价值观的载体

2.1 高校档案的文化传承与育人功能

习近平主席曾经提到:"档案工作是一项非常重要的工作,经验得以总结,规律得以认识,历史得以延续,各项事业得以发展,都离不开档案。"高校档案具有真实性、客观性、广泛性、积淀性的特点,它是收集和保存大学发展的权威记录,是回顾和启示大学发展的智慧宝藏,是高校发展和治理过程中不可或缺的一项基础性、支撑性工作。高校档案在文化传承中形成大学精神的核心载体,有着"存史、资政、育人"的重要功能,在不断发展的历史进程中,它与社会主义核心价值观是高度契合的。深入挖掘和利用高校档案,以高校档案培育、践行社会主义核心价值观,切实把德育工作"落细、落小、落实",对于保存大学记忆、传承大学精神,更着地、更有力、更持久地推动社会主义核心价值观融入学校教育的全方位、全过程具有重要意义。

2.2 百年海大"勤朴忠实"

上海海洋大学档案馆馆藏上海首批档案文献遗产《江苏省立水产学校之刊》第一刊,上面记载着:"(1914 年)9 月 1 日定'勤朴忠实'为校训"。

根据相关档案记载,上海海洋大学"勤朴忠实"校训,在中国近代"实业救国""教育救国"思想影响下,发轫于 100 多年前的 1914 年 9 月 1 日,发扬于新中国成立之初,传承于改革开放与社会主义现代化建设新时代。

学校创办人张謇,在近代教育史上率先提倡校训,推崇"勤""俭""诚""信"等伦理规范。1903 年,张謇为通州师范学校题写校训"坚苦自立、忠实不欺";1915 年为南通大学农科题写校训"勤苦俭朴",同年为南通大学纺织科题写校训"忠实不欺、力求精进"。

学校主要创办人之一黄炎培,奉行类似的价值传统。1907 年,黄炎培创办"私立浦东中学",定校训为"勤、朴"。1917 年,黄炎培创办中华职业学校,所订学生行为规范中特别指出要"养成勤朴之习惯"。

学校首任校长张镠,亦遵循"勤""俭""诚""信"等为人操守。1914 年 2 月 8 日,张镠对学生提出希望"五事",即:勤勉;造成诚朴之校风;戒浮器;勿空谈国事;当自食其力。同年 9 月 1 日,学校将"勤朴忠实"定为校训。(上海市地方志编纂委员会.《上海市级专志·上海海洋大学志》[M],上海:华东师范大学出版社,2016 年 11 月,第 9 页)

这些根植在海大档案里的家国情怀,指引着一代代海大人在"勤朴忠实"的校训下,勤奋敬业、质朴大方、爱国荣校、求真务实,为中国水产与海洋事业立下不朽功勋。百年来,学校始终与国家发展同呼吸、共命运。学校根据办学特点,努力构建"吃苦耐劳、劳而无怨、求真务实、激流勇进"的学风校风,谱写出艰苦奋斗、百折不挠的奋斗史、发展史、教育史和爱国史。"勤朴忠实"对海大人不仅仅是训导,更是实践。

3　基于高校档案培育和践行社会主义核心价值观

3.1　高校档案与社会主义核心价值观相互映照

大学精神是一所大学永续发展的活水源头,从海大档案中挖掘出的深厚校训精神、校训故事已有 100 多年历史,它源起于博大精深的中华优秀传统文化,体现了学校筹创之初的思想之本,同时与我国社会主义核心价值观在精神内涵上是一脉相承的。

大学校训是一所大学的办学理念和大学文化的集中反映,它既是一个学校办学理念、治校精神的浓缩,也承载着与时俱进的浓厚校园文化,是浸润在校园学习、生活全方位、全过程的积极的价值理念和价值规范。

古今中外世界著名大学都有其风格独特的校训,鲜明地体现出他们不同的治学理念和价值取向,如美国斯坦福大学的校训是"Die Luft der

Freiheit weht"（英文："the Wind of Freedom Blows"），翻译成中文："让自由之风吹拂"。耶鲁大学的校训则为"Lux et Veritas"，翻译为中文即"光明与真理"。牛津大学的校训"The lord is my illumination"，译为中文："主照亮我"（节选自《圣经》）。牛津大学校训"Dominus Illuminatio Mea"，翻译成中文："上主乃吾光"（出自《圣经》）。西方大学的产生与宗教渊源深厚，因此其校训一般宗教色彩比较浓厚，往往强调对宗教的虔诚，对知识的渴望及学术自由和真理的追求。

纵观国内高校的校训，大部分来自于博大精深的中华传统文化，注重强调人的道德义务与内在修养，强调内心和精神世界的充实。如清华大学校训："自强不息，厚德载物"，出自《周易》："天行健，君子以自强不息""地势坤，君子以厚德载物"。中山大学校训"博学，审问，慎思，明辨，笃行"出自《中庸》，为孙中山先生所题写，指引学子们沿着"学问思辨行"的五条途径，做事要广泛地学习，仔细地探究，谨慎地思考，明确地辨别，最后切实地实行。复旦大学校训"博学而笃志，切问而近思"，典出《论语》，号召复旦学子们学习要广博、坚定，并且要有敢于质疑的精神。

上海海洋大学秉承"渔界所至，海权所在也"的创校使命，百年来栉风沐雨，薪火相传，厚重的"勤朴忠实"校训精神成为学校思政育人的重要载体有其必然性。而今，上海海洋大学坚持把"勤朴忠实"的百年风骨同培育和弘扬社会主义核心价值观紧密结合，以此为基础倡导广大师生传承优秀传统文化，弘扬逐梦海洋精神，进一步延伸和丰富了校训"勤朴忠实"的精神内涵和时代使命。

传承发展优秀传统文化，让大学文化精髓成为学生成长成才的精神保障，这既是"立德树人"的有效手段，也是培育和践行社会主义核心价值观的本质要求。2014年4月7日，上海市委书记韩正在上海市高校思想政治工作会议上指出，"上海海洋大学'勤朴忠实'的校训，都是和社会主义核心价值观相一致的[……]"。"勤朴忠实"，历经一百多年，在上海海洋大学校训精神得到不断的传承和弘扬，也成为生动的思想政治教育载体，在一代代海大人身上生根发芽。海洋有海纳百川的胸怀，然而探究海洋却需要"勤朴忠实"的精神，正是这种精神滋养上海海洋大学，使她跨越百年,成长为如今一流学科的高水平特色大学。

3.2 高校档案根植社会主义核心价值观的优势

培育和践行社会主义核心价值观要坚持以下原则:"[……]坚持以理想信念为核心,抓住世界观、人生观、价值观这个总开关,在全社会牢固树立中国特色社会主义共同理想,着力铸牢人们的精神支柱;坚持联系实际,区分层次和对象,加强分类指导,找准与人们思想的共鸣点、与群众利益的交汇点,做到贴近性、对象化、接地气;坚持改进创新,善于运用群众喜闻乐见的方式,搭建群众便于参与的平台,开辟群众乐于参与的渠道,积极推进理念创新、手段创新和基层工作创新,增强工作的吸引力感染力。"(中共中央办公厅印发《关于培育和践行社会主义核心价值观的意见》[EB/OL],人民网 http://cpc. people. com. cn/n/2013/1223/c64387—23924110. html,2013. 12. 23)高校档案源于校园生活,能够将由之提炼的高校精神融入到学生的日常生活中去,在潜移默化中给青年们以导向性、激励性、规范性的指引,即是《意见》提及"贴近性、对象化、接地气"地找准了与青年们思想的"共鸣点","抓住世界观、人生观、价值观这个总开关"。

以上海海洋大学为例,从校史档案中挖掘而来的丰富校训内涵,一方面具有文化价值传播功能。校训言简意赅、易学易记,有涵养社会主义核心价值观的文化土壤,它作为广大师生共同遵守的基本行为准则与道德规范,对学生具有很强的价值引领和行为规范的教育作用,为国家培养全面发展的高素质人才提供了精神之根、文化之基。其次,具有较强的感召力和倡导力。作为一所高校的精神、文化、历史缩影和精髓,校训更易使大学生产生"大学"的代入感、"根"的归属感,能于无形中内化为青年们的精神力量,更好地实现价值导向和文化育人功能,是社会主义核心价值观在真正意义上"落实、落小、落细"的典范。

传承和发扬校训精神,让广大师生以生动、具体的方式在身体力行优秀传统文化的基础上,加深了对社会主义核心价值观的理解和认同,有效地引导广大青年坚定文化自信、道路自信。回顾海大校训确立 100 多年来的学校发展历程,在"勤朴忠实"的精神指引下,一代代"海大人"努力拼搏、勇立潮头、扎根基层、服务社会。2014 年 9 月 29 日,吴潜涛教授为上海海洋大学师生作"社会主义核心价值观"专题报告时指出:弘扬社会主义核心价值观,必须立足于优秀的传统文化,不能离开这个根基。中华传统优秀文化寄托着一代又一代中国人的精神追求,上海海洋大学的百年校训"勤朴忠实"不仅是对中华民族优秀传统文化的传承,更是社会主义核心价值观具体而生动的载体。从校训中可以感知上海海洋大学百年奋斗精神,可以感受到学校深厚的文化底蕴和历史传承,感受到国家和民族的事业就是学校的责任,感受新时代学校优秀的历史文化已融入到社会主义核心价值观中。

4 基于高校档案培育和践行社会主义核心价值观的路径

为实现中华民族伟大复兴的"中国梦",深入学习贯彻党的十九大、习近平总书记系列讲话精神,上海海洋大学重新结合教育新背景新形势,以培育、践行社会主义核心价值观为出发点,为阐发百年校训精神做出了许多努力和探索。

上海海洋大学档案馆馆藏上海首批档案文献遗产《江苏省立水产学校之刊》第一刊上面记载着:"(1914 年)9 月 1 日定'勤朴忠实'为校训"。因此,到 2014 年 9 月 1 日正好是 100 周年,为活动开展提供了富有纪念意义的时间节点。这引起学校领导高度重视,认为传承百年校训精神对落实社会主义核心价值观"日常化、具体化、形象化、生活化"具有共通性,决定将活动提高到以传承百年校训精神为契机,培育和践行社会主义核心价值观的高度,由宣传部、档案馆等合作开展以"传承百年校训精神,践行核心价值观"为主题的系列活动。

自 2014 年起,以丰富的校史档案资源为核心,以传递时代正能量为主旨的"传承百年校训精神、践行核心价值观"系列主题教育活动就这样在一届届海大师生中火热开展。如每年举办"品读海大"活动,以新生入学为契机，以讲历史、讲故事、践行动、筑梦想等形式，在学校景观大道、校史馆等地为新生开展生动的校史校情教育，历数一代代海大人对于"勤朴忠实"的传承与践行，以实际行动践行社会主义核心价值观、践行百年潮中国梦；如举办"百年校训，精神航标"等专题图片展，围绕"勤朴忠实"校训提出的历史背景、发展和精神内涵，深入挖掘代表校训精神和社会主义核心价值观的典型人物、历史事件，从海大档案中汲取奋进前行的精神力量，增强每一位师生的认同感和使命感；如开展"身边好故事说校训，核心价值观伴我行"作品征集活动，面向全校师生、校友征集文学、书法、绘画、摄影等作品，通过身边的好故事、好视角，诠释校训精神，由日常中的生动管窥彰显社会主义核心价值观；如深入挖掘整理校史、专业史、人物史等档案资源，形成各具特色的学校文化体系，增强新生对校史校情的了解，提升新生对学校的认同感以及爱校荣校情怀；如开展文明创建特色项目和"十佳好人好事"评选活动，以弘扬社会主义核心价值观为标准，在全校掀起推荐、表彰、学习明大德、守公德、严私德的先进典型，在平凡中彰显伟大，在踏实工作中传承百年校训精神；如拍摄"勤朴忠实"校训专题片、制作校史校训宣传册、校训与核心价值观宣传书签等等……

以高校档案培育和践行社会主义核心价值观是一个系统性、长期性、积累性的过程。在此过程中充分利用校园网、校报、校园广播、官方微博、易班网、宣传栏、主题展、先进表彰大会等宣传阵地营造校训文化氛围，有效通过解说、宣传片、图片展、文化宣传品、讲座座谈、征文等多样化载体，创新宣传方法、实践路径，大力挖掘高校档案的文化传承和育人功能，以知促行，以点带面，小处见大，把社会主义核心价值观"落细、落小、落实"，渗透到全员、全方位、全过程的教书育人实践中，以广大师生喜闻乐见的形式开展形式新颖的校园活动，真正做到吸引人、鼓舞人，为学生扎下校训精神的"根"，植入社会主义核心价值观的"魂"。

培育和践行社会主义核心价值观需要"落实落地落小落细"，成为"立德树人"的主轴线。高校档案中挖掘出的校训精神是社会主义核心价值观在教育领域的具体化，推动社会主义核心价值观教育与校园文化建设相融合，让传统文化与时代主题碰撞结合，焕发出新的生命和活力，让高校档案成为涵养社会主义核心价值观的新平台,坚持把社会主义核心价值观内化于心,外化于行,势必成为高等学校培育、践行社会主义核心价值观教育的新路径、新举措。

参考文献:

[1] 中共中央办公厅印发《关于培育和践行社会主义核心价值观的意见》[EB/OL],http://cpc. people. com. cn/n/2013/1223/c64387—23924110. html,2013. 12.23.

[2] 上海市地方志编纂委员会.《上海市级专志·上海海洋大学志》[M],上海:华东师范大学出版社,2016.11.

[3]《上海海洋大学百年志》编纂委员会.《上海海洋大学百年志》[M],上海:上海人民出版社,2012.10.

[4] 上海市学生德育发展中心.《德润心灵,成长有声——上海教育系统社会主义核心价值观"落细落小落实"实践案例集(下)》[M],上海:上海交通大学出版社,2017.4.

[5] 中共中央宣传部.《习近平新时代中国特色社会主义思想十三讲》[M],北京:学习出版社,2018.6.

[6] 习近平.《决胜全面建成小康社会夺取新时代中国特色社会主义伟大胜利——在中国共产党第十九次全国代表大会上的报告》[M],北京:人民出版社,2017.

[7] 习近平.《在北京大学师生座谈会上的讲话》[M],北京:人民出版社,2018.

[8]《习近平总书记系列重要讲话读本》[M],北京:人民出版社,2014.

[9] 习近平.《坚持中国特色社会主义教育发展道路　培养德智体美劳全面发展的社会主义建设者和接班人》[EB/OL],教育部政府门户网站http://www. moe. gov. cn/jyb_xwfb/s6052/moe_838/201809/t20180910_348145. html,2018.9.10.

[10] 新华社.《习近平:把思想政治工作贯穿教育教学全过程》[EB/OL],教育部政府门户网站http://www. moe. gov. cn/jyb_xwfb/s6052/moe_838/201612/t20161208_291306. html,2016.12.8.

[11] 光明日报.《让校训成为涵养核心价值观的生动载体》[EB/OL],中国文明网http://www. wenming. cn/specials/zxdj/hxjz/hxjz_yw/201406/t20140625_2023352. shtml,2014.6.25.

［12］闫虎生，张悦.《在弘扬校训精神中培育和践行社会主义核心价值观》［J］，北京工业职业技术学院学报，2015，14（3）：32—36.

［13］牛文利.《论大学校训精神和社会主义核心价值观培育》［J］，教育与人才，2016（11）：102.

［14］魏景荣.《试析大学校训对中华优秀传统文化的传承》［J］，教育管理，2015（328）：120.

［15］董召锋.《中西方大学校训对比研究及启示》［J］，高教探索，2016（6）：76.

［16］王霞，田云刚.《内涵式发展下的大学校训建设研究——基于对大学生校训建设认知情况的调查》［J］，山西高等学校社会科学学报，2018，30（10）：60.

［17］胡忠浩.《以大学校训培育和践行社会主义核心价值观的路径研究》［J］，成都航空职业技术学院学报，2017（3）：11.

［18］周纯.《大学校训融入社会主义核心价值观培育路径探析——基于江西 N 所高校的调查》［D］，江西农业学院，2017.6.

［19］毛若，毛晓红.《高校校训文化传播与大学生社会主义核心价值观培育研究》［J］，绵阳师范学院学报，2015，34（12）：94.

高校档案知识服务模式探究

上海第二工业大学档案馆　裘　丽　许　昉

摘　要： 本文首先阐述了高校档案知识服务的内涵；其次从理论基础和现实保障两个维度分析了高校档案知识服务的可行性；最后，提出了高校档案知识服务的实现路径，即构建高校档案知识服务模式。

关键词： 高校档案知识服务　可行性　模式

高校档案是高校历史发展的结晶，是学校在长期的教学、科研和管理实践中积累的知识财富。随着知识经济和知识创新的蓬勃发展，知识服务这种全新的信息服务方式应运而生。本文通过分析高校档案知识服务的内涵、特点及可行性，提出一条切实可行的实现路径，使高校档案馆充分利用现有的档案资源，综合运用多种档案知识服务方式，提升高校档案馆的服务质量和水平，满足广大师生全面、专业、个性化的档案需求，并为高校文化建设服务，促进高校档案事业的发展。

1　高校档案知识服务的内涵

高校档案知识服务是以满足高校档案用户需求为目标，通过挖掘用户的现实需求，依托现有的高校档案信息资源，综合运用知识挖掘、知识采集、知识组织等现代化信息技术，构建高校档案知识服务系统平台，优化和设计知识服务流程，采用灵活的知识服务模式和弹性工作机制，为用户提供专业性、创新性、个性化的高校档案信息服务。如图所示：

2　高校档案知识服务的可行性

2.1　理论基础："后保管模式"的影响

加拿大著名档案学家特里·库克根据后保管时代的特征,在传统理论原则的基础上,提出了以"知识"为核心的档案管理模式—后保管模式,主要包括新来源观、宏观鉴定和知识服务。其中,知识服务是后保管模式的目的和归宿。库克明确指出,"档案工作者由实体保管员向知识提供者过渡,正是档案界为应答电子时代的挑战,由保管时代向后保管时代过渡的要求"。在这种新的保管模式下,档案部门"将传统理论对实体保管对象—实态文件的关注,转变成对文件、文件形成者及其形成过程的有机联系、目的、意图、相互关系、职能和可靠性的关注。所有这些都远远超越了对文件进行传统的档案保管。"[1]这是高校档案馆开展知识服务的理论基础。

2.2　现实保障：高校档案馆各方面条件基本成熟

（一）高校档案馆馆藏资源丰富

高校档案记载了高校在教学、科研、党政管理及其他各项活动中大量有价值的文字、图表、声像等不同形式的历史记录,主要包括党群、行政、教学、科研、财会、基建、设备、出版等,是时间与空间的汇合,是创造与发展的凝聚,是一座巨大的知识宝库。高校档案馆保存的馆藏资源可以说为开展档案知识服务提供了丰富的原材料。

（二）高校档案用户需求驱动

为了全面了解高校档案用户需求,笔者通过分析我校档案馆近五年

来档案资源利用情况,具体详见以下图表:

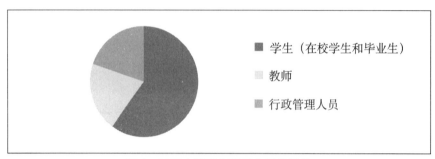

图 1　二工大档案主要用户服务群体

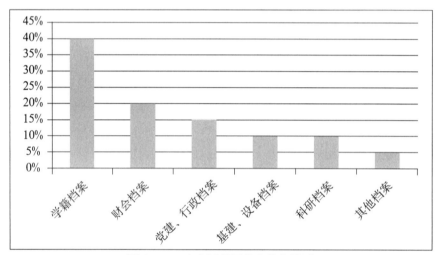

图 2　二工大主要利用档案信息类型

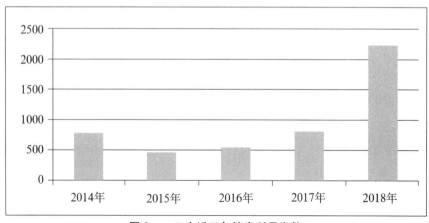

图 3　二工大近五年档案利用卷数

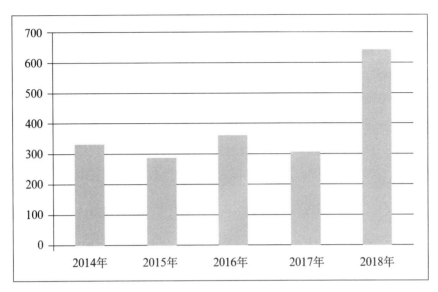

图4　二工大近五年档案利用人次

　　根据以上图表可知:高校档案主要用户服务群体包括三大类:学生、教师和行政管理人员;主要利用档案信息类型以学籍档案和财会档案为主,学籍档案是在校学生和毕业生查找成绩单、招生录取名册等,而财会档案是学校各部门查询相关费用的财务凭证,其他党政、科研、基建类档案也是较受关注的类型;从近五年的档案利用卷数和人次来看,基本上呈现逐年上升的趋势,2018年的利用卷数和人次出现大幅度激增的态势,是为了配合学校开展巡视组检查工作,各机关、二级教研单位集中来查询财务凭证。

　　通过分析我校档案用户需求的特点,可以发现近年来高校档案利用情况逐年增加,无论是档案数量还是人次,对高校档案知识服务而言是一种驱动力。

　　(三)高校档案馆信息网站依托

　　目前,许多高校已经建立自己的档案信息网站,将本馆的一些工作动态、馆情概括、规章制度、服务指南、网上展示以板块的形式为师生们提供一定的档案服务。高校档案馆的门户网站可以作为档案知识服务的平台依托,以此为基础拓展更多的服务功能。

　　(四)高校档案人员队伍逐步提升

　　近年来,高校档案馆逐步引进年轻化、专业化、知识化的档案人才,加强对档案工作者的知识更新和技能培训,使高校档案人员队伍不仅能胜任日常的档案管理工作,也具备一定的现代信息技术和从事科研能力。

(五)高校档案馆软硬件设施相对完备

随着通信技术和计算机网络技术的发展,高校档案馆的软硬件设施得到了一定程度的提升,拥有相对完备的基础设施:专门的档案库房及配套设施(打印机、复印机、除湿机、温控系统等)。同时,现代信息技术在高校档案馆得到了不同程度的应用,尤其是档案数字化技术和网络信息发布技术,为高校档案知识服务提供了必要条件。

3 高校档案知识服务的实现路径—构建高校档案知识服务模式

高校档案知识服务模式主要包括四个方面:系统平台—建设知识型高校档案门户网站、资源空间—建立高校档案知识库、技术支撑—运用先进的知识技术、服务方式—探索新型高校档案知识服务方式

3.1 系统平台—建设知识型高校档案门户网站

知识网站是根据用户需求,通过互联网进行搜寻、组织、整合知识,为用户提供知识服务。在这个过程中,用户扮演一个双向选择的角色,不仅可以与服务商交流,而且能够将遇到的难题实时反馈。[2]笔者认为,要以高校档案门户网站为平台开展知识服务,必须借鉴知识网站来改进现有的高校档案网站,合理布局各项功能。

(一)知识检索。知识检索是指在知识组织的基础上,从知识库中检索出知识的过程,是一种基于知识组织体系,能够实现知识关联和概念语义检索的智能化检索方式。[3]知识检索强调语义之间的匹配度,根据用户需求和档案信息之间的有机联系,结合知识关联,检索出与查询要求密切相关或部分相关的知识。在档案网站首页检索入口处内嵌语义分析处理器,当用户的检索请求发出后,处理器会自动调取同义/近义词典,对自然语言进行分析处理,查找与之相关的内容。经过此番处理后,用户不仅可

以简单检索(检索内容与关键词部分匹配),更重要的是能够高级检索(检索内容与用户需求高度契合)。

(二)知识集成。知识集成是在整合信息资源的基础上,为档案用户营造跨网站的信息利用氛围。具体做法:在高校档案门户网站首页设置友情链接,可分为中国高校档案馆网站(复旦大学档案馆、浙江大学档案馆等)、全国及地方性档案信息网(中国档案网、上海档案信息网等)、国外档案网站(美国国家档案馆、澳大利亚国家档案馆)、国外高校档案馆网站(哈佛大学档案馆、耶鲁大学档案馆等)、档案学术网(档案界、档案在线等)、图书情报信息等相关或交叉学科网站、政府部门网站等几类。用户可以通过下拉列表链接进入各个具体网站,实现网站间资源共享和知识集成,以满足公众多样化的知识需求。

(三)增设或完善个性化服务栏目。在高校档案门户网站首页增设或完善个性化服务栏目:

(1)用户导航。根据用户的年龄、偏好、职业需求、检索习惯,对网站服务进行科学分类、合理组织,使用户以便捷的查询方式迅速定位到符合自身需求的信息资源。美国国家档案馆网站首页设有基于用户的分类导航,不同身份的用户可以迅速找到所需信息。[4]

(2)用户论坛。用户论坛是为用户而开辟的一个交流空间。用户可以在论坛中相互交流学术观点和使用心得;高校档案人员则以论坛发起人或管理员的身份,加入到与用户们的学术探讨和解决疑难问题的队伍中。可见,用户论坛既可以提高用户的知识获取与应用能力,又能够加强与高校档案人员的互动式交流,从而提高高校档案门户网站的知名度和关注值。

(3)网上展厅。通过照片的形式将馆藏珍贵档案进行展示,根据不同主题,如校史专栏、俊才星驰、馆藏书画、建筑风光、捐赠辑录等等,以此来彰显档案魅力,传播和弘扬校园文化。我校的档案信息网上也开设了相关展览,包括珍贵档案图片展、校史教育图片展、教学档案展、包起帆创新之路陈列馆展等。网上展览作为学校对外宣传的窗口,让全校师生以及校外朋友认识和了解学校的变迁和风貌。

3.2　资源空间—建立高校档案知识库

开展高校档案知识服务需要具备一个系统化、层次化、丰富化的资源空间,即建立一个资源完备、结构优化的高校档案知识库。高校档案知识库的建设包含内容结构和质量要求两个方面。

（一）内容结构

高校档案知识库包括高校档案知识资源库、用户信息库、高校档案智力库三大库。高校档案知识资源库由馆藏档案知识库、档案学术文献库(档案期刊、学术著作、高校档案年鉴等)、专题档案知识库(高校馆藏精品、教学科研成果、书画题词、知名校友集等)组成;用户信息库包含用户基本信息库(用户的基本信息、查阅档案记录、使用目的、习惯等)和用户需求库(在用户基本信息库的基础上,挖掘用户的潜在需求,存入用户需求库);高校档案智力库包括档案人员智力库和档案专家资源库两个方面。档案人员智力库是档案人员隐性知识的集成,主要由其所掌握的专业知识、技能、学历、特长、经验等构成。档案专家资源库是结合档案学的相关专家而设立的一个集专家研究成果和最新学术动态为一体的资源库,从中用户可以了解最新的研究进展情况,开拓思维视野。

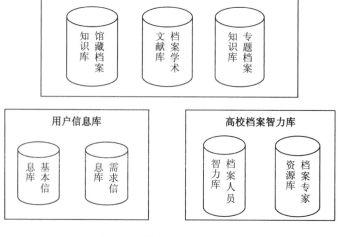

图 5　高校档案知识库组成

（二）质量要求

（1）保证知识库的真实性和完整性。真实性和完整性是衡量高校档案信息是否具备法律效用的标尺。如果存在不真实或不完整的情况，将不利于档案部门开展日常工作。

（2）保证数据库的可用性。现代通信技术和计算机网络技术是数据库生存和发展的两大技术支柱。为此，高校档案馆不仅要加强高校档案知识库的建设，而且要保障数据库的技术规范，建立物理安全、网络安全、系统安全三位一体的评价指标。[5]

（3）保证知识库的动态性。高校档案知识库作为实施知识服务的资源存储器，高校档案部门应当及时了解和捕获用户需求，根据其需求目标和问题所处环境，不断调整和更新高校档案知识库的内容，使其能动态地适应档案利用者的知识需求。

（三）技术支撑—运用先进的知识技术

知识技术是研究将信息转变为知识的新一代信息技术，可以为知识服务的开展提供必要支撑，其核心技术主要包括语义网和智能 Agent。

（1）语义网

语义网被认为是目前互联网的扩充和延伸，对互联网的革命进程起到关键性作用。语义网的主要目标在于以概念化和标记性语言，使得互联网上的资源信息和文本内容被机器识别并理解，不仅可以有效解决因计算机无法理解网络信息而造成的问题，而且能够克服人们被大量、无序信息所包围，难以探寻到有价值、符合自身需求的资源困境。语义网技术的实现流程分为两步：首先要把非结构化数据转换为结构化或半结构化信息，运用元数据、RDF 技术进行信息的描述、利用和集成，然后对概念进行分类、辨识，实现信息的语义化。[6]

（2）智能 Agent

智能 Agent 技术是针对模糊性用户，即该类用户没有确定具体要求，在这种情况下，根据用户以往的检索记录、习惯或参照用户的年龄、学历、职业等背景信息，分析用户的潜在需求，代替其在互联网上进行信息查询、选择、鉴别等工作，同时对档案部门的服务信息进行整合优化，为用户提供便捷、优质的知识服务。智能 Agent 技术具有自主自动、交互协作的特点,正是因为这些特性,使它成为档案工作人员搜寻、筛选、处理档案信息的有力工具。

高校档案馆对知识技术的选择和应用需要以多元的视角,结合实际情况,了解相关知识技术的特性功能和使用效益,全方位考虑本部门的业务方向、现有的技术条件、人力资源状况以及经费情况,并与高校档案知识服务方式相适应,寻求科学、合理、实用的知识技术。

(四)服务方式—探索新型高校档案知识服务方式

(1)用户自助服务

用户自助服务是一种自我服务方式。在校师生通过校园网登陆高校档案门户网站,访问用户自助服务板块,主要包括学生档案、查档预约、远程服务。学生档案是为广大学子提供学生档案转递查询服务,在查询条件中输入学号、姓名、身份证号,即可查看相应结果,便于学生及时了解自己的档案状态。

查档预约是用户通过"档案查询"或"直接预约"的方式实现网上预约申请。如果用户精确了解需要查询的档案资料,可先通过"档案查询",按照题名、形成者、时间等维度进行搜索,查询和获取到相关信息结果后再进行预约;也可以根据查询的用途及内容进行直接预约,高校档案的用途主要包括学历认证、工作查考、出国留学、审计佐证、基建修缮、学术研究、获奖专利等等。档案工作人员进行审核并将审核公告挂在门户网站和微信公众平台上,系统也会将审核结果发送到申请者的邮箱,用户根据需求进行实际查档。高校档案馆可以依据以往服务的经验,将用户信息需求按照层次高低和相似度进行科学分类,针对那些大众化的信息需求(学生成绩、财会凭证、专利证书、基建材料等),为广大师生提供一站式服务通道。

远程服务是为毕业学子提供成绩办理相关业务。用户通过登录档案门户网站上的远程服务平台,注册个人信息,上传身份证件,提供清晰的毕业证书和学位证书影像,经档案工作人员审核以后,提供相应业务,如在校中英文成绩、毕业证书及学位证书翻译认证、高考录取成绩证明等。

用户可以根据需要选择快递或至档案馆窗口自取已制作完成的档案证明文件。为了使整个远程服务平台操作流程更具人性化,用户可以通过门户网站上的在线咨询板块进行问题咨询,档案工作人员会实时解答,并根据实际办理情况及时与技术人员联系,更好地完善业务流程。远程服务可以让广大毕业生免除必须实地办理业务的繁琐手续,快速简便,是高校档案馆服务方式的创新之举。

（2）个性化定制服务

个性化定制服务是根据用户的需求和特性,为其提供具有针对性的个性化知识服务,或者通过分析用户以往的检索记录、习惯、偏好、文化水平,主动向用户提供潜在性知识服务。个性化定制服务包括服务时空的个性化(在用户希望的时间和地点得到服务)、服务方式的个性化(根据用户偏好提供服务)和服务内容的个性化(用户各取所需)。[7]

高校档案馆基于馆藏档案知识库和用户需求库来实现个性化定制服务。一是通过分析用户浏览的网页信息,进而帮助用户确认自身需求,将最新的知识信息和研究热点通过档案门户网站、官方微博主页、微信公众平台向师生们推送。广大师生可以根据自己的兴趣偏好选择是否定制此类信息,包括定制方式、周期。二是根据用户提出的明确要求,帮助用户搜集相关知识信息或某个问题答案,在第一时间将结果返回给用户。

（3）参考咨询服务

参考咨询服务是高校档案馆根据用户提出的问题,依托高校档案知识资源和档案工作者的智力资源,将用户所需的问题解决思路或方案以互动交流的方式反馈给用户的服务。这种服务方式是以高校档案门户网站为沟通平台,用户登录网站主页中的在线咨询栏目,点击进入一个专门的交流空间,与档案人员进行在线互动式交流,从中获取自己所需的知识信息。系统针对用户的提问,自动分析问题并调取先前的问题/答案库,如若遇到新问题,则将提问推送给档案服务人员,服务人员会依据馆藏档案资源和自身知识结构进行实时解答,形成咨询结果返回给用户,同时将该答案保存到问题/答案库中,以备日后查考。

开展高校知识服务是满足用户知识需求的历史必然,也是未来高校档案部门发展的趋势之选。高校档案馆以档案信息资源为立足点,以知识探寻、理解、组织为着眼点,通过档案门户网站,综合运用现代信息技术和知识技术,并依托用户自助、个性化定制等多种服务方式,全面提升档案知识服务水平,推动高校档案事业的长远发展。

参考文献:

［1］特里·库克. 电子文件与纸质文件观念:后保管及后现代主义社会里信息与档案管理中面临的一场革命［J］. 刘越男,译. 山西档案,1997(2):8—10.

［2］孙艳丽,周海燕,赵艳丽. 基于用户需求的档案知识服务平台及保障体系建设［J］. 情报科学,2013(10):91.

［3］马文峰,杜小勇. 知识检索研究［J］. 情报理论与实践,2010(11):17.

［4］National Archives and Records Administration［EB/OL］. ［2019—6—25］. http://www. archives. gov/.

［5］马仁杰,刘俊玲. 论电子档案开放利用中信息安全保障存在的问题域对策［J］. 档案学通讯,2012(3):59.

［6］刘柏嵩. 基于知识的语义网:概念、技术及挑战［J］. 中国图书馆学报,2003(2):18—19.

［7］黄萃,陈永生. 基于 Agent 的数字档案个性化服务体系研究［J］. 档案学通讯,2006(5):57.

论高校档案校史融入和服务党建工作有效性的提升

上海电机学院档案馆　　朱成实

摘　要：把档案校史与党建工作紧密、有机地结合起来，一方面有利于不断坚持和深化高校党委对档案校史工作的全面和有效领导，另一方面充分发掘利用档案校史资源在政治建设、思想建设、组织建设、作风建设、纪律建设等方面的价值和作用，既是维护和反映高校改革发展历史真实面貌的重要凭借，也是高校党建和档案校史工作必不可少的重要环节。进一步深化档案校史与高校党建工作结合的有效路径的研究，更积极充分地发挥档案校史在高校党建工作中的地位与作用，既是档案校史工作上平台入主流的自觉和需要，也是高校党建工作中必须高度重视的工作领域和不可或缺的组成部分。

关键词：高校　档案校史　党建工作　互动有效性

2018年9月10日，习近平总书记在全国教育大会的重要讲话中强调："各级各类学校党组织要把抓好学校党建工作作为办学治校的基本功，把党的教育方针全面贯彻到学校工作各方面。"①高校抓好党建工作的内容涉及方方面面，但抓好载体、夯实阵地必不可少。把档案校史与党建工作更加紧密和有机地结合起来，持续提升档案校史融入和服务党建

---

① 习近平：《坚持中国特色社会主义教育发展道路培养德智体美劳全面发展的社会主义建设者和接班人》，新华网2018年9月10日.

工作的有效性,一方面有利于不断突出和深化高校党组织对档案校史工作的全面和有效领导;另一方面充分发掘利用档案校史资源在政治建设、思想建设、组织建设、作风建设、纪律建设等方面的价值和作用,既是维护和反映高校改革发展历史真实面貌的重要凭借,也是高校党建和档案校史工作必不可少的重要环节。

1　强化高校档案校史融入和服务党建工作有效性的意义

加强党对高校的领导,加强和改进高校党的建设,是办好中国特色社会主义大学的根本保证。档案保留着高校创业奋斗过程中最本原、最鲜活的第一手资料,校史浓缩着高校改革发展过程中最精华、最主流的发展脉络,强化高校档案校史与党建工作的互动并不断提升档案校史融入服务党建工作的有效性,意义重大。

1.1　有利于确保高校档案校史工作始终坚持正确的政治方向

习近平总书记强调:"党政军民学,东西南北中,党是领导一切的。"①作为高校工作的有机组成部分,档案校史工作必须坚持并不断强化党的全面领导和有效领导,坚决贯彻落实习近平新时代中国特色社会主义思想的全面领导地位,既是高校坚持社会主义办学方向,落实人才培养、科学研究、社会服务、文化传承创新、国际交流合作五大职能的基本要求,也是档案校史工作健康科学发展,服务学校中心工作、充分发挥育人功能的必然要求。

1.2　有利于高校党建不断强化工作的连续性和规范性

习近平总书记指出:"很多时候,有没有新面貌,有没有新气象,并不

---

① 习近平:《在省部级主要领导干部学习贯彻党的十八届四中全会精神全面推进依法治国专题研讨班上的讲话》,新华网 2015 年 2 月 2 日.

在于制定一打一打的新规划,喊出一个一个地新口号,而在于结合新的实际、用新的思路、新的举措,脚踏实地把既定的科学目标、好的工作蓝图变为现实。"①这种把好的蓝图一干到底的精神,既需要与时俱进,更需要坚守初心,两者都必须依靠扎实的根基作为支撑。就高校而言,档案校史恰恰是办学育人的重要根基所在,对更好地贯彻党委领导下的校长负责制,落实全面从严治党要求,保障高校党建工作的连续性和规范性具有重要的支撑作用。

1.3　有利于高校贯彻落实立德树人的根本任务

高校必须把所有工作聚焦到"立德树人"上来,既要引导和推动学生形成高尚的道德情操、扎实的科学文化素质、健康的身心和良好的审美情趣,也要积极锻造学生形成深厚的中华文化底蕴、中国特色社会主义的共同理想和开阔的国际视野,使"立德树人"的方向性、民族性和时代性更加鲜明。② 在高校立德树人过程中,党建工作起着把方向、管大局、保落实的中坚作用,决定着根本任务落实的广度和深度;档案校史发挥着弘扬传统、凝聚共识、展示成就的传帮带作用,影响着根本任务落实的温度和厚度,把两者紧密结合并不断提升互动效能,对于保障高校正确的办学方向和鲜明的育人特色都具有重要意义。

2　当前高校档案校史融入和服务党建 工作的基本情况

加强和改进党的建设,是高校促进科学发展全面贯彻党的教育方针、培养社会主义事业建设者和接班人的必然要求,主动融入并积极服务党的建设是档案校史工作应有的自觉和必然的要求,但当前高校档

①　中共中央文献研究室编:《习近平总书记重要讲话文章选编》,党建读物出版社、中央文献出版社承制,第 28 页.

②　参见《教育部关于全面深化课程改革落实立德树人根本任务的意见》(教基二[2014]4 号)。中华人民共和国教育部网站 2014 年 4 月 8 日.

案校史工作融入和服务党建工作的总体状况不尽如人意,主要表现在两个方面。

2.1　有联系但互动性不强

档案校史和党建工作都是高校工作的重要组成部分,但相对于党建工作的中心位置而言,档案校史工作总体上处于从属和保障的地位。一方面,两者统属于全校一盘棋的大范畴,必然发生工作上的联系,例如档案校史工作必须坚持党的领导、必须根据党建工作的需要提供相应的材料支撑,党组织必须确保档案校史的整理和研究始终坚持正确的政治方向、党建工作的成果必须及时梳理总结并进入档案校史序列等。另一方面,两者又分属于相对独立的领域,总体上一个偏党务,一个偏行政;一个重全员发动,一个重专题梳理;一个更强调与时俱进,一个更注重成果累积,相互之间的联系和互动并不紧密,对加强两者之间联系互动的重视度在高校各项工作中并不十分突出。

2.2　有互动但涉及面不广

当前高校档案校史工作研究探讨的重点,更多集中于运用现代化手段提升工作效率、运用新方法拓展工作领域等方面,发挥作用的关注点更多集中于学校文化建设、对外宣传等方面,把档案校史工作与高校党建工作联系起来的研究也多限于红色档案和相关校史资料、党务档案和相关资料的发掘与梳理、管理与利用等方面,着眼于从整体上把握和提升档案校史与高校党建工作互动有效性的探索尚不够多。以汤涛主编、上海三联书店 2018 年 9 月出版的《上海高校档案工作理论与实践》一书为例,书中收录了上海市高校档案学会 2017 年获奖论文 42 篇,内容涉及档案收集、档案数字化与信息化,档案编研与传播,档案馆的功能与职能等方面,围绕档案校史与高校党建工作开展研究的成果所占比例较小,一定程度上反映了当前档案和校史编研对相关工作领域的关注度与着力点。

3　提升高校档案校史融入和服务党建工作有效性的对策建议

3.1　党建工作要更加注重对档案校史工作的领导

在中国特色社会主义进入新时代后,必须进一步加强高校党组织对档案校史工作的领导。这种领导首先体现在学校党委对档案校史工作和研究方向的把握,例如强化档案校史工作的规范化建设,固化机制,定期组织开展专题档案编研和校史修撰等;其次体现在各级党组织对各类材料归档和校史编研工作的支持和督促,特别是二级学院的归档工作更加重要,在二级学院的发展中,党组织应主动把归档工作接过来,作为党建工作的一部分;最后体现在党建工作各类资料的及时梳理并进入档案和校史序列。

3.2　档案校史工作要更加主动地对接和贴近党建工作的需要

学校档案校史部门应根据党委工作重点和党建工作重点,制定本部门在党建档案方面的工作重点,建立党建工作专题档案、开展党史工作专题梳理,同时在系统的整理过程中注重提炼本校的特色文化价值。例如,从高校党建活动档案中凝练出高校师生党员的党员意识、角色意识、先锋意识和宗旨意识等,更好地传承本校的党建文化,为学校党建工作服务。同时,结合立德树人重点工作和重要节点开展相应的专题发掘,如学校发展脉络专题、办学特色形成发展专题、学校前世今生专题、校史上的这一天专题、校史上的这些人专题等;结合学校思政育人、校友凝聚等工作需要积极主动地开展服务,例如新生入学时的校情校史教育、毕业生离校时的学校留痕教育、校友联络和返校中的档案校史推送等。

3.3　相关工作部门要更加提高对档案校史意义和价值的认识

当前,高校正在贯彻落实全面从严治党的系列部署,特别是在树立

"四个自信"、坚定"四个意识",压紧压实意识形态工作、基层党建工作、党风廉政建设和党内监督工作"三大主体责任"的过程中,不仅红色档案、党史资料等直接相关资料具有十分重要的作用,综合档案、人事档案、学生档案、实物档案、校史轨迹等因其具有资料的系统性、多样性、完备性、鲜活性和案例的具体性等优势,在其中亦大有可为,必须同样给予高度重视。档案校史是信息资源的一个种类,其价值并不在于载体本身,而在于载体所承载的信息、所传递的意义、所传承的精神。对于档案校史工作部门来讲,不能只是机械的收集档案、管理档案、复述校史,而是要主动意识到档案校史的重要意义与价值所在,使其生命力在应用中得到彰显,只有保证了档案校史的有效利用,才能让档案校史的作用得到真正的发挥。

3.4 相关工作人员要更加提升档案校史工作服务党建工作的自觉意识

随着高校建设的不断深入,要清楚地了解到高校档案校史工作在促进高校党建工作中发挥的积极作用,深刻认识到档案校史工作既是高校党建发展的历史证明,又是现实党建情况的反映,更是未来党建发展决策的参考依据。档案校史工作服务党建工作,首要的任务是寻求档案校史工作高效服务党建工作的系统途径,为系统谋划、整体推进高校党建科学化水平服务,而不只是简单地收集、归类、储存党建档案,要以科学发展观为指导,系统整理高校党建档案,凝练出高校的文化价值。

习近平总书记 2003 年在浙江工作时就强调,经验得以总结,规律得以认识,历史得以延续,各项事业的发展都离不开档案。① 党的十八大以来,在习近平新时代中国特色社会主义思想的指引下,全面从严治党的力度越来越大、措施越来越全面,积极拓宽并不断夯实高校党建工作的理念、思路和有效方法显得越来越重要。进一步深化档案校史与高校党建

---

① 《省档案局〈馆〉长刘芸做客〈有请发言人〉》,《浙江档案》2018 年第 10 期,第 6 页.

工作结合的有效路径的研究,更积极充分地发挥档案校史在高校党建工作中的地位与作用,既是档案校史工作上平台入主流的自觉和需要,也是高校党建工作中必须高度重视的工作领域和不可或缺的组成部分。

高职高专档案工作的现状与改进设想

上海工商外国语职业学院　葛春晖

摘　要：新建高等职业院校是我国高等教育中的一股新生力量，承担着培养中级以上职业技术人才的任务。在这类院校的各项工作中，档案工作发展比较缓慢，它相比于老高职、普通高等院校无论在工作理念、发挥作用等方面都处于"摸着石头过河"的初级阶段。本文提出了加强这些院校档案工作的三条基本思路和五条应对措施，目的是看到差距，找准方向，迎头赶上。从而提升档案管理工作水平，更好地为广大师生服务。

关键词：高职高专　档案管理　途径和措施

根据党中央关于深化教育改革的部署，为全面贯彻落实习近平总书记在全国教育工作会议上的重要讲话精神，教育界也大刀阔斧地进行着一系列新的实践与探索，把培养人、教育人的工作提升到了一个全新的高度。多种经济成分的办学理念也呈现出百花齐放的新格局。高职高专院校为广大学生进一步拓宽求知的道路，为培育中高级职业技术人员发挥了积极的作用。

经初步调查，高职高专较少设独立的档案馆，设立综合档案室较多。档案室一般都隶属于院校办公室的领导。在管理上，院校对档案室采取纵向与横向交叉管理、多重领导的方式。在纵向上，院校办公室负责人是第一责任人，直接布置任务、检查和监督各项工作，并对相关人员进行必要考核。在横向上，院校领导、综合管理部门和系部负责人等也对档案室提出各种工作要求,这也需要档案室可以及时提供相应的服务。这是一种粗放型的管理模式,迫使档案室工作人员忙于应对大量事务性工作,影响发挥档案室"参考、咨询及参与管理等作用",较难为发挥档案作用开展必要的研究工作,促进管理水平上台阶。

高职高专的档案工作主要特点有:一、收集的档案繁多。二、服务对象广泛。三、服务质量要求高。除了提供必要的原始档案文献,还承担着一定的编撰任务,为领导或有关部门提供参考。工作人员长期处在独立工作的状态,成天与档案打交道,工作氛围略枯燥。而档案工作人员与普通工作人员的最大区别在于必须要有一种自我约束、自我管理的能力,在于具备一种安全保密、准确高效的基本素质。尤其在只有极少数人员的档案室,没有互相监督、互相制约的有效机制,只能凭工作人员的敬业和奉献精神工作。

1　高职高专院校档案工作存在的问题及诱因

1.1　思想重视度不够

院校领导层面,尤其是设立时间较短的院校没有把档案工作看作是办学中的一个重要环节,所以也没专门将此列入院校的发展规划或年度工作安排中,很少召开专题会议研究、分析、推进档案工作或档案事业发展这个问题。这使档案工作完全处于一种应付日常需求的被动状态。

1.2　人员短缺影响管理质量

不管思想多么超前,不管手段多么先进,不管制度多么严密,档案工作归根到底还是要通过人的作用来完成的。一个档案室只配备一两个人,有的甚至只有一人,要面对院校繁重的档案工作,所以只能处于应付日常性工作状态,没有更多的时间来考虑如何更好地使工作规范有序并发挥档案应有的积极作用。此外事务性工作过多,也会导致没有时间通过各种途径去努力提升自己的思想素质、业务水平和管理能力。容易造成对教育主管部门下达的各项规定、要求脱节,或只能消极地等待主管管理部门提出贯彻、落实意见。此时,管理人员依旧凭"老经验"和习惯思维方式开展工作,这势必影响到管理水平适应新形势发展需求。

1.3　档案信息化管理水平较低

根据《高等学校档案管理办法》第三十八条中规定:高等学校应当设立专项经费,为档案机构配置档案管理现代化、档案信息化所需的设备设施,加快数字档案馆(室)建设,保障档案信息化建设与学校数字化校园建设同步进行。随着信息技术的发展,档案信息化管理已成为必须推进的一种先进管理模式和历史发展的大趋势。这项工作在有些院校刚刚起步,有些则尚未着手去做。文书档案依旧仅以纸质档案形式立卷归档,保存在各部门中的大量有存档意义的电子文件尚没有统一的管理办法和相应得到保护措施,极有可能在人员变动时发生丢失或损坏。

1.4　资金匮乏制约档案工作走上完善轨道

对许多高职高专院校而言,为了提升教育水平,吸引更多的生源,必须要加大对师资力量的投入,必须对教学硬件设施加大投入,由于教学和科研经费随着社会物价指数的不断攀升,办学经费的压力越来越大。与此同时,尽量压低非直接的教学开支又是必须采取的节约措施。如机构设置、管理部门人员配置都精简到最低限度,要求职能管理部门员工"一岗多能,一岗多职"。在市场化的大格局下,在"自主经营、自负盈亏"的经营思路指导下,这类院校不可能把过多的经费投入到档案管理上。普遍认为档案管理只是院校管理分支中的一个分支,还未影响到整个教学工作。所以在制定发展规划、安排年度财务预算计划中还没有把这块经费列入其中,可谓巧妇难为无米之炊。

2　提高新建高职院校档案工作水平的有效途径和措施

2.1　积极宣传档案工作的重要意义

档案是积累了院校的历史和记忆,是教学经验和科学文化技术的宝贵资源,它具有原始记录性和凭证性的特点,一所院校办学时间有长有短,但每年产生下来的档案都已成为自己政治、经济、科教、文化的重要信息资源。它具有文化教育的功能,具有档案文化的特点,是做好档案开发利用的宝贵基础材料。丁薛祥同志2018年1月24日到中央档案馆、国家档案馆调研时强调,要从"始终把牢政治方向、充分挖掘档案价值、加强科学规划管理、确保档案安全保密、着力提升队伍素质、全面加强机关党的建设等6个方面","深入学习习近平新时代中国特色社会主义思想和党的十九大精神,扎实做好新时代档案工作。"这个重要讲话为我们搞好档案工作指明了方向。

所以,有针对性地开展宣传档案工作的重要意义,不仅能增强广大师生对档案工作重要意义的充分认识,也能促进他们自觉地关心院校的档案工作,重视档案工作,积极参与档案管理相关活动,逐步形成"齐抓共管,人人参与"的新局面,院校的档案工作一定能提升档次,发挥其应有的作用。

2.2　建立一套规范严密、可操作性的管理制度和考核办法

推进必要的制度建设,是搞好管理的基本前提。院校档案工作要搞好,同样需要建立一整套规范、严密、可操作性的管理制度。目前大部分新建高职院校只制定了类似"档案室管理规定"这样的简单制度,且有些制度内容的更新较缓慢。这些制度一般是针对储存档案的库房制定的,其定义范围极其狭小。并非是加强档案工作的一套有效管理制度。如针对全校档案工作的总体管理制度,《学生档案的接受和传递管理办法》、《电子化档案文件的管理办法》、《文书档案的立卷、归档、借阅规定》等都要逐步建立,缺失了这些必要制度,容易在工作中产生矛盾和问题,甚至会带来不必要的纠纷。所以每推进一项工作,首先要保证制度建设必须跟上,不能形成"无章可循"的被动局面。

与制度建设相配套的,还需建立一个相应的考评机制。各院校都存在着年度教职员工考核、职务晋级、职称评定等常态化的工作。应在这些考评工作中加入一定的档案工作考评内容,把做好档案工作与考核、提

职、增资、奖惩有机结合起来。这样既能客观反映档案管理人员的工作态度和业绩,也能促进更多的同志重视、关心与配合做好档案工作。

3　改进和不断提高档案工作的水平

3.1　与外校档案馆(室)的交流沟通

高职高专院校成立时间有先有后,档案工作水平有高有低。积极主动地在同类型的兄弟院校中开展交流活动,同样可以达到取长补短,为己所用的目的。此外还要积极主动开拓思路,对高等院校档案馆采取"走出去,请进来"的方式去取经,学习他们的先进理念、宝贵经验和科学管理方法,这对于提高自身的工作大有益处。要打破关门埋头搞业务的传统习惯,打破封闭式的、一潭死水的工作模式。

3.2　与各类档案协会的交流沟通

目前"上海市高等院校档案协会"是我们相互联系、交流沟通的一个重要平台。通过各类工作会议,可以使我们开阔视野、领会精神、汲取经验。要尽可能地将本市各大院校档案工作有关人员集中到一起,让他们在协会举办的活动中受益匪浅。档案协会每次的活动主题鲜明,重点突出,具有普遍的指导作用。因此我们在实际工作中可以通过这条有效的渠道,由他们牵线搭桥,进行有针对性的咨询工作和交流活动,达到取长补短的效果。

3.3　积极参加相关的培训活动,提升自身素质

各院校档案工作有关人员,直面档案工作第一线,责任大、任务重,有必要主动参加由国家或市级档案机关、专业培训机构举办的相关培训班、研讨班、不断提升自身的素质。时代在发展,档案工作人员的工作理念、工作思维、工作方式都要与时俱进,不断充实提高是形势发展的必然要求。

3.4　信息化管理为切入点,推进现代化管理模式

国家档案局局长、中央档案馆馆长李明华今年 3 月 29 日在全国档案

局长、馆长会议上的工作报告指出:"深入贯彻国家信息化发展规划,及时跟进电子服务、电子商务以及大数据、云计算、人工智能的发展应用,进一步加强电子文件归档、电子档案管理、档案信息系统安全保护"等工作,是我们今后加强档案工作的重要任务。这也同时为我们进一步搞好档案信息化管理指明了方向。档案信息化管理对我们一部分院校来说还是一张白纸,面临的是一项全新的挑战。我们要充分发挥档案管理人员的工作经验,院校信息专业师生的技术优势,切实把这项工作扎实地开展,使其在服务教学提升管理水平中发挥重大的作用。

3.5　重视传播历史与档案在文化宣传中的作用

高校的档案馆绝不局限于学生档案和院校公文档案的管理,他们也可开展以下多项任务:探索档案文化传播在高校教育工作的重要地位;发挥档案在校史教育传承中的积极作用;构建知识库促进档案业务的发展;专项开展国际、国内战略研究,推进档案信息资源的开发利用;举办学术研讨交流活动等等。它展现的是各单位在改革开放大趋势下推进档案事业蓬勃发展的丰硕成果,也为高等院校推进档案工作提供了丰富的经验。如上海复旦大学档案馆主编的《复旦兰台》在2014年面世;华东师大出版"丽娃档案"系列丛书;同济大学在2012年出版的《同济大学百年卓越工程教育图史》、华东理工大学档案馆编印的《瞬间,华理2012年图库》、《瞬间,华理2013年图库》分别展现了在档案学研究中的丰硕成果,使档案与科研实现了对接,使传统与现在实现了交融。这些宝贵的经验为我们提供了有益的启示和借鉴。

刍议高校开设档案管理及应用类通识课

上海中医药大学档案室　洪　莉

摘　要： 档案作为通识教育的一门课程提高大学生的档案素养,对于学生的档案保存及今后的职业发展具有重要意义,是当前社会对人才档案管理及应用能力的需求。档案通识类课程的内容设计与档案学专业教育不同,以应用式教学为主的教学方法更适合教学需求并产生良好的教学效果,教学的合理评估也是保障档案通识类课程能够顺利发展的要求,在教学过程中还应考虑到档案的保密和安全。通过档案通识类课程教育提升大学生的档案意识,推进高校档案馆的建设工作,促进档案学科和档案事业的发展。

关键词： 档案　通识课　教学体系　档案育人　素质教育

通识教育("general education"或"liberal Study")起源于古希腊时期,而现代的通知教育是 19 世纪欧美的一些大学教授有感于大学知识体系过于专业化及学科分类过于严格造成了教育过程中知识体系被割裂而提出的一种教育改革理念,它的目标是:"为受教育者提供通行于不同人群之间的知识和价值观"。[1]即大学教育应秉承一种开放的、通用的价值观和知识体系,为学生提供跨越多种学科的基础性知识和开放的学术育人氛围,培养出具备高素质、跨学科、独立思考能力和创新精神的人才。通识教育是非职业性和非专业性的教育,目前在国内高校通识教育主要通过通识类课程完成。

　　档案是国家机构、社会组织或个人在社会活动中直接形成的有价值的各种形式的历史记录。[2]它来源于单位或个人,形成的单位极其广泛,是社会上各行各业、各个单位或个人在社会活动中的产物,基本涵盖了人类在职场上每一次重要的社会活动,档案是原始的历史记录,具有权威的真实性、可靠性,在经济建设、行政管理、政治活动、教育教学、设备管理、科学研究和文明宣传等方面为国存史,因此将档案管理及应用课程列为高校通识课的成员必将有助于学生在职业生涯中的进步,有利于国家社会建设,推动档案事业的发展。

　　据网络来源和问询资料显示,国内开设档案专业的高校有 34 所,其中有中国人民大学,中山大学,南京大学,武汉大学等名校,但即使在这些名校,档案学作为一门选修课也鲜有开课,总体重视不足,即使有个别院校开设给文秘专业的档案选修课也出现教学内容缺乏统一,理论性强,教学方法枯燥等诸多问题,教师队伍教师团队整体构成状况不稳定。

1　高校开设档案管理及应用类通识课的必要性

1.1　当前社会对人才档案管理和应用能力的需求

　　随着社会知识积累的不断增长,各单位企事业单位在众多的工作中涉及到档案管理,档案参与者即为档案管理的直接责任人,在档案的收集工作中最能体现档案原始风貌的第一掌控者,因此,全面提高人们的档案收集、整理水平,学会检索和利用档案,提高档案管理和应用能力是社会对即将步入职场的大学生工作能力的基本要求。

1.2　国家政策的规定和档案学科的发展要求

　　早在 1989 年国家教育委员会就颁布 6 号令《关于普通高等学校档案管理办法》中第 7 章第 42 条:高校档案部门应积极开展档案宣传工作。有条件的高校,应在高年级开设有关档案管理的选修课。[3]加强档案的宣传教育工作,可以在高校用通识课的形式进行广泛的学生教育和宣传工作。

目前我国的经济发展水平有了显著提高,大数据时代背景下为避免重复的劳动和资源浪费,信息检索和保存显得尤为重要,在社会建设中档案越来越受到重视,档案的借鉴作用也得到更好的利用,人们在前人的知识积累中寻找历史印记,不断总结经验寻找规律,档案的利用也促进档案学科的发展。

1.3　课堂是直接有效全面的档案教育方法

据调研,国内高校在大学生毕业前多数采用讲座的形式宣传档案中的人事档案转递问题,强调学生的人事档案的重要性,但即使这种局限的档案教育也无法解决每年大量的毕业生人事档案转递工作中出现的问题,因此,这种以直接达成目的为前提的档案教育还不充分不彻底,档案教育不是几节讲座就能解决的,档案意识也就迫切需要长期的规范的经过充分考虑准备的课程来提高,不仅仅是人事档案,教育必须考虑学生长远的职业需求和素质教育要求,考虑学科的特点和发展,这点和通识教育的内涵吻合。由此可见,通识教育课堂才是有效全面且收益人群广泛的档案教育方法。

1.4　传承高校校园文化最真实的实践课堂

在档案通识课中融入校史校情教育,了解高校的校史校情,学习行业大师的优秀事迹、憧憬爱国荣校的情怀,传承高校校园文化特有的"精、气、神",发扬各个高校的特色教育,融入社会主义核心价值观教育,在真实的历史事件中发挥档案育人的作用,培养杰出的高素质人才。

2　档案通识类课程的理想定位

档案通识类课程不同于档案学的专业教育,它是一种针对开设对象来自于各个专业学生的普及化、大众化的素质教育,更是一种提高全民档案意识培养档案的整理保存能力的基础教育,需要渗透各个专业的普遍知识,以提高大学生的档案素质教育为目的。

因此在教学理念上基于宽基础、综合化、重实践的整体规划,以档案基础知识为基础以学分制为体制,分年级、按步骤、高年级选修的学分制为主导,以培养大学生端正、严谨、尊重事实、尊重历史的教学态度,理论结合实践的教学方法,培育跨学科的基础知识和创新思维能力,合理设计教学评估以期取得良好的教学效果。

课程名称应体现普遍应用性和实践性特征,宜用"档案管理提高职场工作能力"或者"如何给你的求职能力加分"等生动活泼的语言,结合大学生的职业规划教育,从学生的角度考虑提高通识课的选修成功率。

课程目标要求让大学生了解档案的基本知识,学会应用档案,引导大学生提高档案意识,促进个人和今后所从事岗位中工作单位档案收集、保护和整理的能力。

课时以一学期为例,档案理论类课时占四分之一,基础课时包括档案收集、整理与保管占四分之二,应用和实践类课时应占四分之一。这样的课时安排既保证了档案学的理论教学也避免理论课程的单调乏味,便于学以致用以期能吸引档案通识类课程的关注度。

3 档案通识类课程的体系建设

档案管理及应用通识类课程的基本内容设置必定要考虑课程体系的科学性和实用性。档案学是一门科学,有其自身的发展规律,因此,在教学主体、教学对象、教学内容、教学方式、教学环境、教学效果评价需要全面的课程内容设计和妥善周到的安排。

3.1 档案通识类课程教学内容的整体安排

教学内容应当根据教学对象的情况进行调整,档案通识选修课在教学内容上:一是重视个人档案的内容真实完整性,保存有价值的部分;每年都发生学生因个人保存不当而造成重要档案丢失事件,以丢失各类奖励证书为主,以及外语计算机考证的证书。二是学生的发展档案:以人事档案管理为主,涉及到学生填写的各类人事表格,奖惩材料的填写规范教育,学生毕业前的人事档案正确转递:三是职场档案的普及教育,提升学生的职场档案素养,在今后工作岗位上档案的收集、整理、保存和统计的能力,如部门各类文书档案的整理保存交付、科研档案的归档;三、档案检索和利用,正确选择档案的检索工作,合理利用档案,利用过程中增强档案法意识,积极主动保护档案;四是档案史类档案的宣传教育:发挥各高校的校史校情档案育人作用,以真实的历史材料育人更具有教育的感染力。

3.2　档案通识类课程教学方法新探

之前的研究中有学者提到多种适合通识类课程的教学方法都可以运用在档案类通识课的教学当中:沉浸教学法(强调教学环境)、团队任务训练法、成绩展示法、渗透式学习方法等。

在档案类通识课中应当着重于学生自主学习、自我管理及教育能力的培养,教学方法能够调动大学生的积极性,结合校园文化与组织实践,提倡以小组汇报和提交调研报告为主的考核和评价方式。

3.3　应用实践类为主,基础理论知识为辅的教学课程设计

档案通识选修课应用实践类的部分课程可以涵盖多重意义,如角色扮演部门工作人员的归档工作,参与档案组卷和档案目录的编撰,档案编述型成果的编写,参与档案的信息化建设数字档案馆的设计,实地体验档案的修复和防护工作,组织参观学习省、市级、地区档案馆或高校档案馆,重视与图书馆、博物馆的跨界联合育人等。

3.4　增加档案文化历史属性类课程的引导

赋予档案新的生命就应当首先考虑档案的历史、文化价值和存史证史作用,以还原真实的历史为依托,从大量的历史照片和文件记录中寻找历史的真迹,加强文化教育、历史教育,特别是对青年大学生的红色教育和革命历史教育,中华文化寻根溯源和认同教育,激发民族自豪感,坚定中国梦信念。

3.5　学科建设及人才培养的重要性

档案通识课程教育离不开强大的师资教育队伍建设,完美的教学团队必定是具有创新开拓精神认真实干勤奋踏实的队伍,在教学中注重档案学教学的科学研究,培养代代相传的档案教育教学人才,推动档案学科的发展,推进社会的档案工作。

在教材的编撰上,组织档案学专业人士和档案馆的业务骨干,从理论上出发结合档案实践工作,编写富有丰富实践活动的教材,此教材不同于以往的档案类教科书,以故事、史实、实践为线编撰内容,涉及档案应用的方方面面。

3.6　注意档案的划控和保密安全工作

划控鉴定工作是确定档案馆馆藏档案对社会开放的范围,在教学过程中要贯彻落实档案的划控工作,注意档案的保密,包括制定划控鉴定工作的规章制度和细则,明确组织和流程,确定标识,判定到期档案的开放程度和人群,维护机密保障组织和个人的利益安全。注意档案在教学中的保护,尽量采用复制品,杜绝对珍贵档案的损坏。

4　高校档案类通识教育的发展与前瞻

高校大学生档案管理及应用类通识课是一项档案事业的新领域,期待更多的教育教学资源能够加入,通过完整的课程能够提高全民的档案意识,正确保存有价值的档案,知晓查询档案的途径;重视档案对大学生的思想政治教育,爱国荣校、敬业、诚信等社会主义核心价值观的教育;增强全民的档案法律意识,避免档案利用过程中的事故和造成的损失。

档案通识选修课程是一门目前高校较少开设的课程,新事物的产生发展总要经历一番波折才能趋于成熟,希望更多的人能够重视档案工作和教育,加入到档案通识类教育中来,合众人之力为国存史,为国资政。

参考文献：

［1］哈佛委员会(李曼丽译).哈佛通识教育红皮书(2010年12月版中译本).北京大学,2010(12).

［2］上海市档案局编.档案管理理论与实务.上海教育出版社,2016(6).

［3］中华人民共和国国家教育委员会令第6号：关于普通高等学校档案管理办［EB/OL］.(1989—10—10)［2013—10—26］http：www. moe. edu. cn/publicfiles/ business/ htmlfiles/ moe/ moe_621/200409/819. html.

［4］郭利平.我国高校通识课教育改革和实践探索.教育现代化,2016(8).

［5］吴晶.高校开设档案公选课的思考.档案管理,2008(4).

［6］肖玉.高校开设档案选修课探析.西南石油大学学报(社会科学版),2014(3).

［7］纪晓群.高校应开设档案基础知识公共选修课.中国档案,1999(5).

上海民办高校档案管理现状分析与发展探讨

上海思博职业技术学院　　孔红珍

摘　要： 本文系根据上海市档案局、上海市档案学会高校档案专业委员会、上海民办教育协会的要求，在二〇一六年对上海市 14 所（当时共有 17 所）民办档案管理调研统计资料，并对上海市民办高校档案管理的现状进行分析以及发展前景进行粗浅的探讨。

关键词： 地位　资源　发展

习近平总书记在十九大报告中强调："我国有独特的历史、独特的文化、独特的国情，教育必须坚定不移走自己的路，为人民服务、为中国共产党治国理政服务、为巩固和发展中国特色社会主义制度服务、为改革开放和社会主义现代化建设服务"。民办教育是国家在建立起多元体制下相互促进的教育格局，以适应市场经济条件下个人教育需求与社会产权格局多样化的历史性长期需要。改革开放四十年，上海民办高等教育在国家特定的历史阶段，走出了一条属于自己的路，以顽强的生命力和不懈的创新精神艰难曲折地发展，为上海教育事业做出了历史性贡献。

2010 年 5 月国务院审议通过《国家中长期教育改革和发展规划纲要》中提出："大力发展民办教育。民办教育是教育事业发展的重要增长点和促进教育改革的重要力量，各级政府要把发展民办教育作为重要的工作职责"。2016 年 12 月国务院印发的《关于鼓励社会力量兴办教育促进民办教育健康发展的若干意见》中提出:"改革开放以来,作为社会力量兴办教育主要形式的民办教育不断发展壮大,形成了从学前教育到高等教育、从学历教育到非学历教育,层次类型多样、充满生机活力的发展局面,有效增加了教育服务供给,为推动教育现代化、促进经济社会发展作出了积极贡献,已经成为社会主义教育事业的重要组成部分"。2018 年修订《中华人民共和国民办教育促进法》提出:"民办教育事业属于公益性事业,是社会主义教育事业的组成部分。国家对民办教育实行积极鼓励、大力支持、正确引导、依法管理的方针,各级人民政府应当将民办教育事业纳入国民经济和社会发展规划。"

1　上海民办高校在教育发展中地位

当今社会是知识时代,教育已经引起了世界各国的重视,而大学教育作为创造知识和培养造就人才的关键教育阶段,已经成为了经济发展和社会进步的动力,在这一新的时代背景下,全国各地都清醒地认识到高等教育在激烈的经济竞争中的重要地位。因此,在大力发展已有的公办高校的基础上,积极鼓励社会力量、更多的办学方式和手段,以完备目前的高等教育。而上海民办高校作为上海公办高校的有力补充,已经成为上海实现高等教育大众化不可缺的重要生力军。

从上世纪八十年代开始,我国民办高等教育相继出现且迅速发展,至 2011 年全国民办高校在校生人数已经达到 490 万人,占高等教育在校生的 20%,上海建校最早的民办高校在 1992 年,到 2016 年发展到 17 所,在上海整个高等教育发展中占了一定的比例,上海民办高校在近三十年的探索中,影响、地位显著上升,其表现:

第一,丰富教育培养模式,满足社会成员选择教育的多层次需要;

第二,促进教育竞争机制的形成,提高综合办学水平;

第三,增加教育投资渠道,提高教育资源的合理配置;

第四,促进经济发展,增加就业机会;

第五,有利于促进教育方法的改革,提高教学质量和管理水平。

2　上海民办高校档案管理资源现状

2.1　上海民办高校档案管理队伍现状

（1）学历年龄

从 14 年所民办高校分管档案管理 17 人中,学历都在大专以上；从年龄上看,年轻人约占 47%。

（2）职称待遇

从职称上看,高级职称 1 人,约占 0.05%,中级职称 9 人,约占 52%；享受部门副级待遇有 3 人,约占 21%,多数为科级待遇。

2.2　上海民办高校档案管理机构现状

（1）管理体制

据不完全统计,14 所民办高校中,体制上完全独立只有 2 所,其他院校都隶属校办,其中有 3 所由行政工作兼管档案管理。

（2）人员配备

档案管理专职人员最多的民办高校为 3 人,其他院校基本上都在 1人,约占学校学生数的 0.01%～0.03% 之间。

（3）管理职责

按照档案工作管理职责要求,高校的各类文书档案应集中统一保管,在 14 所民办高校中,有 3 所高校文书档案的保管分散在各个部门中；14所民办高校档案室基本上是档案部门自己立卷,未实行档案工作要求的"实行部门、课题组立卷的归档制度"。

（4）条件保障

在档案工作条件保障方面,由于多数民办高校隶属校办,故档案工作所属经费没有单独列支,基本上属于被动的；在档案信息化管理方面,14所民办高校中,使用网络软件的有 5 所,约有 28% 民办高校还在使用 Excel。

3 上海民办高校档案管理存在问题

3.1 档案管理工作意识淡薄

民办教育与公办教育相比，在管理体制上存在差异。对档案工作的发展促进作用认识不足，认为档案工作属于学校的附带工作，不愿意在档案工作上投入人力和财力。因此，对档案管理人员配备不到位，部分民办高校档案管理人员还身兼其他行政工作；有的高校档案室还不能实现库房、查档、办公三区分离；"八防"设施也未能到位，在一定程度上影响和制约了学校档案工作的发展。

3.2 档案资源建设难度较大

由于民办高校对档案工作的重视程度不够，档案监管力度不到位，即便有了制度，也难以兑现。因此，在文件材料形成的过程中，各部门工作人员采取消极的态度，对于本部门办理完毕的文件不及时、不完整或材料长期积压，有的部门为了自己使用方便，将应归的文件占为己有，学校的档案资源建设由于主观和客观上的原因受到限制。

3.3 档案管理人员不够稳定

随着民办高校快速的发展，档案工作涉及的面越来越广，档案数量也快速递增，这就需要有一支相对稳定的专兼职档案管理人员的队伍。但是，由于民办高校对档案工作的重视程度不够，管理人员默默无闻的工作状况常常被忽视，即便取得了一定的业绩而在奖励上不予考虑，大大挫伤了他们的积极性，造成不利于学校档案工作的衔接和发展的后果。

3.4 档案管理信息化程度低

随着信息技术的迅速发展，民办高校的信息化、网络化应用越来越普及。而目前部分民办高校为了节约开支，无法投资建设完善的档案信息化管理系统所需的硬件和软件，其次，不重视档案管理人员的计算机业务的继续教育,有的民办高校即使购买了档案信息软件,也往往利用率不高,仅能勉强维持在一个较低的应用水平,致使民办高校档案管理人信息化程度较低。

4　上海民办高校档案管理发展探讨

4.1　领导重视

要提升档案管理的思想意识,首先需要提升整个民办高校领导层的思想意识,将档案管理工作视为重要的工作,要把档案管理工作纳入整体管理工作中去,并通过健全规章制度等方面的措施,来不断完善档案管理中的不足。

4.2　健全制度

要根据国家的有关档案法律法规,结合本校实际情况,制定档案管理各项管理制度,纳入各部门管理人员岗位职责,作为考核工作任务标准之一,下达的任务与文件材料归档要求同步,做到有章可循。

4.3　稳定队伍

要根据工作需要,引进或培养专职档案管理人员,使他们不仅专职,而且专业,民办高校的人事部门要为档案人员提供各类的档案培训,积极推进持证上岗工作,实行专业技术职务聘任或职员职级制,进而稳定档案管理队伍。

随着我国高等教育改革的不断深入,民办高校获得蓬勃的发展,但因体制、经费、观念上的不一致,导致民办高校的档案管理工作与公办高校相比,仍然存在较大的差距,而就档案工作本身而言,并不存在"公办"和"民办"两种质的差异,档案工作对民办高校同样具有特定的价值和作用。

参考文献:

[1]《国家中长期教育改革和发展规划纲要》(2010—2020 年).

[2]《关于鼓励社会力量兴办教育促进民办教育健康发展的若干意见》.

[3]《中华人民共和国民办教育促进法》(2018 年修订).

[4]《关于加强和改进新形势下档案工作的意见》.

智慧档案馆

论智慧校园时代高校档案信息服务集成式优化

上海交通大学档案馆　许雯倩　李　娟

摘　要： 在大力推进智慧型政府建设的背景下，上海市档案部门积极响应"一网通办"政务服务举措，各类民生档案信息服务的优化措施势在必行。而高校档案作为一所大学最宝贵的信息资源，信息内容丰富、服务手段多样，对其管理及服务方式的优化也应有所响应。本文在介绍当前高校档案信息服务主要模式与瓶颈的基础上，阐述了新形势给高校档案信息服务带来的机遇与变化，围绕人工智能、云技术及数字资源体等技术应用，对高校档案信息服务集成式优化提出若干尝试。

关键词： 智慧校园　档案信息　集成服务

智慧校园的建设是教育信息化发展的必经之路，档案信息作为高校最重要的原生信息，是高校宝贵的信息资源，其管理及服务的智慧化建设也应包含其中。随着互联网、物联网等新兴网络技术的迅猛发展，高校档案用户呈现出了更迫切、更多样、更深层次的信息服务需求。因此，高校档案部门积极开展相应的服务策略及服务模式的优化设计也是新形势下高校档案服务工作的必然趋势。

1　高校档案信息服务模式现状分析

近年来，在"互联网＋"环境下，很多高校开始着力于各信息系统开发的顶层设计,一定程度上推动了高校档案信息资源建设工作快速响应。受限于档案载体与内容的特殊性,相比档案信息资源建设的开放与共享化,高校档案信息服务的模式并未产生根本变革。服务类型大致可分为以下三类:

1.1 传统服务模式

高校档案馆传统服务提供档案信息的现场查阅、借阅、复制、开具证明等。主要以师生及校内外各单位为主要服务对象开展。传统档案服务以档案实体的保存与管理作为基础,用户服务主要集中校内单位、全校师生及社会企事业单位等。传统的档案服务模式对利用者计算机应用能力与网络技术的熟悉程度没有较高要求,目前为止传统服务仍然是最普遍的档案服务模式,拥有可观的用户群体。

1.2 门户网站及其他网络服务模式

高校档案馆以海量档案信息资源为依托,以现代网络通讯技术为手段,为普通网络用户提供了便捷有效的远程信息服务。随着高校数字档案馆的建设与完善,高校档案信息服务范围逐渐拓展,通过建立门户网站,使用专题导航、索引导航、网站地图等立体多维数字化手段提供远程信息服务。如档案信息专题栏目汇编、网上专题展览等。实现普通用户在无需赋权的情况下,浏览利用开放档案。与传统服务模式相比,门户网站及网络服务模式更迅速、便捷、经济高效。

1.3 专题展览服务模式

高校档案馆依托馆藏珍贵实物、图片等资料,适时推出专题展览(图片展、实物展),用贴近大众、直观生动的展现形式为师生与公众提供主动的档案信务。展览结束后,其内容可出版图书、制作周边文化纪念品等,从而使档案工作的宣传形式进一步延伸,更好服务师生及公众。近年来,举办档案展览成为高校档案馆开展爱国主义教育、校史文化教育、发挥高校社会教育功能的主要形式之一。此模式能一定程度上显示高校档案馆馆藏丰富性,从而提高档案工作关注度,加强师生的档案意识,发挥档案历史文化传承功能。

2　智慧校园时代高校档案信息服务面临的挑战

智慧校园时代的档案信息利用模式,要求高校档案部门改变过去"重藏轻用"的档案管理模式,化被动为主动,积极收集、分析用户的利用需求,有的放矢地对信息资源加工、整理,通过一定方式传送给利用者。这种以用户需求为导向的档案信息服务,有效集中整合海量档案信息资源,使有限的档案馆藏发挥最大利用价值,满足利用者个性化、专业化、多元化、集成化的信息需求。通过对档案信息利用的开发提升高校档案工作的意义,起到宣传档案文化及校史文化的作用。

2.1　档案信息利用方式由实体态向数据态转变

上海市政府在全国率先实行政务服务"一网通办",政务机构要"更好、更高效地办成一件事",让"信息多跑路、群众少跑腿"。档案信息服务工作也可推此即彼,做相关考量。过去,档案信息服务建立在以纸质为载体的实体档案保管基础之上,而现今电子文件已经逐步取代纸质文件成为档案信息的主要载体之一。传统的档案服务利用工作类似于仓库保管的模式,基本是被动的、等候性的并且依赖于库房、办公室等外部环境。而现在,区别于传统的档案调卷、复印、摘抄,档案信息线上线下协同服务变成了利用网络媒体进行远程存取的信息服务。"互联网+"的出现使传统的纸质档案信息资源转变为档案数据,而档案数据也呈现出数量不断增大、速度不断加快、多样性不断增强的大数据趋势。简而言之,"实体集中、信息共享"是智慧环境下档案保管利用工作的新模式。

2.2　档案利用需求由单一化向集成化转变

传统的高校档案利用方式,是以档案原始形态(即未经整理、编撰的一次文献)提供利用服务,即信息在没有经过二次加工的前提下,直接以原件或者复印件的形式提供给利用者,这就需要利用者花费大量的时间与精力来翻阅、理解文献,然后在原始文件中寻找、整合、提炼出自己需要的信息。这种单一、初级的服务方式显然已经不能满足利用者日趋多样化、专业化、定向化的需求。

智慧校园时代的档案利用,其核心不在于信息的获取,而在于对获取信息的专业化处理,比如对数据信息进行关联性的判断及分析。档案利用者的需求也由过去单一的实体利用需求,转变为复杂多元、集成定向的信息共享需求。

2.3　档案实体管理者向知识管理者转变

培养一支高素质的人才队伍是夯实档案工作的基础,所以高校档案工作人员的工作理念应与新时期高校档案利用服务工作相适应,专业素质与岗位技能也要满足工作需要。档案管理队伍对自身的认识与定位,对档案管理与服务水平具有潜移默化的作用。智慧时代,档案服务利用工作人员首要做的就是要改变满足现状的保守思想,主动思考问题,并在实践中归纳总结经验,修正利用方式、提升利用效能。其次要了解档案信息从收集、整理、分类到编目、检索等所有的基础性工作,只有掌握全面、完整、系统的档案业务知识,才能在高效地提供定向、集成式的档案服务利用。此外,还要学习前沿的网络信息技术,提升档案利用手段的软件配置,淘汰手工式的、被动的档案检索方式。针对不同层次利用者,实现积极、优质、便捷、安全的档案信息服务。还要加强各类民生档案信息的收集、加工、开发、利用。坚持"以用户为导向,以用户需求为中心"的服务理念,加快信息资源的整合,使有限的档案信息资源发挥最大价值,全面提升档案部门的服务能力与服务水平。

3　智慧校园时代高校档案信息服务集成式优化的构建对策

新时代背景下的高校档案馆,能通过大数据、云计算、物联网等多种信息技术手段,具备进行感知、存储、联通、辨别、分析、决策、创造等多种功能,对校园内各类信息进行保存、管理和提供利用,实现档案数字化、管理智慧化、使用便捷化。向利用者提供档案信息集成式优化服务,是档案管理工作的落脚点与价值体现。

3.1 人工智能、物联网技术在档案实体服务中的应用

(1)大数据分析应用于档案关联性查阅。人工智能技术的核心是海量数据,大数据研究走向产业化应用,将颠覆适应传统社会生活和工作的旧模式。通过大数据与智能算法,通过深度学习,将数据挖掘问题转化为可计算问题来处理的过程。这一技术的基础是大数据,这与新时期海量档案信息管理的属性高度契合。日本东京大学医学院有一案例,医院收治了一名 66 岁的白血病女患者,通过人工智能机器在短时间内读取 2000 万份医学文献,迅速找到一位患者病灶,为后续治疗赢得时间,人工读取完全达不到这样的效率与准确率。同样的,通过对海量档案信息本身及利用数据的全覆盖、多维度的获取、分析、关联,实现人工智能对档案信息的知识化学习,知识化呈现、知识化传递,一定程度上解决目前档案数据库质量低下、档案利用手段单一、查全率查准率低等问题。如高校学生档案信息中除了姓名、学号、专业、成绩之外,还有很多深层信息,如籍贯、毕业院校、录取成绩、所获奖惩、学位信息、同班同学等,通过大数据的挖掘与关联,每个学生的"形象"都丰满起来,形成了全方位、立体的学籍档案。

(2)人脸识别技术应用于多媒体资源检索。在某张照片或某段视频中查找到指定人物,是目前多媒体档案查询工作的难点,目前依赖的仍然是档案查询人员的自主判断,查准率、查全率及查询速度都不高。而目前成熟的人脸识别技术已广泛应用在世界各地的机场、车站、港口等关卡,可同时识别几百万张人脸,在几秒钟内完成与数据库中所有人脸的甄别比对。人脸识别技术适当应用到高校多媒体档案的查询中具有一定操作性,高校教职员工的身份数据库体量小、信息集中、易采集,在此范围内进行人脸识别准确率高、速度快、便于实现,再加之相关重要人物的关联性

人脸检索,对提高多媒体档案的查询效率大有助益。

（3）物联网核心技术应用于实体档案智能流转。物联网核心技术——RFID 技术因其快速、实时、准确的特点在物流配送、供应链管理、图档管理等各个行业被广泛应用。而实体档案的管理长期以来存在库存大、清点难、定位不精确等问题,基于 RFID 的物联网技术在解决实体档案管理与服务中可有以下体现:实体档案的信息关联、借阅流转、定位监测、智能盘库、可视化监控等,对每一份档案的入库、查询、出库、运输、交接、归库、盘点、统计等固定节点的业务流转进行全流程管控。基于 RFID 的物联网技术的应用,可减少实体档案管理(尤其是出入库管理)过程中的人工投入,降低人为干预因素,提高实体档案利用服务中的流转效率与智能化水平。

3.2　云技术在档案信息服务中的应用

自 2018 年,我国全面推动互联网＋政务服务及新型智慧城市系列建设,在线政务服务平台建设逐渐铺开,"一网、一门、一次"等便民改革实施方案纷纷落地,高校档案信息服务也不能例外。随着电子档案凭证性保障体系的完善与移动终端技术的飞速发展,高校档案信息服务依托的互联网信息技术手段从最初的公共邮箱、数字档案馆网站等发展到了依托"云技术"的微信公众号、手机或平板电脑移动终端。

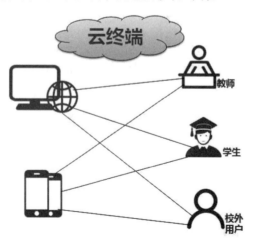

高校档案馆通过在线闭环模式与O2O(Online To Offline,线上到线下)协同模式,为利用者提供远程档案信息服务。

(1) 在线闭环模式。适用于利用者对开放档案信息的浏览、查询及学籍证明开具等在线业务办理。如证书在线认证,学生可通过手机号或身份证实名注册,根据办理业务内容上传相关文件材料,如在校成绩、学籍证明、高考录取名单等相关证明。在云端,用户完成注册与登录、提交业务订单、档案馆后台审核与反馈、档案馆受理业务并制作、快递寄出或到馆自取。整个业务流程中,用户可随时登录系统查看办理状态及进度,业务流程结束后根据需要选择取件方式。

(2) O2O协同模式。由利用者线上提交查询预约,工作人员响应需求,提供线下现场服务。"服务过程通过线上平台将利用者和档案机构联系起来,其前提是线上服务体系的构建,核心在于线下内容和服务的支持,基础是线上与线下服务的协同。"利用者与工作人员通过人机交互、结果推送等手段实现查档目标。每单查询业务均留痕,档案机构通过数据分析掌握用户关注热点,及时捕获利用需求,反哺档案信息资源建设。以上两种服务模式基本涵盖高校档案馆各项业务,利用手机、IPAD等移动设备的随身可携带性,使档案馆成为每个人身边的移动档案馆。

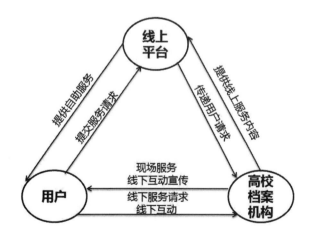

3.3　数据资源体建设(一站式信息共享中心)

高校档案馆拥有种类丰富、形式多样、数量庞大的馆藏信息资源,这些档案信息可为社会学者、历史学家及包括校内师生在内的社会公众提供广泛、充足、真实的研究史料。打造一座"开放式档案馆",其核心在于"资源的共建与共享"。高校档案馆挖掘自身馆藏资源,探索馆际资源合作,在向公众或有限群体开放数据库的基础上,对社会资源进行共享共建,为利用者提供"一站式"信息查询服务。

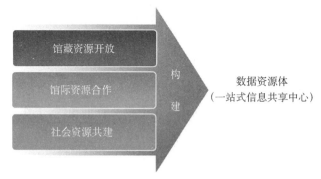

(1) 开放档案在线资源。高校档案馆将经过开放鉴定的档案信息(目录信息、全文信息、图片信息),对公众提供在线利用。在馆藏信息资源基础上,对公众关注度高或使用频繁的档案信息进行集成、提炼、关联,并提供快速检索通道。学校通过加强对校内职能部门(如教务处、研究生院、人力资源处等)数据平台建设的顶层设计与统筹管理,打破职能部门之间的数据壁垒,完成对各类数据库的采集。由档案馆牵头建立起覆盖全校且检索便捷的信息数据库,集成校内信息资源,向师生及社会公众开放查询权限,实现开放信息资源的共享共建。

(2) 探索馆际资源合作。除了馆藏及校内信息的在线共享,高校档案馆还可尝试馆际、校际资源合作。国外一些综合档案馆的网站功能无限接近公共图书馆网站,能提供大量史料文献给社会公众浏览参考。高校档案馆可尝试建立跨馆、跨校的联机数据库,获取包括兄弟院校档案馆、图书馆、博物馆的各类数据支持,开展馆际、校际资源合作,发挥大数据网络资源优势。哈佛大学是美国历史最悠久,规模最大的大学档案馆,他们集成了学校档案馆、图书馆的馆藏资源,并搜罗了从美国、英国、爱尔兰各地图书馆、档案馆、博物馆收集来的信息,向公众提供了数以万计的档案信息资源。

（3）共建社会公众资源。公众参与档案信息资源共建是指档案机构利用互联网将社会公众的力量引入到档案信息资源建设中，通过转移档案信息资源建设权限的方式实现档案信息资源的丰富化、有序化和最优化。高校档案馆基于现有馆藏资源与跨馆联合外部资源，引入社会公众力量，共建数据资源体。通过互联网发布相关主题或藏品信息，向公众开放藏品信息的著录认领，吸引社会公众及兴趣爱好者寻找线索，梳理脉络，集腋成裘共同参与还原藏品背后历史、人物、事件的真相。公众参与档案信息资源共建，从档案信息的接受者转变为档案信息的参与者、构建者，档案馆则借助此类活动寻求档案资源开发与档案资源需求的契合点，从而向更大社会范围提供更丰富的档案信息资源共享服务。

参考文献：

［1］王璐瑶.基于RFID技术的实体档案管理研究.机电兵船档案，2018(2).

［2］寇京.公众参与式档案信息资源共建模式探析.北京档案，2017(7).

［3］孟建.哈佛大学档案馆在线电子资源建设及启示.北京档案，2018(10).

［4］杨剑云.云时代构建共享性档案信息资源利用服务研究.农业图书情报学刊，2017(7).

［5］刘清.互联网＋背景下高校智慧档案馆建设研究.黑龙江档案，2018(4).

信息化在医院档案管理中应用实践与思考

上海交通大学附属胸科医院　周　阳　李　瑛

摘　要： 上海交通大学附属胸科医院开展档案资源信息管理系统、库藏档案数字化扫描和库房智能化管理为一体的信息化建设实践，使文档管理、日常办公效率得到最充分的体现。建议进一步科学规划、规范档案业务管理流程、全面整合档案资源、提升信息技术管理水平。结合院采购中心工作需要，对院各类采购项目进行"全生命周期"入录模式，以 360度全方位掌握各项目在相关阶段流程是否完成以及电子化信息入录工作。不仅大量节省档案专员手动翻阅查询时间，也省去了跨部门查阅档案繁琐流程，使之真正达到无纸化便捷操作过程。

关键词： 档案信息化建设　采购中心　档案全生命周期　科学化管理

1　研究背景与研究意义

全国档案事业发展"十三五"规划纲要，到 2020 年，初步实现以信息化为核心的档案管理现代化，全面推进档案资源存量数字化、增量电子化、利用档案网络化。[1]"大数据"时代，信息技术已融入医院各个领域，改变了人们的工作方式。医院档案是电子政务的重要组成部分，是从事医疗、经营和管理等各项活动的重要依据，是医院各项管理信息的最终汇聚点。利用信息技术进行医院档案管理，实现从传统档案管理到档案现代化管理的转变,提升医院档案科学化管理水平。

2　档案信息化建设涵义与医院综合档案室档案管理现状分析

2.1　档案信息化建设涵义

档案信息化建设是以档案信息资源建设为核心,利用现代信息技术对档案业务各流程进行全面科学化管理,对各职能部门所形成的电子文件和办公自动化系统生成的电子档案依附网络监控接受和归档。可在网上进行收、发文和预立卷管理,审核各部门形成的文件材料,更为迅速的达到查询、利用、统计、编研等工作,方便、快捷地为各项职能业务活动提供服务。

2.2　从三级医院档案管理考核看医院综合档案室传统档案管理现状

(1) 档案管理手段单一,检索利用繁琐。管理手段上还处于经验管理和传统的手工目录检索不免给档案管理人员人工检索带来诸多不便,耗时费力。

(2) 档案信息化建设不到位,档案管理软件开发不统一,影响了医院档案工作发展。医院 HIS、HMIS、PACS、OA 等信息系统虽然相继建设完成和运行,但档案信息化建设方面仍存在封闭、半封闭状态。原先医院信息科自行开发软件仅局限于档案室的条目检索利用,不能做到电子全文检索。随着医院电子文件的大量涌现,相关档案资源不能有效整合,档案的完整性和安全性得不到保障,将影响档案的后期利用。

(3) 档案库房库藏量大,调阅实体档案工作效率低。每年各类馆藏量档案不断增加,库房用房面积大多已处于饱和状态。由于档案实体上架、出库、入库等均需由人工操作,存放位置信息靠人工记忆[2],医院档案室大多由 1 名专职档案管理人员进行综合档案管理,各科室虽然配备兼职档案人员,协助档案收集、归档工作,但是对于高效迅速做好院档案归档与查询仍然存在耗费时间长,工作效率低,传统档案管理手段与技术存在的不足等现状。

3 信息化建设在医院档案管理中的必要性

3.1 强化传统档案安全管理,维护档案完整与安全的需要

档案信息化建设可以丰富传统档案的管理手段,通过将传统档案数字化,为利用者提供档案的数字版本,并且通过系统可以提供档案复制件,以最大限度地延长档案信息的存储时限,杜绝借阅实体档案所造成的损毁现象的发生。

3.2 医院信息资源共享的需要

随着电子政务的发展,医院协同平台(简称 OA 系统)建设完成,实现了业务的流程化流转。但由于网站林立,文件资料信息分散不全,单位信息不能充分共享。通过建立档案资源管理系统,借助网络平台和数据接口,实现与其他系统无缝衔接,消灭"信息孤岛",对其他相关系统中已有的文件资料信息资源进行整合,统一管理,统一提供利用,可实现医院医、教、研、管理形成的各种电子文件资料信息共享。

3.3 节约管理成本的需要,促进医院档案管理科学化发展

无纸化办公相对于纸质化办公,电子文件相对于纸质文件,其保管条件、运作成本要求较低。档案管理信息化建设将促使与之相关的计算机技术、通讯技术、网络技术与媒体技术等高新技术在医院档案工作中广泛应用,减少重复劳动,提高工作效率,且易于专业化管理,使医院档案管理走向现代化,档案信息资源得到充分开发利用,实现医院档案工作的跨越式发展。

4 医院档案信息化建设实践与成效

以上海交通大学附属胸科医院为例,2014 年起医院档案室基于医院

协同平台的建设基础上,先后完成档案信息资源系统建设和库藏档案保存利用价值高的近6000卷档案进行了数字化扫描工作,建立了档案数据库,新建成的档案库房进行了智能化升级。

4.1　医院档案信息资源管理系统设计

通过前期赴兄弟单位调研、提出需求,确定设计方案,结合本院实际,以"制度—资源—平台—利用"四个维度的档案信息资源管理系统建设。(1)梳理档案管理流程,优化档案管理制度,基于整体信息化的目标提出适合档案管理的完整、高效、流畅的优化方案。(2)实行"统一领导、分级管理的原则,维护档案的完整与安全,便于利用"[3]。实现档案资源自下而上有序收集,集中管控和数据共享,各部门不但能够通过平台实现本业务部门档案管理,还能将自身的档案管理成果直接通过档案管理进行衔接,减少重复工作,提高工作效率。同时,实现档案管理信息系统与OA协同办公平台的无缝连接,确保各类电子文件自动归档,集中管理,共享利用。

4.2　推进医院档案数字化建设工作

(1) 做好前期调研工作,在对库藏档案数字化之前,需要对库藏档案数量、分类、内容、价值情况等因素摸底,确定数字化加工范围和经费预算,选择有资质的数字化加工外包公司,签订保密协议,确保档案安全。(2)数字化扫描方法:借助计算机网络技术和多媒体技术,将传统的库藏纸质档案、声像文件等通过扫描仪等设备转化为图像或数字文本形式存储,最终形成档案信息库[4],通过网络化形式传输,并利用计算机系统进行管理,进而实现档案信息的快捷利用与共享。

4.3　优化医院档案管理流程

从部门兼职档案管理人员整理归档到专职档案管理人员进行档案整理等管理模块的操作,统一档案管理标准和操作方法,实现各部门间的分工协作,完成从文件生命周期形成、整理、预归档到档案室的接收移交。

通过信息系统与协同平台（OA）数据接口无缝连接，减少了多余流程及重复的手工操作，节约了资源成本。顺应院"十三五"发展规划，医院加大采购管理的流程监管与相关采购工作制度有更密切和联系与合作。

4.4 结合院采购中心工作需要，结合档案室档案管理软件增加联动模块

对院各类采购项目进行全生命周期入录模式，以360度全方位掌握各项目在相关阶段流程是否完成以及电子化信息入录工作。（图2）

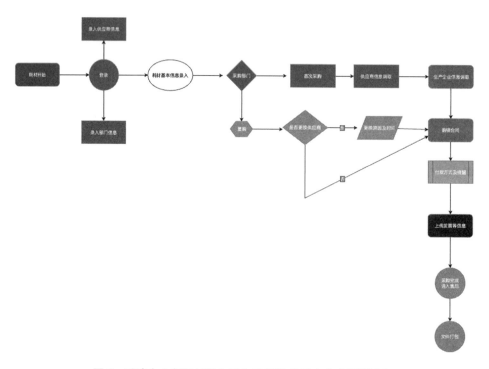

图2 采购中心新耗材准入及入院采购使用全生命周期流程

4.5 采用模糊查询模式对医院同类设备进行全面查询与对比

数据库已经收集1997年至2017年大于50万元设备类档案，其中：案卷数6638、文件数49934、电子全文数46997。相关权限部门可以按年限、部门、著录起始时间、著录终止时间等多方式进行查询。较以往

相关档案未入录信息系统而言,不仅大量节省档案专员手动翻阅查询时间,也省去了夸部门查阅档案繁琐流程,使之真正达到无纸化便捷操作过程。

5　医院档案信息化建设展望与思考

5.1　更新档案管理理念,提升医院档案管理人员的信息技术管理水平

档案实现以信息化为核心的档案管理现代化是新时代医院档案工作的必由之路,作为档案管理人员不仅要具备专业的档案知识,而且要有与时代发展同行的理念,适应多形式的管理途径。努力学习新理论、新技术,并利用现代信息技术应用到医院档案管理实践中,提升科学化管理水平,医院档案部门不是孤岛和边缘,也能够积极作为。

5.2　规范院采购中心在采购全院各类设备、信息系统、服务类项目等

从项目开始启动至结束全生命周期过程中各阶段相关资质文件等重要标识信息,减少冗长流程使之事半功倍。

在信息技术发展的今天,我国档案信息资源整合实践均以信息技术作为技术支撑与手段。档案信息资源整合、专业档案信息资源整合、档案信息资源内容整合将会是未来发展方向,最终实现档案价值最大化[5]。

5.3　采购中心医用耗材档案电子化规范促耗材"全生命周期"各阶段透明化监管

目前医院耗材已进行第三方托管模式,通过"制度＋科技"信息化手段,可解决:SPD统配耗材注册证及产品本身有效期管理问题,旨在最大程度使在院耗材在有效期内全部用完,且减少因效期问题而产生的医疗纠纷问题,提高医院耗材管理效率、管理效益,节省医院耗材管理成本,提高医患双方满意度。

参考文献：

［1］国家档案局印发《全国档案事业发展"十三五"规划纲要》［R］. 2016 年 4 月 7 日.

［2］马唯唯. 档案库房智能化管理的思考与实践［J］. 档案学研究,2015(1)：105—108.

［3］杨红. 档案管理［M］. 上海：上海社会科学院出版社,2002:［31］.

［4］宗颖、张弘毅. 纸质档案数字化加工技术研究［J］. 黑龙江科技信息,2015(2):101.

［5］张志雄. 我国档案信息资源整合实践特征分析［J］. 上海档案,2018(6)：23—26.

基于大数据时代的高校学生档案数据库构想

上海交通大学医学院档案馆　张丽萍

摘　要： 大数据时代高校学生档案管理要树立大档案、大服务的理念，构建高校学生档案数据库，以学生为单位立卷，教学部门和学生共同归档，利用大数据技术建立集归档、存储、管理和共享利用的学生档案数据库。利用云计算、数据挖掘、物联网、数据共享等技术，向教学部门、学生和社会单位开放利用权限，实现资源共享，同时开发学生档案数据库的统计分析功能，为学生职业规划、社会用人单位选拔和高校教学质量的提升提供依据和建议，进一步提升学生档案的智慧服务水平。

关键词： 大数据　高校　学生档案　数据库

高等学校的主要管理对象是学生，学生在校期间形成的各类档案是高校档案资源的基础和重要组成部分。随着大数据时代的到来，"高校档案管理工作需提升大档案服务理念、大资源观念来实现档案大数据共享、建设数据资源集成库，为学校其他工作提供数据支撑。"[1] 凡是反映学生在高校期间的学习成绩、科研能力、学籍情况、思想素质等信息的各类档案都应纳入学生档案的归档范围。

本文所探讨的学生档案是指学生在高校期间形成的、具有保存价值的、能反映学生综合素质的文字、图表、照片、音频、视频以及实物等不同形式、不同载体的原始记录。基于大数据时代，高校以学生为单位立卷，教学部门和学生共同归档，利用云计算、数据挖掘、物联网等技术，通过对学生档案数据的收集、整合,建立集归档、存储、管理和共享利用于一体的学生档案数据库,整合与深度挖掘学生档案数据,充分发挥学生档案的价值,为高校智慧档案馆建设准备基础数据,也为学生档案智慧服务利用提供平台,提升学生档案智慧服务水平。

1　高校学生档案管理的现状

1.1　管理形式

在管理形式方面,学生在高校形成的档案,大部分由教学部门产生、管理和归档,各个教学部门将形成的文件立卷,并在每年按照归档时间和要求向高校档案馆归档,学生档案在高校档案馆的集中统一保管,是相对分散在以各教学部门为立卷单位的各个案卷中,不能将各类学生档案集中体现在以学生为单位的案卷,不能形成具有学生个性特色的学生档案数据库。

1.2　管理内容

在管理内容方面,学生档案主要包括新生录取名册、入学登记表、毕业生登记表、成绩单、学籍材料(休学、退学、复学、转学、转专业、延期等)、奖项申报、培养计划、科研记录、学位评审、毕业生名单、毕业照片等正式的官方性档案为主,反映学生个性特色的档案(如课堂笔记、获奖证书及奖牌、游学日记、兴趣爱好作品、志愿服务等)较少,不能很好地体现学生档案的多样化与个性化,而这类档案大部分保管在学生手中。大数据时代我们要尽可能收集一切档案数据,若将学生自己保管的各类档案也进行收集整理,可以补充和丰富学生档案资源。此外,目前高校档案馆保管的学生档案中,以文字记录方式的档案居多,以图片、音频、视频等记录方式的档案相对较少,多样化的档案记录方式能更全面地反应学生的综合素质。

1.3　管理技术

在管理技术方面,目前各教学部门已运用各种教学管理系统来开展学生管理工作,但各部门的教学管理系统与高校档案馆的档案管理系统之间是相对独立的,没有充分利用大数据平台和现代信息技术建立数据接口,学生档案在归档时只能进行手工归档和手工挂接电子文件,不能完全实现在线归档,不利于提高学生档案的归档效率和整理效率。各部门的教学管理系统之间也是相对独立的,部门之间缺乏充分的数据共享,导致在工作需要时,可能会重复形成学生数据,增加学生管理的隐性成本,不利于提高学生档案的利用率。

1.4　提供利用

在提供利用方面,高校档案馆针对教学部门、教师、学生及其他利用者单次的利用需求,提供学生档案的复印件或扫描件,且利用方式以现场查询利用为主,不能根据利用者的角色、利用习惯、利用记录等提供具有个性化特色的专题档案成果和智能化的利用服务。同时,高校档案馆与利用者的联系仅仅是单次对学生档案的利用服务,后续缺乏根据利用者的个性需求主动推送相关档案成果。

2　建立高校学生档案数据库的目的

2.1　为高校智慧档案馆建设准备基础数据

随着大数据时代的发展,高校智慧档案馆是高校档案馆未来的发展方向,也是智慧校园的重要组成部分。建设高校智慧档案馆需要齐全、完整的教学、科研、学生等方面的档案基础数据,大数据时代学生档案数量剧增、种类多样,通过建立学生档案数据库,利用大数据技术,将学生档案数据在最大范围内收集齐全完整,为学生档案的资源整合与深度开发奠定数据基础,也为高校智慧档案馆的建设准备学生档案基础数据。

2.2　为学生档案智慧服务利用提供平台

大数据时代对学生档案的利用呈现出多样化和个性化的特点。"大数据之'大'在于数据量的剧增,数据结构的多样化"[2],在这种情况下,对数据结构的要求并不是那么严格,允许不同结构的档案数据存在。通过建立学生档案数据库,利用云计算、数据挖掘、物联网等技术,收集、整合和开发具有不同数据结构的学生档案数据,并对利用者的利用习惯、偏好、利用记录等进行智能化分析,向利用者提供具有个性化特色、全面的学生档案数据,并主动推送符合利用者需求的相关档案专题成果,为学生档案的智慧服务利用提供平台,将学生档案的被动服务变为主动服务和智慧服务。

3　高校学生档案数据库的构建设想

3.1　归档单位

高校学生档案数据库是一个储存电子数据的资源库,在组卷方式上以学生为单位组卷,按"姓名+学号"为主题名建立案卷,分别给予教学部门和学生不同的归档权限,将学生在高校形成的各类档案以文件级条目著录到学生案卷中,并完成纸质文件与电子文件的配套挂接。

学生档案的形成主体是教学部门和学生本人,尤其在大数据时代,学生档案的种类和数量都急剧增长,若要将学生档案收集齐全完整,需要从各形成主体收集,除了教学部门归档,学生也可以是档案收集的渠道。高校教学部门按照归档范围将学生形成的各类具有保存价值的档案向档案部门归档,这是学生档案数据库的主要来源,其归档的档案是正式的官方文件,是日后查考、利用的主要依据。学生归档是学生档案数据库的补充,学生将自己在校形成的档案(如课堂笔记、读书笔记、各类获奖证书原件以及参加志愿服务、社会实践活动等形成的照片、视频、文字材料等),著录并上传电子文件到学生档案数据库,使每一个学生案卷都具有鲜明的个性特色。由于学生归档是教学部门归档的补充,所以高校档案馆需要对学生归档加强宣传、指导和鼓励,通过档案展览、档案知识竞赛、档案部门实践等各种形式来引导和鼓励学生向学校归档。

3.2　归档内容

教学部门的归档内容。由于各教学部门的职能范围不同,因此形成了内容不同的反映学生学习过程的档案。学生入学登记表、毕业生登记表、成绩单、学位申请、学籍异动、科研成果、参加社会实践活动的照片、视频、各类奖项申报和审批等材料,可以由各教学部门通过在对应的学生案卷中著录并上传电子文件,完成文件级条目的著录。通过大数据技术将各教学部门的教学管理系统与学生档案数据库建立接口,可以直接将学生数据导入相应的学生案卷,例如成绩单可由教务处、研究生院通过已有的成绩管理系统导入到每个学生案卷中,实现文件级条目的著录及电子文件的挂接。若能实现电子签章、签名技术,部分需要审批盖章的纸质档案(学籍异动、出国请假等审批表、各类奖项的申报审批等),均可直接在系统生成并完成审批,同时由各教学部门实时归档向学生数据库归档。

学生的归档内容。学生在校期间的课堂笔记、游学日记、参加学术会议和发表的科研论文、各类获奖证书原件、外语成绩单、各类技能证书、反映个人兴趣爱好的各种作品、参加社会实践活动和志愿服务等形成的照片、视频及证书等均可以著录并上传到学生档案数据库。学生著录和上传的文件级条目,可由直接管理学生的教学部门审核后完成归档。若学生以后在专业领域具有卓越的成就,其案卷便成为名人案卷,也为日后名人档案的征集、编研工作奠定基础。

各教学部门之间、教学部门和学生虽然在同一个案卷中著录和上传电子文件,但都只能看到自己权限范围内的文件级条目和全文。同时,各教学部门目前已有的教学管理系统,可以利用大数据技术与学生档案数据库建立数据接口,减少人工著录和上传电子文件,以提高学生档案的归档效率。

学生档案数据库是将体现学生个性化特征的档案归档,各教学部门在职能活动中形成的其他常规性档案(如综合性收发文、教学日历、命题册、学历学位证书验印名册、毕业生名单等),既可以通过学生档案数据库向高校档案馆归档,但不进入学生案卷作为文件级条目,也可以通过高校现有的网上预立卷归档途径向高校档案馆归档。

3.3 数据共享

大数据时代强调数据的开放与共享,对高校学生档案的利用除了传统的现场利用方式,也要通过数据共享和网络技术,在保障档案数据安全的前提下,向利用者开放权限,并通过远程访问和查询,实现学生档案数据库的共享利用。

教学部门的共享利用。各教学部门在教学管理活动中形成的学生档案,可以将经过本部门鉴定后的可供其他部门查询利用的学生档案数据向其他教学部门共享,以减少重复形成学生信息,降低管理成本,提高工作效率。

学生的共享利用。学生可以通过自己的归档权限,查询利用自己著录到数据库和教学部门共享给学生的档案数据信息,同时直接管理学生的教学部门可以查询学生著录的文件级条目和档案全文内容。一方面加强对在校学生的管理,另一方面为毕业校友查询自己在校形成的档案提供平台和途径,实现学生档案利用方式的多元化,提高学生档案的利用率,进一步发挥学生档案的价值。

社会用人单位的共享利用。社会用人单位可以通过注册权限,远程访问、查询学生档案的文件级条目信息,但对于档案全文的查询利用(如成绩单、获奖情况等),则需提交申请,由学校审核并提供利用。一方面节省用人单位的人力成本,提高学生档案的利用率,另一方面学生档案数据库在大数据技术支持下,可以提供比较全面的反映学生综合素质的档案信息,有利于用人单位综合了解学生情况,为其选拔提供依据。

3.4 统计分析

"高校档案大数据是数据价值的富集地"[3],"利用语义分析、数据挖掘、机器学习、人工智能、知识图谱等大数据技术,从海量、复杂、丰富、多结构的档案信息中分析挖掘潜在的、有价值的档案信息资源"[4]。利用大数据技术,开发学生档案数据库的统计分析功能,找出学生档案数据之间的相关性,深度挖掘学生档案的潜在价值。对每个学生的成绩单、奖惩情况、学位申请、科研项目及发表论文数量、志愿服务、课堂笔记、游学日记、兴趣爱好等数据进行分析与整合,综合评价每个学生在校的学习质量、心理素质、科研能力等综合素质,为学生的个人发展规划提供建议,也为用人单位提供较丰富完整的学生信息;通过对同年级和不同年级学生的成绩单、科研项目、发表论文数量、出国留学、获奖情况等信息的统计分析,从一定程度评价学校的教学管理水平,为学校提高教学质量提供参考依据。

3.5 智慧服务

"大数据具有流动性与关联性等优势"[5],教学部门、教师、学生及社会用人单位等利用者对学生档案的利用内容、利用习惯等记录,可以通过大数据技术进行分析与整合,向不同类型的利用者提供符合其利用习惯的智慧档案服务。例如针对教学部门对学生档案数据的利用,根据其利用记录,整合历届学生的学习成绩、科研成果、学籍情况、获奖情况、毕业去向等综合信息,便于教学统计与管理;针对学生对档案数据的利用,可以自动生成个性化的学生档案,以生动活泼的形式展现学生在校期间的学习生活全貌;针对社会用人单位了解毕业生综合素质的需求,学生档案数据库可以整合并生成反映学生综合素质的个性化特色档案。利用大数据技术,向不同利用者提供不同类型、风格的学生档案,并记录其利用历史,为利用者再次利用提供记忆保存,以缩短查询利用的时间。在大数据技术的支持下,高校档案馆也可以根据利用者的角色和对档案的利用需求,主动向利用者推送相关专题的学生档案成果,进一步提升学生档案的智慧服务水平。

参考文献:

[1] 范桂红.基于 Cite Space Ⅲ 的大数据档案研究综述[J].山西档案,2018(03):26.

[2] 张冉妮,杨松平.大数据时代高校学生档案管理的挑战与对策研究[J].兰台世界,2015(02):22.

[3] 蒋红健.大数据挖掘管理与技术策略在高校档案馆中的应用研究[J].山西档案,2019(01):61.

[4] 金波,蔡敏芳.大数据时代档案学专业高等教育的变革与创新[J].档案学研

究,2016(06):14.

    [5] 王黎.大数据背景下档案文化资源的开发与应用[J].山西档案,2018(04):31.

办公自动化视角下的高校档案业务操作的探讨

——基于上海民航职业技术学院档案管理实践

上海民航职业技术学院 冯 雪

摘 要： 信息技术的快速发展，政务公开、信息公开的不断完善，办公自动化已较多应用于各大高校，其快速发展必然会产生大量的电子文件及数据。目前就高校档案业务的实际操作而言，电子文件的归档方式与纸质档案的归档方式存在一定的不同，归档的内容也存在差异。在办公自动化的浪潮下要实现电子档案与档案业务操作间的对接，不仅要依赖于软件技术的开发，也依赖于档案规则的制定及档案业务的前端干预。

关键词： 高校 电子文件 档案业务

随着信息化的快速发展，为提高工作效率，简化办事流程，便捷利用等因素，各高校纷纷将办公自动化引入日常工作。办公自动化系统，又叫OA(Office Automation)系统(以下简称 OA 系统)，可改变传统纸质办公具有资源浪费、效率低下、业务操作不规范、人为失误较多等缺点，避免违规操作，使职责权限分明便于问责，实现异地办公，便于查询统计分析，提升管理水平和业务运转效率。[1]2018 年 9 月，我单位 OA 系统经历一年的研发正式上线运行。系统整合人事、财务、日常文件处理、后勤保卫等各种信息资源，建立较为科学合理的办公辅助系统。时代进步促使办公自动化日趋成熟，各种功能更加完善，数据框架更加合理，系统运行更加流畅；与此同时，为了更好地做好电子文件的归档工作，我院对办公系统与档案系统进行了对接，保证了数据的即时传递。

1　OA 系统中档案管理面临的问题

办公自动化系统自运行的第一天开始必会产生各种数据及电子文件,高校档案部门必须思考如何归档电子数据,面对现行的档案业务操作规范,我们必须思考如何将实际业务操作与电子数据进行对接;如何在实际工作中做好纸质文件与电子文件的衔接工作;如何在实际操作中规范电子文件的归档工作。

1.1　OA 系统中档案收集、保管的问题

数据具有多样性、复杂性,OA 系统中每时每刻都会产生大量的数据,而对于档案工作来说,收集是开展档案管理工作的基础;在 OA 系统中必须要筛选出有用的数据,同时要保证档案数据的多样性。在现实工作中,电子文件的收集工作还存在许多问题,还需要进一步确定电子文件的收集范围、确定保管期限等。例如,我院的 OA 系统中有许多的网上流程,除了应该收集的内部发文、上级收文、培训、合同、财务申请、采购立项等流程产生的数据外,我们还有换课流程、请假流程,内部请示等日常流程,这些数据也很重要,我们该如何界定它们的存在,这需要制度的支持。大数据时代,数据的查找利用是以一种"秒出"的形式被检索出,笔者认为没有无用的数据,只是数据在现实工作的需要被划分成了"三六九等",所以这些看似不重要的数据如何保存、如何规范值得我们思考。

1.2　OA 系统中面临的归档管理问题

根据中华人民共和国档案行业标准《归档文件整理规则(DA/T22—2000)》的操作要求实行"一文一件"的归档办法,按照纸质文件的整理要求:每份文件为一件,每份文件需加盖归档章,以件为单位整理档案。"一文一件"的好处在于文件的检索及查找,更加适应于电子文件未来发展方向。随着办公自动化的到来,归档的复杂性也随之到来,不再是简单的纸质文件归档整理的过程,而是要综合考虑数据与纸质文件之间的转变方

式。例如,我院在运用了 OA 系统后,收到一份上级单位发给我院的承办文件,收文后办公室将对其扫描成 PDF 格式的电子文件后上传至 OA 系统,经过领导审批、经办部门承办,最后至办公室归档等一系列的流程,在文件流转过程中会产生领导批示、承办部门办结文件等数据信息,流程中任何一个环节都会产生数据,而这些数据都属于电子文件的归档范围。根据《电子文件归档与电子档案管理规范》(GB/T 18894—2016)中电子文件的整理:"应以件为管理单位整理电子文件,也可根据实际以卷为管理单位进行整理。整理活动保持电子文件内的有机联系,建立电子文件与元数据的关联。"所以,必须建立 OA 系统与档案管理系统间的传递桥梁,保证两个系统间的数据对接和传输。保证电子文件的完整、全面的归档,确保每条流程中的信息被准确记录。

1.3　OA 系统中电子文件与实物操作的冲突

众所周知,纸质文件的归档以"一文一件"的方式进行,在整理归档的同时,每份文件需要加盖归档章,归档章由全宗号、年度、分类号、保管期限、件数等组成。在 OA 系统中形成的电子文件及其流程中形成的签注信息都是以数据的形式跟随在文件中,我们不能以纸质文件的归档要求来操作,打印电子文件后盖归档章,显然这是不符合 OA 系统便捷、快速、节约的主旨的,我们必须寻求电子文件的虚拟性与实物操作之间的转化方式。

2　OA 系统下档案管理方式的解决方案

2.1　做好档案系统与 OA 系统之间的对接

档案管理已经迈入了信息化时代,档案管理的最终目标是实现档案的利用与快速查找。办公系统的使用促使档案系统不再是一座信息孤岛[2],为了快速融合 OA 系统与档案系统的文件传输功能,必须要在 OA 系统启用时考虑到这两个系统的对接,利用网络传输的功能将 OA 系统中形成的电子文件对接至档案系统。我院在 2018 年 9 月启用 OA 系统的同时启动了 OA 与档案管理系统的对接工作,在 OA 系统中文件办结归档后会即时进入档案系统。档案管理人员会定期对即时归档的文件进行分类。

2.2　明确应收集与非收集电子文件的归档范围

纸质文件的归档可以根据高校实体分类法进行分类,但对于电子文件我们还有很多问题要解决。要管理好电子文件,必须要确定电子文件的收集范围及保管期限。对于需要归档的电子文件中的"文件"部分可参照高校档案收集范围进行收集,对于电子文件中的"数据"部分,我院结合 OA 系统中的具体流程划分数据归档范围,将文件和流程数据集合后形成一组数据一并归档。在数据归档流程中,作为数据最后的保存管理部门,我们需要对此作出明确的制度规定,做好与流程设计部门及 OA 研发部门的业务沟通。

2.3　做好电子文件归档业务操作

在上面的论述中已经讲到电子文件是无法按照纸质文件一文一件的方式操作,我们可以在 OA 流程中设计数据走向,提出数据整合要求。根据这一问题,我院要求在 OA 系统中设计档案管理流程干预,当电子文件按照预先设定的流程归档后悔会形成一张可打印的"面单",这份"面单"汇总了所有节点信息及批示、办结结果等,"面单"以 html 的形式与 pdf 或 word 形式的文件一并传输至档案管理系统。对于传输过来的电子文件必须要有加盖归档章的这一过程,我院档案管理部门要求学院 OA 系统开发商在流程归档后加入档案管理员的节点,在形成"面单"时档案档案员便可开始鉴定工作,档案管理员在"面单"上可以批量修改电子档案号;即便是打印电子文件,我们也可以看到文件的归档号,以此来达到一文一件的归档要求。

2.4　做好前端控制工作

高校办公自动化的快速发展,作为档案管理部门应重新思考档案管理工作的位置。OA 系统与档案管理系统的对接使档案管理工作必须提前参与到 OA 流程中。我院除了将 OA 系统与档案系统对接外,还将各部门的档案兼职人员安排在每个部门流程的归档环节中,档案管理人员在 OA 系统中有流程监控、查找的权利,并在流程归档后有批量处理电子文件的权利,在整个流程中档案管理人员不再只是单一的数据整理、鉴定归档的工作,档案工作已完全前置,档案管理工作在 OA 系统中起到了预先干预和归档的作用,提前将数据归拢至档案系统,另一个方面也体现出档案管理工作真正成为一种日常工作,不再只限于档案节点的统一收集与整理。

信息化、数据化时代的过程中,办公自动化与档案管理之间相互依存相互促进。办公自动化促进档案工作更加完善,促进档案工作能真正的实现前段控制,促使档案与电子文件之间的信息转化。对于档案部门来说我们要考虑的是如何在信息大潮下实现档案工作的精准定位,开拓高校档案发展的未来动向,促进高校档案信息化更加完善。

参考文献:

［1］周潇;张亚. 事业单位综合办公自动化系统的优化途径.［J］科技风. 2019(28):250—251.

［2］张北建;张国民;杨雯. 高校档案信息孤岛现象及应对策略. 机电兵船档案. 2019(04):38—41.

［3］电子文件归档与电子档案管理规范:http://www. gb688. cn/bzgk/gb/newGbInfo? hcno＝EB1CC0500D91490B5D219823AC1F3D16.

新媒体阅读对档案期刊的影响及挑战

上海中医药大学综合档案室　洪　莉　王力倩

摘　要: 随着互联网新时代的发展新媒体阅读呈快速增长趋势,与传统的纸质阅读方式相比新的阅读方式更受到大众的追捧,带来硬件设施和软件设施的调整升级,整体阅读氛围的建设等延伸到了互联网上,对档案期刊工作也带来了新的机遇和挑战,做好新媒体时代的档案期刊的发展和建设有利于档案事业参与者、研究者和爱好者积极投身档案事业,促进档案事业资源信息化的优化。

关键词: 新媒体　档案期刊　互联网

目前随着互联网信息技术的发展,以网络媒体和移动媒体为代表的新媒体迅猛发展,以网络阅读、电子书、数字报刊杂志、手机阅读、触摸阅读为代表的新媒体阅读方式等相继出现,特别是一些 APP 软件的应用如微信读书、QQ 阅读、网易云阅读等,丰富的阅读内容和便捷的阅读方式极大地提高了大众的阅读兴趣,它具有的共享性、开放性和互动功能满足了读者交流沟通的需求,目前这种互联网阅读已经发展成相当成熟的阅读方式,这种阅读方式满足阅读者的需求,导致新媒体阅读人群迅速增长,阅读量逐年上升,新媒体阅读在短时间内获得急速发展。

档案期刊承载档案业内人士的思想交流成果,同时是也向大众展示档案文化的窗口,是档案事业发展的理论前沿和实践经验的升华,是档案事业发展的智慧之眼。期刊被分为社会科学类和自然科学类两个部分,档案期刊属于社会科学中的文化教育类[1]。如何合理利用新媒体阅读提升档案期刊的传播和受众面是一个值得深究的问题,符合政府所倡导的重视档案资源开发利用的工作重点。

近几年随着科技的发展和进步,新媒体的内涵和外延不断地扩大和深化,随着读者阅读方式的转变带来期刊发展领域的转变,新挑战和机遇值得从事档案期刊工作的人员去研究和思考。

1　新媒体阅读呈现的内涵特点

所谓新媒体阅读,是指用与传统的纸质阅读方式不同的,使用电脑、手机、电子书等电子设备基于互联网的数字化阅读方式。与传统的阅读方式相比,它具有一些新的特征。

1.1　网络化阅读带来的便捷效应符合时代精神

网络的优势在于能便捷提供需要的或者感兴趣的书籍,速度快、费用低,检索方便读者能随时随地的阅读,可以做到不用集中时间的零散阅读,阅读的信息量大、种类齐全,符合这个时代重视自由,追求个性的时代精神,被越来越多的年轻人追捧。

甚至出现了视觉阅读之外的听觉阅读,改变了以往电子阅读依赖视觉以致读者眼部疲劳而放弃电子阅读的新阅读模式,这种方式提高了电子阅读的受众人群,特别是视力阅读不便和原先不喜爱电子阅读的群体也加入到新媒体阅读中来。阅读的形式上多为浅阅读,快读阅读、目的性阅读和娱乐性阅读,阅读的形式更加复杂和多样化。

1.2　互联网的实时共享功能赋予阅读交际等附加功能

由于互联网的传播快、费用低的优势,新媒体阅读具有前沿性的特征,走在时代的最前端,实时共享新书实时交流阅读,阅读不再仅仅是获取知识的方式而逐渐附加了娱乐、交友、互动的功能。在互联网中人人平等,阅读者和阅读者是平等的,阅读者和撰稿者、作家也是平等的,通过互联网公开想法,谈论心得甚至提出质疑,在互动中体会实时性带来的交流乐趣,这是纸质阅读所不具备的娱乐功能。

2 新媒体阅读带来档案期刊的新发展机遇

目前在国内的档案期刊工作中,纸质阅读仍作为主流的阅读方式,但新媒体阅读的发展道路迅速而多样化,所以在档案期刊工作中必然要主动考虑新媒体阅读这种新的阅读方式在工作中的作用和影响以及随之带来的变革、机遇和挑战。

首先,新的阅读方式对档案期刊带来的冲击和变更。相对于书籍的新媒体阅读而言,期刊的新媒体化远远落后。由于更新速度落后、内容单一、视觉感受单调等原因读者和受众群不再满足于纸质档案期刊提供的阅读内容和阅读方式。其次,新媒体档案期刊内容需要整体的引导和指导。新媒体平台带来的运营模式带来的首要问题是缺少对特定群体的阅读引导,在新媒体阅读期刊众多的情况下,如何帮助读者选择合适的期刊是一个尚未解决的问题。再次,据调查研究发现读者之间,读者和作者之间的交流互动是期刊受众一直期盼的。新媒体阅读具有的互动性给了受众更多的交流机遇和空间。最后,应当取新媒体阅读和传统阅读方式两者所长共同发展档案类期刊的作用,传统档案文化,融合时代精神,让新媒体阅读成为期刊档案工作的新标。

然而,我们也应看到,新媒体就本身而言,只是传播的一种手段和方法,它能提高传播的速度,扩大受众的范围,因此期刊本身的内涵建设仍旧是期刊建设的重中之重,不能舍本逐末,迷失了档案期刊建设发展的主旨和方向。

3 有效利用新媒体阅读继续开展档案
期刊事业的措施

为了适应新媒体阅读带来的契机,档案期刊应抓住这一机遇和挑战,积极变革采用适合自身档案期刊的新媒体发展方式,主动推进数字化期

刊的发展,可以尝试从以下几点突破:

3.1　促进阶段发展的档案期刊数字化

期刊的数字化具体操作起来目前存在两种方式:一是传统期刊的直接电子化,传统期刊的电子化是指将纸质期刊编辑完毕后以拍照或扫描的方式直接挂靠到期刊网上,这种方式为期刊数字化的初级阶段,方便读者和期刊编辑人员逐步过渡到新媒体阅读方式,节省了数字化的时间和费用,但这毕竟不是真正的数字化,仍然存在阅读方式的单一和交流的制约;二是结合电子网络新技术,实现期刊品牌的新媒体转向。重新设计期刊的版面和内容,开发多样化的新媒体阅读方式,如网站、电子杂志,手机期刊等,重新界定期刊的版面,这是数字化期刊的高级形式,也是大部分期刊数字化的发展趋势,它所包含的数字化内容更加丰富,形式上更加活泼,实现的功能也更为先进。

3.2　重视数字化期刊方式多样化中的手机阅读

新媒体阅读比较便捷的实现方式是加入期刊集成平台:万方、维普、中国知网等,也可以自行设计富有新意的网站,特别是由于近几年由于手机阅读便捷性增长迅速应当高度重视手机 APP 阅读,可以加入国内的一些较为成熟的 APP 手机阅读平台,如微信阅读、华为阅读等,既节约了设计运营的成本和前期工作,又可以把有限的工作资源最大化,利用已有的阅读平台创新期刊的阅读和传播模式,试读期刊、网络付费,只需把已有刊物编辑为 PDF 格式直接上传平台即可,免去了自行设计网站或 APP 及推广的繁琐,并且已有的新媒体阅读平台上已经集结了众多读者,也便于读者检索和阅读。

3.3　推动微信、微博、期刊网站等网络交流平台的开发和建设

发挥微信、微博的宣传作用,设立档案类期刊的公众号,不要遗忘FLASH 动画音效视频等表现形式,扩大档案文化的影响面,使得档案这种精英文化能够深入普通大众的生活。积极建设期刊网站在线投稿、网

上订阅、下载文章、二维码付费,划分档案从业者之家、档案交流、政策查询、期刊导览、历史档案研究等版块,开发在线期刊、虚拟社区增强读者互动,增加即时通讯功能,让读者参与新媒体期刊设计,提高档案期刊的受众面,促进期刊发行量的提升。

档案期刊网站定期举行档案知识的宣讲和讲解活动,举办读书社、知识竞赛、辩论赛等符合年轻读者特点的活动形式,做到生动、活泼、可操作性强,符合新媒体阅读的特点。

3.4　强化档案期刊资源的信息化导读系统建设

注重档案类期刊信息资源建设的同时,也需要在"有序化及指导性"方面同步提升,纳入档案期刊类资源管理的范畴,实现档案信息资源体系的整体优化和价值的最大化。针对读者的阅读习惯推进新媒体阅读的电子检索和读物指引、电子公告栏的建设,在电子期刊的醒目位置设置全新的带有阅读推荐的导读装置,其中有些提供二维码的扫描阅读,更符合青年读者对于知识的需求,在阅读过程中享受到了阅读带来的乐趣,也更符合时代气息、档案育人的要求和目标。

3.5　推进新媒体时代的档案期刊品牌建设

利用新媒体和大数据深入挖掘档案历史真实,重点参与推进档案的保护,开发档案的利用和服务工作,形成符合期刊发展主题的核心竞争优势,形成独一无二的销售点。调研发现,在新媒体技术的冲击下,对专业类期刊的发行量影响并没有综合类期刊的影响大,但在新媒体新技术的新时代主题下,读者新媒体阅读方式的改变是不可忽视的,与其被动接受不如主动适应,对档案期刊而言自己的核心价值在哪一方面如何在新媒体时代中继续推进期刊的品牌建设,不仅仅是形式上的改变,而是从制度、组织、内容与形式相结合的全新改革与革新。

3.6　革新档案期刊内容的模块化和轻便化

目前的档案类期刊从内容上划分主要有三种:工作指导、学术研究及史料公布,浓重的行政色彩、待提升的影响力及得天独厚的价值史料是国内档案类期刊的基本特征。[2]因此,档案期刊应当根据自身的特色设计新媒体阅读的重点内容,将内容模块化、简洁化,排版目录的清晰,提炼文章的主题,充分考虑图、文、影、音等不同的形式的个性化设计并结合 4G 甚至 5G 技术,实现新媒体阅读形式上的"轻"阅读和时代感。

3.7　树立以读者为中心的思想,紧跟时代需求转变现有观念

以便于阅读、便于检索、便于阅读、便于付费为档案类期刊的重点改革方向,用普通读者能读懂的语言说清楚科技原理和问题,把专业术语留给专家,把知识留给普通读者,对大众阅读定期开展研讨互动活动,组织业界内期刊会议,邀请国内外的专家、学者一起探讨新媒体阅读中出现的新问题,商讨解决问题的举措,对新时代档案类期刊出现的核心问题应重点研讨。

3.8　加强新媒体下的档案期刊编辑和营销团队

设立期刊的新媒体编辑部,培训编辑工作人员的新媒体使用和开发,面对档案期刊发展的新任务新需求新挑战,档案期刊编辑人员需努力充实新知识,学会驾驭互联网阅读的新本领,不忘初心、砥砺奋进,提升工作人员的新技术使用能力能力。

转变期刊杂志的营销观念,搭建电子商务平台,直接对接销售商和厂商,方便档案从业人员直接选购档案所需设备和其他商品。

3.9　探讨档案期刊的资源合作和交流

应本着资源共享的原则,有效整合各个期刊资源,减少重复建设,积极采纳和推广有价值的数字信息化服务技术成果,搭建交流平台,引进先进技术开展交流与合作,共同打造一个开放、交融、和谐、进步的档案期刊事业新局面。

习近平总书记于 2014 年 2 月 25 日在北京市考察工作时强调,"让收藏在博物馆里的文物、陈列在广阔大地上的遗产、书写在古籍里的文字都

活起来。"新媒体阅读带来的不仅仅是阅读方式的改变,而是对档案期刊工作提出了更高的要求,需积极构建适用的新媒体方式去承载我们的文化自信,坚持走有品牌特色的个性化期刊道路,主动深入融合新媒体特色,才是档案期刊发展的应然选择。提升档案期刊的文化底蕴,注重档案的利用,重点发掘档案的史料价值,传播中华灿烂文明,传承中国历史文化,维系中国民族精神,促进期刊数字信息化的水平,继承传统开拓创新,在实现中国梦的过程中,按照新时代的要求推动档案成果创造性转化和发展,激发档案文化生命力,把跨越时空、跨越地域、富有永恒魅力、具有当代价值的档案文化精神弘扬起来,为档案事业的发展赋予新时代的气息。

参考文献:

[1][2]胡鸿杰.中国 期刊档案的基本状况与功能分析[J].档案学通讯 2005(1).

[3]车晓彤,谭必勇,张莹.国内档案学期刊网站建设现状[J].档案管理,2012(3).

[4]柴阳丽.高校学生新媒体阅读现状、影响因素及改善途径——基于五所高校学生数字化阅读调查.开放教育研究,2014(4).

[5]丁明秀.新媒体环境下大学生阅读阅读现状及研究.佳木斯职业学院学报,2015(10).

[6]黄崇亚.媒体时代编辑角色转型研究.中国传媒科技,2014(4).

[7]张小蓉.新媒体时代期刊如何创新.新闻传播,2011(9).

[8]陈红燕,马勇,魏雅雯.新媒体时代学术期刊数字化发展路径研究.长安大学学报(社会科学版),2015(10).

多校区高校档案利用审核与 OA 系统衔接的必要性与实施

上海电力大学档案馆　翁　佶

摘　要: 随着上海大部分高校规模的扩大和外迁,形成了松江、南汇、临港等多校区办学的高校。校区的地理间隔,势必影响到档案利用效率。档案不同于图书资料,高校档案具有非公开性的属性,因此挂接 OA 系统信息门户实施档案利用,对于提高档案利用的便捷大有裨益,本文以上海电力学院校园 OA 系统实施档案利用审核的实践,来阐述 OA 系统介入多校区办学高校在利用档案业务审核的必要性及具体实施。

关键词: 档案利用　协同管理平台 OA　多校区高校　上海电力学院

对于档案的利用,高校严格参照国家教育部办公厅制定的《高等学校档案管理办法》中第四章关于档案利用与公布的第三十六条中所罗列的三个原则,来实施档案利用的审核审批。档案的公布是具有档案公布权的机构或个人才能实施的法律行为,任何无此权限的机构或个人无权公布档案,否则必须承担相应的法律责任。[1] 因此高校档案利用是一项不同于高校图书借阅业务的工作,而是一项更强调政策性和制度性的工作。档案非公开的特殊属性决定了档案利用审核的必要性。对于多校区办学的高校,校际间的地域距离造成档案利用审批的纸质文件在审批流转过程中因周折往返而降低效率。

1　关于多校区高校档案利用衔接 OA 的必要性

1.1　多校区办学造成纸质文件流转的不便性

随着高等教育扩招和规模扩大,很多城市规划内高校使用面积和不断扩大的办学规模形成矛盾。于是多校区建设成为城市高校扩大办学规模的主要途径,形成了多校区办学或大城市周边卫星城区的大学城。在上海先后有松江、南汇、奉贤等多校区办学的高校。如上海外国语大学的虹口和松江校区,上海师范大学的徐汇和奉贤校区。上海电力学院先后有杨浦国顺东路校区、长阳路校区、平凉路校区、浦东南汇校区四个校区,

多校区高校各行政职能部门、院系分散,纸质文件的流转、申请、审批的过程中被交通往返时间极大的占用。档案利用具有不定时性和随机性,在利用档案前的纸质文件审批过程中,遇到另一个校区立档部门外勤、会议或出差,必然在等待上耗费相当的时间,影响到档案利用效率。

1.2　档案利用借助协同管理平台 OA 软件的必要性

OA 是英语 Office Automation 首字母简称,作为办公自动化处理模式的协同管理平台 OA 软件成为很多高校解决和增强可控性内部日常行政管理,规范并提高高校办公效率的主要平台软件。校园信息门户是协同管理平台 OA 软件为高校各项行政业务提供的一个个性化办公事务窗口,涵盖了校园网用户,是教师和学校管理人员信息服务的入口。

OA 软件具有校园内部针对个体或部门的信息传达、联络、邮件、文件传输沟通功能应用于校内行政性的公务管理实施,诸如财务管理、教学实验设备管理、会务管理、档案管理等众多范畴。是发布校园信息和一个自动化工作流程的平台,这个平台功能是高校协同管理平台 OA 软件的关键功能,OA 籍校园网及信息门户,脱离纸质文件管理流程的束缚,让流程随时随地在平台上流转,在流程中指导各个环节的规范性,明确限定了各环节的权限职责,直接通过协同管理平台 OA 来实施审核,大大省却了纸质文件的流转审批的周转时间。完成异地多校区跨区域办公审批审

核,将校际距离化为零距离。使企事业单位内部人员方便快捷地共享信息,高效地协同工作;改变过去复杂、低效的手工办公方式,实现迅速、全方位的信息采集、信息处理,为组织的管理和决策提供科学的依据。[2]

　　2015 年上海电力学院获上海市发展和改革委员会批复,临港新城的新校区正式投入建设。两个校区距离近百公里。交通高峰时间往返校区间需耗费大半天,2018 年后学校行政主要办公机构将整体搬迁到临港校区,从档案馆到各档案利用部门之间就形成了超长距离的地域阻隔,因此对于跨校区的档案利用,借助 OA 系统电子信息化平台,是解决地域阻隔的必要手段。可省去档案利用前期审核过程中的跨校区的奔波折返,从时间与交通往返上、人力与精力上极高的提升了效率。

2　多校区高校档案利用 OA 系统流程特征

2.1　高校档案利用的常规流程

　　档案是历史文化财富,但是它有时具有一定的机密性,既要充分发挥档案的作用,又要注意保密。[3]高校档案中涉及党政机关、教务考试、科研项目等内容,以上这些档案均属于涉密信息,因此,为了化解档案管理的封闭性和利用最大化的矛盾,以最便捷化的手段,推动档案利用的高效性,一套完善和严密的档案利用审核制度的建立健全,是档案利用工作的重中之重。同时档案直接关系到其形成者的切身利益。所以档案一般自形成之日起,对外有相当一段时间的封闭期,经过封闭期后,才能有选择地向社会开放。[4]档案的利用都要在一套严密和规范的审核机制下执行。档案利用的审核流程不仅决定了利用的效率更决定了档案利用的安全。高校档案的利用遵照教育部第 27 号令《高等学校档案管理办法》规定,需经由档案机构负责人同意后才能利用未开放的档案,对于利用未公开的技术秘密时,必须取得档案形成单位或个人的许可,必要时要报请学校分管档案工作的法定代表人审核批准,对于利用的档案内容涉及到学校重大问题或密级的案卷时,则需要经过学校保密部门的审核批准才能利用。

2.2　协同管理平台 OA 中完成档案利用审核

档案的利用是档案的从形成到保存过程中的价值体现环节。查询阅览、外借举证、复制、编研都是这个环节常见的利用形式。其中查询、复制、外借也是高校档案信息资源利用中最为主要的形式。为充分发挥高校档案的价值作用,规范档案利用管理,针对学院 OA 系统用户,制定了综合档案利用业务的制度流程。

首先制度规定审核流程需对档案利用人的身份作判断。查档人员大致分校内、校外两类,校内为在职教工,校外人员基本为离退休教职工、毕业校友和合作单位。在 OA 未介入档案利用前的纸质审核流程前,校外人员或单位凡需利用学校馆藏档案的,须持单位介绍信、本人身份证或工作证等有效证件,以证明其身份和利用目的,前来学校档案馆登记填写档案查询和借阅登记,再需经由立档部门领导和馆长同意后利用档案。这一来纸质流程中分别要经过档案馆再转往立档部门,对利用方身份核实和档案是否允许利用实施审批。在使用 OA 系统利用审核后,校外人员查档则直接和校内立档部门取得联系,由立档部门平台提交申办利用手续,省去了档案馆再流转回立档单位的纸质文件审核环节流程。学生则于班级辅导员接洽后,通过辅导员直接完成利用申请。

因档案利用的 OA 系统操作仅限校园网信息门户权限的在职教工。OA 软件直接通过信息门户数据库就能实施筛选和判断,省去校区间到达档案馆现场的身份证件和本人核实。每一位教职工在 OA 系统中都有登录账号和个人详细信息记载。

在完成利用后,系统通过完成一次任务,记录一次利用信息和查档利用内容,对于日后档案利用统计工作提供了电子数据。OA 系统也就又兼备了档案统计工作的功能。

3　OA 系统中利用档案审核的实践及常见问题

3.1　高校档案利用的 OA 系统流程设计

多校区高校信息门户中档案利用同 OA 衔接,从档案管理部门与学校网管信息中心、协同管理平台 OA 软件开发商三方对接的基础上开始。其次是设计档案利用的流程，拟定相关的制度和详细操作说明。再次设定"参与人"为校园卡用户、部门具审批权限的处级领导、各部门兼职档案员、档案馆档案管理人员。档案利用申请使用流程操作设计如下：

（1）建立《档案利用的 OA 业务流程操作规范》和《档案利用制度》的说明界面，设置"退出""已阅读"，点击"已阅读"进入利用流程审核。

（2）显示档案利用人及所在部门、利用目的、利用档案内容等相关录入信息，设定必填项。在利用人、利用人所在部门和利用目的中可以以自动弹出菜单形式罗列出选择人姓名、工号、部门和有关常见利用目的的选项共遴选。这个环节将会流转到利用人所在部门的领导的 OA 窗口实施审核。

（3）创建档案利用任务，输入要查询档案的名称或关键词的必填项。

（4）完成上述窗口选项后，再选择立档部门的选择窗口，窗口以平台数据库中学校所录部门菜单自动弹出，设定可多选。因为档案文件存在多部门传达现象，诸如教学收费相关文件即涉及财务处和教务处两个行政职能部门。与此同时，"立档部门"遴选窗口中，弹出该部门所在兼职档案员及部门分管处级领导信息。

（5）设置"查询"、"外借"选择项。"查询"选项者系统界面审核的参与者，为兼职档案员，"外借"选项者，系统界面审核的参与人，须设定为立档部门的处级领导和利用人所在部门的处级领导。

（6）如有有关证明或说明的附件要上传，则增加"上传"按钮上传有关证明或附件。

（7）完成上述信息导入后，点击"暂存"以保存输入的信息，点击"办理"就是正式发出并完成利用申请流程了。

在以上流程设计中配置以下流程说明的提示指令和信息，主要有"待办"、"已办"、"新建"、"删除选择"。其中"待办"指档案利用人申请但尚未发出或利用人已发出后尚未办理的任务。"已办"指档案利用发出后已办理完结任务。以上这些流程完成后是 OA 系统审核环节的流程。

关于档案利用人的部门和立档部门为同一部门，则 OA 系统上兼职档案员权限通过后,直接到达最终环节,即可来馆利用本部门立卷归档的档案。如为非本部门,则按立档部门领导审核流程递进,审核不通过者,流程终止,对档案利用者进行系统提醒。对于利用人用档目的和内容的审核按"查询"和"外借"选项分由两个审核条系,前者只需兼职档案员实施审核,后者由部门领导审核。在立卷部门选择中,将学校所有立卷部门以弹出窗口形式供利用人选择。

审核环节完成后,由档案馆管理人员给以每周档案馆开放查档时间的界面窗口时间。预约时间时限有效为三天,如有闭馆或无人情况,可提早设定窗口,关闭无人时间段选择预约。在档案完成查阅和外借归还确认后,由档案管理人在 OA 平台上完成本项任务终结的确认。

3.2 OA 系统利用流程中的常见问题和解决

对于特殊部门档案利用,可另设权限流程,诸如纪委、审计等部门档案利用,由档案管理部门负责人直接审核。非财务部门因工作需要查阅财会档案,须经财务部门的负责人审核通过,审核后需由财务处人员陪同查阅。对于科研档案利用,即查阅绝密级科研档案,只限于指定的直接需要的部门或人员查询,机密级科研档案只限于该项目直接有关的部门和人员,秘密级科研档案,需经立卷部门、科研负责人和档案馆负责领导同意。以上这些利用要求都在《档案利用的 OA 业务流程操作规范》和《档案利用制度》作书面表述。

由于高校内行政职务存在流动性,OA 系统利用中会遇到兼职档案员离职后权限依旧存在,立卷部门的兼职档案员是第一审核人,如果不及时更新,就等于存在非本部门的人员可直接利用档案的漏洞。故每个部门人员调整后的信息,必须在协同管理平台 OA 软件中做到变更撤换的即时性。

此外申请部门下拉菜单,直接以工号弹出申请人所在部门,系统默认,申请人和手机号码,无需手动输入。

由于归档部门有调整、合并、撤销、更名等现象,对于立档部门的选择,档案利用申请人不一定具有这种判断。故会出现无从确定和查找所在立档部门的问题。针对这个问题,可在立档部门的遴选弹出窗口中增设利用"咨询服务"选项,点击该选项由档案管理人员介入。亦可在人工服务中增设档案馆管理方咨询电话,以电话咨询形式给予立档部门选择建议。

对于"外借"档案选项的规则中注明,仅限校内各校区间流动而非校外的出借。如果涉及校外出借的话,原则上不予支持。

4　结束语

OA 系统查询利用档案包括高校十大类档案,其中教学类的个人学籍档案信息,诸如高考录取名册、毕业生名册、学位认证、学籍信息等档案的查询,则不在 OA 系统预约查询范畴。因为这类档案属于开放性档案,直接可以凭借个人证件来查询利用。

学校立档部门的兼职档案员因归档工作需要,可直接前来档案馆办理本部门档案利用业务,但仍需经 OA 系统的登记,便于留存统计信息。

OA 系统让多校区办学的高校,在办公效率上真真达成了零距离,零等待的高校档案利用的目标建设。在完成利用审核的第一步基础上,我们还将努力把档案管理软件和 OA 系统对接的研究开发的摸索中。21 实际的档案工作正向电子化、网络化方向发展,以及档案的网上利用,档案信息在国际范围内交换与共享必然成为新世纪档案工作的主导方式。[5]

参考文献:

[1] 教育部办公厅编. 高等学校档案管理办法解读[M]. 北京:高等教育出版社,2010:64.

[2] 熊学武. 协同管理平台 OA 原理、设计、应用[M]. 上海:上海交通大学出版社,2011:6.

[3] 王德俊,陈智为,应松年. 文书档案与行政管理[M]. 北京:北京师范学院出版社,1987:143.

[4] 洪漪. 档案管理原理与方法[M]. 湖北:武汉大学出版社,1996:3.

[5] 杨红. 档案管理[M]. 上海:上海社会科学出版社,2003:248.

声像档案在线利用研究

——以新加坡国家档案馆为例

上海理工大学档案馆　黄少梦

摘　要：随着声像档案数字化工作的不断推进以及相关信息技术的成熟发展，在线利用声像档案已经成为可能。新加坡国家档案馆在声像档案在线利用方面开展了有益探索，因而作为研究对象，运用在线调查法，从平台、资源、服务三个方面分析、调研其声像档案在线利用情况，发现新加坡国家档案馆声像档案在线利用具有平台专业、资源丰富、服务以用户为中心等特点，以期对我国开展声像档案在线利用有所启示。

关键词：声像档案在线利用　新加坡国家档案馆

档案不仅可以是原始的文字记录，也可以是生动的声音与影像。与文字记录的档案相比，声像档案"更直观、运载的信息更多"，用户能够"闻其声、见其形"[1]，历史凭证的作用更为显著。长期以来，受到物理载体的限制，除部分照片档案外，很多声像档案无法便捷地为公众所利用。随着声像档案数字化工作的不断推进，数字录音、录像、摄像设备的逐步普及，以及互联网技术、流媒体技术、Web2.0技术、数据库技术等信息技术的成熟发展，在线利用声像档案已经成为可能。"档案馆在线"项目是新加坡国家档案馆在声像档案在线利用方面开展的有益探索，因而作为研究对象，运用在线调查法，从平台、资源、服务三个方面分析、调研其声像档案在线利用情况，总结出该案例对我国开展声像档案在线利用的启示，以期对我国有所借鉴。

1　新加坡国家档案馆声像档案在线利用的平台特征

新加坡国家档案馆建立了一站式在线档案数据库——"档案馆在线"（Access to Archives Online，简称 A₂O），它将档案比喻像水（H_2O）一样，"是人类生活所必须的部分，旨在让广大民众铭记过去，展望未来"[2]。该数据库"允许用户跨越各个独立数据库，无缝搜索信息，随时查看所选择的照片、地图和计划，收听口述历史采访，以及观看视听录音片段"[3]。其中，它专门开辟"视听与录音"（Audiovisual and Sound Recordings）数据库和"照片"（Photographs）数据库，既为用户提供直接访问和利用声像档案资源的入口，又打破档案载体和格式的壁垒，为用户提供"一次检索，获取各类档案资源"的一站式利用体验。作为声像档案的在线利用平台，"档案馆在线"数据库的档案专业性显著。

1.1　声像档案检索体系完备

新加坡国家档案馆声像档案检索体系包括整个"档案馆在线"数据库的跨库检索、"视听与录音"数据库和"照片"数据库三个检索入口，每个入口分别设置基本检索和高级检索两种检索方式，以及 42 个检索字段。每个入口、每种方式检索字段的具体设置如表 1 所示，完全能够满足用户不同的检索需求。

表 1　新加坡国家档案馆声像档案检索字段设置情况

检索入口	基本检索字段	高级检索字段	检索字段数量
跨库检索	关键词	时间范围、数据库	3 个
"视听与录音"数据库	关键词、时间范围	概要、记录语言、索取号、来源、全宗、形成者、标题、类型表演者、唱片标签、唱片公司、目录号、矩阵号、形式、速度	16 个
"照片"数据库	照片类型、关键词、时间范围	来源、描述、媒体—图像编号、底片编号、照片登录编号、幻灯片编号、源参照编号、访问控制编号	11 个

1.2　声像档案在线利用权限分明

新加坡国家档案馆针对不同声像档案资源设置了多个层次的利用权限，既为用户提供了合理利用声像档案资源的有效途径，又保障了著作权人的合法权益。"视听与录音"数据库设置了完整、部分、即时、在指定场所利用和无法提供数字资源五种利用权限。"照片"数据库设置了"允许浏览，利用和复制须档案馆允许"、"允许浏览，利用和复制须著作权人书面许可"、"允许浏览，商业利用和复制须著作权人书面许可"、"利用（和复制）须同直接著作权人申请"、"仅允许浏览，不允许复制"、"著作权人规定不允许利用"、"机密"七种利用权限。

2　新加坡国家档案馆声像档案的资源特色

新加坡国家档案馆通过广泛收集声像档案资源以及大力开展声像档案数字化，提供大量声像档案的数字资源，用户可便捷获取生动的声音与影像，进而深入认识和了解新加坡历史。

2.1　资源类型种类繁多

新加坡国家档案馆提供的声像档案资源类型涵盖两个大类和多个小类。一大类是"视听与录音"档案，来源于馆藏声像档案实体的数字化复制品，具体包括音乐、电影、广播、电视等多个小类的音、视频；另一大类是"照片"档案，"来源于原信息、通信和艺术部、总统府、旅游局等官方机构移交的，以及个人、非官方组织捐赠的"[4]，反映新加坡历年来社会、文化发展面貌的珍贵照片，具体包括航拍照片和非航拍照片两小类。

2.2　专题内容丰富多彩

新加坡国家档案馆根据不同内容，设置了多个声像档案专题，方便用户利用。"视听与录音"数据库中具体设置了"国庆日总理讲话"、"国庆日游行"、"教育电视节目"、"Rediffusion 广播节目"等专题。"照片"数据库则设置了"新加坡首任总统 Yusof Ishak"、"航拍照片"和"P. S. TEO 捐赠"等专题。

3　新加坡国家档案馆声像档案在线利用的服务特点

用户是档案利用服务的直接感受者,也是档案利用服务的重要衡量者。新加坡国家档案馆在利用服务上围绕以用户为中心的服务理念,处处以用户需求为本,时时以用户体验为先。

3.1　线上线下体验服务

新加坡国家档案馆特别设立"档案阅览室"(Archives Reading Room),在允许用户通过"档案馆在线"利用声像档案资源之外,作为用户利用包括声像档案资源在内的各类档案资源的实体空间。为方便用户到"档案阅览室"实地利用,新加坡国家档案馆在"档案馆在线"上专门开辟"档案阅览室"栏目,详细介绍"档案阅览室"的查阅指南、服务内容和政策制度等相关信息。由此,新加坡国家档案馆借由"档案馆在线"这一平台将线上与线下连接起来,实现声像档案利用由线上向线下的延伸,满足用户不同的利用体验。

3.2　用户共建服务

"公民档案工作者"(Citizen Archivist Project)是新加坡国家档案馆开展的用户共建服务,旨在鼓励用户参与档案利用共建。"音频转录"(Transcribe Audio)和"著录照片"(Describe Photographs)是"公民档案工作者"中与声像档案在线利用相关的两个任务。"音频转录"要求用户将档案音频转录成可供阅读的文字稿,从而帮助听力残障人士在线获取资源内容,降低利用过程中的信息获取障碍。"著录照片"则要求用户对照片档案中的人、物、事件、时间、地点等信息进行著录,从而帮助档案馆完善检索工具,使其他用户更容易检索出这些照片。用户通过共建服务,不断提升在线利用声像档案过程中的参与感、互动感。

4　对我国声像档案在线利用的启示

新加坡国家档案馆在声像档案在线利用方面开展了有益探索,其"档案馆在线"项目的宝贵经验为我国开展声像档案在利用开拓新的思路。

4.1　加强声像档案的数字化建设

声像档案数字化建设是声像档案在线利用的基础性工作。目前,我国虽然已将档案资源数字化作为"企业数字档案馆(室)建设的基本特征"[5],但在实际工作中更侧重对静态的(如文书、照片档案)、体制内的(如组织机构形成的)档案进行数字化,而对动态的(如录音、录像档案)、体制外的(如个人、家庭和网上生成的)档案的数字化则较少关注。因此,档案部门应将声像档案的数字化建设作为一项经常性业务工作,不仅要注重声像档案数字资源的归档接收和传统声像档案的数字化,更应重视对动态的、体制外的声像档案数字资源的采集,从而为用户提供类型全面、视角各异的声像档案数字资源。

4.2　创新声像档案的在线利用形式

创新声像档案在线利用形式关键在于如何找到符合自身实际,凸显自身特色,满足用户需求的声像档案利用形式,档案部门可有所借鉴,但也不必完全照搬。

(1)线上体验与线下体验协同

线上利用声像档案能够打破时间、空间的限制,给予用户随时随地获取所需声像档案的便捷体验。线下利用则能近距离让用户亲眼看、亲耳听,获得直观、生动的体验。两者各有优势,可协同共存,从而实现声像档案利用满足用户全方位体验的创新。

(2)资源驱动与需求驱动交融

资源驱动型的利用形式以声像档案资源为基础,侧重资源库、检索系统的建设。需求驱动型则以用户需求为中心,侧重利用服务的便捷化、人性化。两者互为补充,可相互交融,从而实现声像档案在线利用兼顾资源与服务的创新。

（3）技术引领与创意引领并举

技术引领要求积极探讨以人工智能、物联网、云计算、新一代移动通信技术等为代表的各类新技术在声像档案在线利用中的应用可行性,并结合自身实际加以有效应用。创意引领则要求打破固有形式、发挥想象力,提出能够应用于声像档案在线利用实际的创见。两者都是创新声像档案在线利用形式的有效途径,在技术、人员、资金等条件许可的情况下,可同时并举。

4.3　规范声像档案在线利用的信息伦理

信息技术的变革使档案资源的获取和利用更加便捷了,但也随之产生了"档案信息污染、侵犯隐私权、侵犯知识产权、档案信息安全、档案信息分配不均"[6]等一系列信息伦理问题。声像档案在线利用领域中亦是如此,档案部门在声像档案在线利用过程中应采取措施,尽可能避免出现信息伦理失范情况。一是通过法律和技术手段,建立有效的控制机制,形成由外向里的信息伦理约束。二是通过培育档案工作者的信息伦理道德素养,提升档案工作者的信息伦理意识,形成由内而外的信息伦理自律。约束与自律协同作用,共同规范声像档案在线利用中的信息伦理。

参考文献：

[1] 刘家真. 声像档案管理与保护[M]. 武汉:武汉大学出版社,1993.

[2] 谢莲. 档案在线访问——新加坡 A2O 网站亮点纷呈[N]. 中国档案报,2012—05—24(003).

[3] 新加坡国家档案馆. About Archives Online[EB/OL]. http://www. nas. gov. sg/archivesonline/about-us,2018—10—15.

[4] 张妍妍. 新加坡国家档案馆网站的服务功能[J]. 档案与建设,2015(09).

[5] 国家档案局办公室关于印发《企业数字档案馆(室)建设指南》的通知[EB/OL]. http://www. saac. gov. cn/news/2017—09/19/content_205220. htm,2018—

10—15.

　　[6] 杨晓晴,李财富.档案信息伦理与档案信息法律同构初探[J].档案学通讯,2009(03).

后　　记

　　档案是沉淀着的文化遗产,校史是流淌着的校园文明。恰如林语堂所言:"文章有味,大学亦有味。味各不同,皆从历史沿袭风气所造成,浸润熏陶其中者,逐染其中气味。"而对实现大学文化传承而言,高校档案馆是一方重要的阵地,是大学开展文化建设的大舞台。高校档案作为大学历史的真实记录,其反映大学的长期办学实践,具有保存记忆、资政育人、传承文化、弘扬文明的特殊使命。作为档案工作者,做好档案工作是我们的天职。

　　上海市档案学会高校档案专业委员会(下称"上海市高校档案学会")作为上海市高校档案机构和档案工作者自愿组成的群众性学术团体,是上海市教委联系上海高校机构和档案工作者的纽带。上海市高校档案学会第七届理事会成立以来,积极组织开展业务培训和档案学术交流活动,着力推进档案信息的开发利用和档案工作的现代化管理,着力凝聚人心,加强与档案学会(工作者)之间的联系。开展档案理论研究,编撰出版论文集是学会的一项重要工作,在各位理事和成员单位的共同努力下,《新探索　新实践　新研究——上海高校档案管理论文集》终于要付梓出版。

　　本论文集主要是最近几年学会举办的论文征文获奖作品。其有几大特点:第一研究面广。论文研究涵盖四个方面的内容:一是档案管理,二是档案编研,三是档案文化传播,四是档案馆功能与职能;第二参与面广。全市高校会员单位基本都参与并提交论文;第三与实践结合深。本书收录的 45 篇论文,多为结合档案工作实际,提出许多新的思考和解决问题的方法或路径。本论文集及其诸多观点思考,对大学档案馆进一步发挥文化功能,为大学的决策、教学、科研以及育人都将有一定的借鉴意义和参考价值。

本书在筹划、编辑和出版过程中,得到上海档案学会、上海高校档案行政主管部门的指导和支持,得到学会各位理事的无私付出,得到上海三联书店资深编辑钱震华先生的悉心指导,在此一并致谢!

编　者

2021 年 5 月

图书在版编目(CIP)数据

新探索 新实践 新研究:上海高校档案管理论文集/汤涛主编.
—上海:上海三联书店,2021.
ISBN 978 - 7 - 5426 - 7524 - 8

Ⅰ.① 新… Ⅱ.①汤… Ⅲ.①地方高校—档案管理—文集
Ⅳ.①G647.24 - 53

中国版本图书馆 CIP 数据核字(2021)第 175193 号

新探索 新实践 新研究
——上海高校档案管理论文集

主　　编　汤　涛

责任编辑　钱震华
装帧设计　陈益平

出版发行　上海三联书店

　　　　　　(200030)中国上海市漕溪北路 331 号

印　　刷　上海昌鑫龙印务有限公司

版　　次　2021 年 9 月第 1 版
印　　次　2021 年 9 月第 1 次印刷
开　　本　700×1000　1/16
字　　数　350 千字
印　　张　23.75
书　　号　ISBN 978 - 7 - 5426 - 7524 - 8/G ·1613
定　　价　88.00 元